KB130595

아랍어
단권화

아랍어 단권화(개정판)

1판 1쇄 발행 2019년 7월 22일
2판 1쇄 발행 2022년 3월 7일

지은이 안종빈(SALEH)

펴낸곳 하움출판사
펴낸이 문현광

주소 전라북도 군산시 수송로 315 하움출판사
이메일 haum1000@naver.com   **홈페이지** haum.kr

ISBN 979-11-6440-939-6(13790)

좋은 책을 만들겠습니다.
하움출판사는 독자 여러분의 의견에 항상 귀 기울이고 있습니다.

파본은 구입처에서 교환해 드립니다.
이 책은 저작권법에 따라 보호받는 저작물이므로 무단전재와 무단복제를 금지하며,
이 책 내용의 전부 또는 일부를 이용하려면 반드시 저작권자의 서면동의를 받아야 합니다.

▶개정하며

초판이 출간된 뒤 여러 개선점들을 반영하여 새롭게 전면 개정하게 되었습니다. 가장 많이 개정된 부분은 아래 3가지로 추려집니다.

1. 연습 예문의 삭제

우선, 연습 예문을 삭제한 이유는 교재 대상의 범위를 조정했기 때문입니다. 초판에서는 학습 대상의 범위를 [신문기사가 익숙치 않은 수준 ~ 신문기사가 익숙한 수준]으로 광범위하게 설정했었습니다. 하지만 그 수준의 간극이 너무 커서 신문기사가 익숙치 않은 학습자들은 이 교재를 충분히 활용하기 힘들었습니다. 그래서 학습 대상자를 신문기사가 익숙한 수준으로 좁히면서 연습 예문을 삭제하게 되었습니다.

2. 해석 위치 재배치

초판에는 원문의 해석이 부록에 합쳐져서 제공이 되었는데, 원문의 길이가 긴 예문이 많다 보니 책장을 넘겨가면서 해석을 맞춰보는 것이 다소 불편했습니다. 그래서 학습 효율을 높이기 위해 한 페이지에서 원문과 해석을 모두 볼 수 있게 배치를 변경했습니다.

3. 새로운 문법 추가

개정판에 새롭게 추가된 문법은 아래와 같습니다.

- إِنَّ 와 그 자매어 _ 16쪽
- 형용사 부정(لَا) _ 93쪽
- 명사 부정(لَا) _ 96쪽
- 조건사 كُلَّمَا _ 129쪽
- 시차구문 _ 186쪽
- 선택구문 _ 189쪽

▶ 머리말

'지금 공부하는 이 문법이 실제로는 어떻게 쓰일까? 배운대로 제대로 쓰일까?'

저는 교과서에 나열된 다듬어진 예문으로 문법을 공부하다 보면 이런 생각이 들곤 했습니다.

그리고 문법을 설명하기 위해 만들어진 예문이 아닌, 실제 아랍인들이 쓴 문장을 예문으로 보고 싶다는 생각이 늘 있었습니다.

그래서 문법을 하나 배울때마다 그 내용을 정리하고 해당 문법이 실제로 사용된 예문들을 찾아서 차곡차곡 정리를 해왔고, 결과적으로 그 누적된 자료들이 '아랍어 단권화' 책으로 묶여 출판되었습니다.

저와 같은 고민을 하는 학습자들에게 도움이 되길 바랍니다.

▶ 교재의 대상

지금까지 학습한 방대한 내용의 문법과 표현을 정리하고 그 내용이 실제로 어떻게 사용되는지 하나씩 확인하고자 하는 분들께 가장 도움이 될 것입니다.

특히, 중상급 이상의 아랍어 구사 능력을 요구하는 시험(예. 통번역 대학원 입학시험, 아랍어 어학병 시험, 외교관 후보자 선발시험, 코트라 등)을 준비하는 분들에게 도움이 될 것입니다.

이미 문법과 어휘력이 받쳐주는 학습자는 바로 이 교재를 통해 원문을 읽는 훈련을 하시면 되지만, 아직 모음이 없는 원문 강독이 익숙치 않는 학습자는 **'떠먹여주는 시사 아랍어'** 교재를 먼저 학습하신 뒤 '아랍어 단권화' 교재로 학습을 이어가는 것을 권장합니다.

▶ 교재의 특징

● 중상급 학습자를 위한 문법 선별

본 교재는 명사나 동사의 어형과 같은 기초적인 내용이나 중요도 및 활용 빈도가 낮다고 판단된 부분은 과감하게 생략했으며, 난이도가 높은 문법과 자주 사용되는 문법을 집중적으로 훈련합니다.

● 현실감 있는 생생한 예문

본 교재의 가장 큰 특징이자 장점입니다. 설명되는 문법이 실제 적용된 원문으로 현실적인 학습이 가능합니다. 또한, 예문의 주제가 정치나 군사 등에 국한되지 않고, 경제나 사회현상, 과학, 스포츠 등 다양한 주제를 폭 넓게 다루고 있어서 어휘력과 독해력을 두루 학습할 수 있습니다.

▶ 맺으며

아랍어는 문장의 구조가 매우 정교한 언어이고 문법 의존도가 높은 언어입니다. 따라서 구조를 잡는 연습이 부족하면 원문의 의미를 정확하게 이해하기 힘들 수 있습니다. 물론 이 교재에 나오지 않는 문법이나 구문도 있겠지만 이 교재를 활용하여 특히 자주 사용되는 구문만이라도 전략적으로 공부하여 실력을 도약시키는 데 도움이 되길 바랍니다.

끝으로, 책을 쓴다는 것이 이렇게 힘든 작업인지 이번 작업을 통해 많이 느꼈습니다. 더 나은 교재를 만들기 위해 계속해서 주변의 도움을 받으면서 저 스스로도 많은 공부가 되었고, 저 혼자만의 노력으로는 결코 매듭을 짓지 못 했을 것입니다. 이 자리를 빌려 이 책을 쓰는데 도움을 주신 모든 분들께 감사 인사를 드립니다. 특히 책 전반의 예문을 점검하면서 내용 오류도 짚어주고 지속적인 피드백을 주신 갈랄(جلال) 선생님과 모나(مي) 교수님, 그리고 실제 학생의 눈으로 교재 전체를 학습하고 적극적으로 보완점 등의 피드백을 준 이학수와 김성진, 그리고 교재의 전반적인 내용을 검토하는데 도움을 주신 임은선 교수님과 김가후 선생님께 진심으로 감사의 인사를 전합니다. 그리고 오랜 기간 옆에서 무엇을 선택하든 응원하고 지지해준 아내와 항상 뒤에서 묵묵히 힘을 주시는 부모님께도 이 기회를 빌려 감사 인사를 드립니다.

▶ 참고서적

종합 아랍어 1권, 2권 (구판) – 이규철, 이두선 편저 [송산출판사]

완벽 아랍어 문법 - 송경숙, 이종택 저 [SAMJI BOOKS]

종합 아랍어 문법 1 권, 2 권 - 이병학 저 [문예림]

예문의 어휘 파일을 블로그에서 무료로 제공하고 있으니, 출력해서 참고하시길 바랍니다.

https://blog.naver.com/ssaaal

CONTENTS

14단원. 기타 문법사항

1 과. 성

● 아랍어 단어에는 남성과 여성이 나뉘어져 있고 그 구분이 매우 뚜렷하다. 일반적으로 ة 가
붙어있는 명사는 여성으로 취급되고 나라(도시)지명은 ة 여부와 무관하게 여성으로 간주된다.
하지만 **7 개 국가(레바논, 요르단, 모로코, 이라크, 수단, 소말리아, 예멘)는 남성으로 간주된다**[1].

---

(1) دعت الولايات المتحدة لوقف عاجل لإطلاق النار في اليمن الذي تسببت الحرب الأهلية
الدائرة فيه في أسوأ أزمة إنسانية في العالم.

http://www.bbc.com/arabic/middleeast-46040084

미국은 예멘에서의 조속한 휴전을 촉구하였으며, 예멘에서 진행 중인 내전은 세계 최악의 인도적
위기를 유발하였다.

---

(2) يشهد الصومال منذ سنوات، صراعا داميا بين حركة الشباب، التي تتبنى فكر تنظيم القاعدة
وقوات الحكومة المركزية في الصومال. وتهدف حركة "الشباب" للسيطرة على الدولة الواقعة في
منطقة القرن الإفريقي، وحكمها وفقا لتفسيرها المتشدد للشريعة الإسلامية.

https://arabic.sputniknews.com/world/201811281037060760-الصومال-متشددين-الأمريكي-الجيش/

소말리아는 수년 전부터 알카에다 사상을 따르는 알샤바브와 소말리아 중앙 정부군 사이에서 유
혈 사태를 목격하고 있다. 알샤바브는 아프리카의 뿔에 위치한 지역을 장악하고 극단적인 이슬람
법률에 따라 통치하는 것을 목표로 하고 있다.

---

(3) مطلع سبتمبر الماضي، حظرت الكويت استيراد المواد الغذائية بكافة أنواعها من العراق
كإجراء احترازي بسبب انتشار مرض الكوليرا في العراق.

https://www.mubasher.info/news/3377000/الكويت-ترفع-الخطر-عن-استيراد-المواد-الغذائية-من-العراق

지난 9월 초, 쿠웨이트는 이라크에서 콜레라가 확산함에 따라 선제적인 조치로서 모든 종류의 이
라크산 식품 수입을 금지하였다.

---

[1] 남성으로 간주되는 국가는 해당 국가명이 기존에 존재하던 남성 단어에서 차용된 경우이다. 예컨대 요르단
의 경우 강 이름이 국가명으로 차용된 경우이다.

그리고 교재마다 쿠웨이트도 포함시키는 경우가 있거나 반대로 소말리아와 예멘이 빠져있는 경우가 있지만, 위
의 예문에서 확인할 수 있다시피 본문에 언급된 7개국만 남성으로 인식된다.

● 단어의 성을 판단할 때 ة 여부만으로는 성을 알 수 없어서 작문할 때 실수를 유발하는 경우가 있는데, 그 중 가장 대표적인 경우가 막수르(ﻰ) 명사이다.

보통 ﻯ 가 어근일 경우 남성이고, 어근이 아니면 여성으로 취급된다. 그리고 이렇게 여성으로 취급되는 막수르 명사는 2 격명사로 구분되어 탄윈을 갖지 못한다.

남성			여성_2격 명사		
(ش ف ي)	مُسْتَشْفَى	병원	(ذ ك ر)	ذِكْرَى	기억
(ب ن ي)	مَبْنَى	건물	(د ع و)	دَعْوَى	소송
(ع ص و)	عَصًا	지팡이	(ف و ض)	فَوْضَى	혼돈

(4) بعد اكتشاف العديد من الذخائر غير المنفجرة، اضطر المرضى الذين يحتاجون إلى رعاية طبية عاجلة إلى الابتعاد لمدة ستة أشهر كاملة عن المنطقة التي شيد فيها المستشفى.

https://news.un.org/ar/story/2018/04/1005551

다수의 불발 포탄들이 발견된 후, 긴급 의료 케어가 필요한 환자들은 6개월 내내 병원이 지어진 지역에서 멀리 떨어져 지내는 수밖에 없었다.

(5) رفعت مجموعة من اليهود الأمريكيين دعوى قضائية ضد شركة "إير بي إن بي"، يوم الأربعاء، أمام محكمة اتحادية أمريكية، متهمين فيها شركة تأجير المنازل بـ"التمييز على أساس ديني"، بعد حذفها منازل المستوطنات الإسرائيلية من قوائمها.

http://alkhaleejonline.net/سياسة/يهود-يقاضون-airbnb-لحذفها-منازل-مستوطنات-من-قوائمها

유대계 미국인 집단은 수요일에 air bnb 를 미 연방 법원에 제소하였으며, 집 임대 회사인 air bnb 가 종교 차별을 했다고 비난하였다. 이 전에 air bnb가 이스라엘 거주지를 자사 리스트에서 제거한 바 있다.

** 문장을 앞에서부터 직역할 때 중간에 بعد 후은 قبل 처럼 시간상 전후 관계를 나타내는 접속사가 나오면 반대로 해석한 뒤 (즉, بعد 는 '이 전에', قبل 는 '이 후에'로 해석) 새로운 문장으로 해석을 시작하는 것이 좀 더 직관적으로 이해될 수 있다.

● 일반 명사에서 **사물의 복수인 명사는 여성 단수로 취급**한다.

---

(6) اشتعلت مواقع التواصل الاجتماعي بالوسوم الغاضبة بالعربية والإنجليزية التي أطلقها

الناشطون في مجال حقوق الحيوان والتي تدعو لوقف تصدير القطط والكلاب من مصر.

http://www.bbc.com/arabic/middleeast-46378513

sns는 동물 권리 활동가들이 아랍어과 영어로 제기한 분노의 태그로 도배가 되었다. 이 태그는
이집트에서 고양이와 개 수출 중단을 촉구하고 있다.

** والتي تدعو 부분도 الوسوم 를 선행사로 받는 관계절이라 수식으로 해석하는 것이 원칙이지
만, 이 예문처럼 수식으로 할 경우 문장 앞부분이 지나치게 길어져 문장의 균형을 무너뜨리게 될
경우, 원문의 의미를 크게 해치지 않는 선에서 문장을 분리하는 것이 더 효율적일 수 있다.

---

(7) كانت صحف مصرية نقلت عن وزارة الزراعة قولها إنها وافقت على تصدير 4100 كلب وقطة

من سلالات مختلفة إلى عدد من دول العالم.

http://www.bbc.com/arabic/middleeast-46378513

이집트 언론은 농림부가 4100마리의 여러 품종의 개와 고양이를 세계 다수 국가에 수출하기로
합의하였다는 말을 보도하였다.

---

(8) قال لاشين إبراهيم، رئيس الهيئة، إن نسبة المشاركة في التصويت على الاستفتاء بلغت 44

بالمائة من الناخبين الذين يحق لهم التصويت، بينما رفض 11.17 في المئة منهم التعديلات

الدستورية، في حين بلغت نسبة الأصوات الباطلة 3.6 في المئة.

http://www.bbc.com/arabic/middleeast-48029751

라쉰 이브라힘 (선거관리)위원장은 국민투표 참여율이 투표권이 있는 유권자 중 44%에 달했으며 이
중 11.17%는 헌법개정안에 반대하였고, 무효표는 3.6%에 달했다고 말했다.

2 과. 격

1 장. 2 격 명사

● 아랍어의 격은 기본적으로 3 개의 격으로 구성이 되지만 특수한 명사는 **탄원을 취하지 않으면서 두 개의 격만**을 취하는데 이를 2 격 명사라고 한다.

2 격 명사의 종류는 아래에서 보듯 매우 다양하다.

① 국가나 도시 등의 지명 고유명사 ② 여성의 이름 ③ أَفْعَلُ 혹은 فَعْلَانُ 형태의 형용사

④ 불규칙 복수 명사 중에서 2 격명사인 경우

불규칙 복수 형태 중 2격 명사인 경우			
ــَــــاــِـ / ـَـ 형태	مَدْرَسَةٌ / مَدَارِسُ	شَارِعٌ / شَوَارِعُ	أَكْبَرُ / أَكَابِرُ
ــَــــاــِـــيـ / ـَـ 형태	شُبَّاكٌ / شَبَابِيكُ	تَارِيخٌ / تَوَارِيخُ	صَارُوخٌ / صَوَارِيخُ
ـَــاءُ 로 끝나는 형태	صَدِيقٌ / أَصْدِقَاءُ	وَزِيرٌ / وُزَرَاءُ	خَبِيرٌ / خُبَرَاءُ

---

(9) لكن مناطق أخرى اقتلعت "من جذورها"، حسبما قال الأمين العام لمنظمة السياحة بمنطقة الكاريبي، هوغ رايلي، لبي بي سي.

http://www.bbc.com/arabic/business-41216697

하지만 다른 지역들은 뿌리째 뽑혀나갔으며, 이는 휴 라일리 카리브 지역 관광 기구 사무총장이 bbc에 말한 바에 의한 것이다.

---

(10) قال إنه تلقى رسائل كراهية وتهديدات علاوة على تحميله مسؤولية الأداء المخيب للآمال لمنتخب ألمانيا في كأس العالم روسيا 2018 الصيف الماضي.

http://www.bbc.com/arabic/sports-48565050

그(=외질)는 2018년 여름 러시아 월드컵에서 독일 대표팀의 실망스러운 성적에 대한 책임을 떠맡은 것 이외에도 비난의 메시지와 협박을 받았다고 말했다.

● **2 격** 명사는 **한정상태**로 변하거나 **후 연결어를 가질 경우** 다시 일반적인 단어처럼 3 개의 격을 모두 취한다.

---

(11) يأتي التدخل العسكري الروسي في أوكرانيا، التي كانت جزءا من روسيا حتى عام 1954 وتستضيف أسطولها البحري في البحر الأسود، بعد الإطاحة بالرئيس الأوكراني فيكتور يانوكوفيتش في 22 فبراير/شباط الماضي.

http://www.bbc.com/arabic/worldnews/2014/03/140314_russia_us_london_talks

러시아의 우크라이나 군사 개입은 지난 2월 22일에 빅토르 야누코비치 우크라이나 대통령이 축출된 이후에 이루어진 것이며, 우크라이나는 1954년까지 러시아의 일부분이었으며, 러시아 군함을 흑해에 정박시키고 있다.

---

(12) قال مركز إدارة الكوارث وتكنولوجيا الحد من المخاطر إن ذلك سيجعله أكثر العواصف تكلفة على الإطلاق.

http://www.bbc.com/arabic/business-41216697

재난 관리 및 위험 저감 기술 센터는 그것이(=앞에서 언급된 그러한 사실이) 그것(=이번 태풍)을 가장 막대한 피해액을 초래한 태풍으로 만들 것이라고 말했다.

---

(13) قال خبراء في إدارة أخطار الكوارث إن الإعصار في منطقة الكاريبي تسبب حتى الآن في أضرار بلغت قيمتها 10 مليارات دولار.

http://www.bbc.com/arabic/business-41216697

재난 위험 관리 전문가들은 카리브 지역 태풍은 지금까지 100억 달러에 달하는 피해를 초래하였다고 말했다

---

(14) تراجعت الحكومة الفرنسية عن زيادة الضرائب على الوقود، التي كانت مقررة العام المقبل، بعد احتجاجات استمرت على مدار أسابيع.

http://www.bbc.com/arabic/business-46463208

프랑스 정부는 내년으로 예정되었던 유류세 증세를 철회하였으며, 이에 앞서 수 주 동안 시위들이 있었다.

---

(15) الوفيات الناجمة عن حوادث المرور في تزايد مستمر، حيث بلغ عدد الوفيات السنوية 1.35 مليون شخص، بحسب تقرير جديد صادر عن منظمة الصحة العالمية اليوم الجمعة.

https://news.un.org/ar/story/2018/12/1023121

교통사고로 인한 사망이 지속적으로 증가해서 연간 사망자 수는 135만명에 달하며, 이는 오늘 금요일 세계 보건 기구에서 발표된 신규 보고서에 의한 것이다.

2 장. 대용어(동격)

● 대용어는 명사와 명사가 <u>서로 동일한 대상을 가리킬 때 사용</u>된다. 주로 이름과 직책명을 쓸 때 사용되거나 부연설명을 할 때 사용된다.

---

(16) قال **الرئيس الأمريكي**، دونالد ترامب، إنه مستعد لحالة استمرار الإغلاق الجزئي للحكومة الأمريكية، الذي دخل الآن أسبوعه الثالث، لسنوات.

http://www.bbc.com/arabic/world-46767249

도널드 트럼프 미 대통령은 미 정부의 부분적 폐쇄의 수년 간 지속 상황에 준비되어있으며, 이 폐쇄는 3주차에 접어들었다고 말했다.

---

(17) تريد **السعودية، أكبر دولة مصدِّرة للنفط في العالم**، خفض كمية الخام الذي تستهلكه محليا في توليد الكهرباء كي تزيد صادراتها منه.

https://alarab.co.uk/السعودية-تبدأ-رحلة-توليد-الكهرباء-من-الطاقة-النووية

세계 최대 석유 수출국인 사우디는 석유 수출을 늘리기 위해 국내 전력 생산에 사용하는 원유 양 감축을 원한다.

---

(18) مع أن الزيارة تعد مؤشرا لحدوث تقدم تجاه حل النزاع بين البلدين الذي دام أكثر من عام، فإن بكين ما تزال تطالب سول بإزالة الدرع الصاروخية (ثاد)، بحجة أن نشرها يتيح لكوريا الجنوبية وحليفتها **الولايات المتحدة** التجسس على الأنشطة العسكرية في شمال شرق الصين.

http://www.aljazeera.net/news/international/2017/12/14/العلاقات-لإصلاح-في-بكين-الجنوبية-كوريا-رئيس

그 방문은 1년 넘게 지속되는 양국 간 분쟁을 해결하는 것으로 나아가는 지표로 간주됨에도, 중국은 미사일 방어(싸드)배치는 한국과 동맹국인 미국에게 중국 북동쪽 군사 활동을 감시할 기회를 제공한다고 주장하면서 여전히 한국에게 싸드 제거를 요구하고 있다.

---

(19) أفصحت باشيليت عن اعتقادها بأنه ينبغي أن يكون هناك ارتباط أكبر من جانب **الدول الأعضاء** بمجلس حقوق الإنسان، معربة عن أملها في عدم رؤية "منازعات عقيمة أو انسحابات، بل عمل جماعي مصحوب بالتعاون والتنسيق بهدف الحفاظ على المبادئ الأساسية والأهداف المشتركة."

https://news.un.org/ar/audio/2018/09/1016472

바첼레트는 회원국과 인권위원회간의 더 큰 유대가 있어야 한다는 확신을 밝혔으며, 기본 원칙과 공통 목표를 지키기 위해 무의미한 분쟁이나 탈퇴를 생각하지 않고 협력과 협조를 동반한 집단 행동을 지향하고자 하는 희망을 표명하였다.

● 동일한 대상은 아니지만, 어떤 **한정명사(A)의 부분/전체/동일성을 강조**하기 위해 명사 A 뒤에 부분/전체/동일성을 의미하는 명사가 A 와 성/수가 일치하는 대명사를 접미시킨 상태로 나올 수 있다. 이 때 A 와 부분/전체/동일성에 해당하는 명사는 **같은 격**을 취해야 한다.

정도	كُلٌّ	مُعْظَمٌ	بَعْضٌ	동일성	نَفْسٌ	عَيْنٌ	ذَاتٌ

---

(20) قال المسؤول الأممي خلال إحاطة قدمها لأعضاء مجلس الأمن حول الأوضاع الإنسانية في سوريا اليوم الثلاثاء إن الأنباء أفادت بمقتل 41 مدنياً وإصابة أكثر من 70 آخرين جراء الغارات الجوية على بلدة أورم الكبرى في غرب حلب في 10 أغسطس/ آب. وأشار إلى أنه وفي <mark>اليوم نفسه</mark>، ألقيت قنابل على التح وخان شيخون في إدلب، مما أسفر عن مقتل 12 مدنيا وجرح عشرات آخرين.

https://news.un.org/ar/story/2018/08/1015582

국제기구 책임자는 오늘 화요일 안보리 회원들에게 시리아 내 인도적 상황에 대해 보고하는 브리핑에서 언론이 8월 10일 알렙포 서쪽에 위치한 우렘 알 쿠브라 공습으로 인해 41명의 민간인과 70명 이상의 부상자에 대해 보도하였다고 말했다. 같은 날에 폭탄들이 이들립 내 알 타흐와 칸 샤이쿤 지역에 떨어졌고, 이는 12명의 민간인 사망과 수 십 명의 부상자를 초래하였다.

---

(21) المملكة تدرك مع أشقائها أن وحدة العرب هي مستقبل الحضارة العربية، والاقتصاد مرهون بالوحدة الاقتصادية والسياسية بين <mark>عناصر الأمة العربية كلها</mark>.

https://elaph.com/Web/NewsPapers/2018/11/1229104.html

사우디는 형제국들과 아랍인들의 통합은 아랍 문명의 미래이고 경제는 모든 아랍 민족 간 경제적 정치적 통합에 달려있다는 점을 형제국들과 함께 인지하고 있다.

---

(22) قال عضو مجلس الشيوخ البلجيكي في سؤاله "نعلم أيضا أن مفوضية الأمم المتحدة السامية لحقوق الإنسان حثت الدول في أبريل/نيسان الماضي على إطلاق سراح السجناء المحتجزين من دون أساس قانوني، وكذلك السجناء السياسيين أو المحتجزين لتبنّيهم آراء تنتقد الدولة، لتجنب هذه <mark>الحالة عينها</mark> التي نواجهها الآن في السجون البحرينية".

عضو-مجلس-الشيوخ-البلجيكي-فيليب-كورار/www.aljazeera.net/news/humanrights/2021/4/15

벨기에 상원의원은 그의 질문에 "또한 우리는 바레인 감옥에서 지금 우리가 직면하고 있는 이 똑같은 상황을 회피하기 위해 유엔인권고등판무관이 지난 4월 국가들에게 법적 근거 없이 구금된 수감자들을 비롯해서 정치범들과 국가를 비난하는 의견을 보여 구금된 자들을 석방시킬 것을 촉구했다는 것을 알고있습니다"라고 말했다.

3과. 수

● 수에 따른 변화는 익히 잘 알고 있을 것이라 간주하고 본 교재에서는 표만 정리하고 바로
예문으로 넘어가도록 하겠다.

쌍수	주격	소유격/목적격
남성	مُدَرِّسَانِ	مُدَرِّسَيْنِ
여성	مُدَرِّسَتَانِ	مُدَرِّسَتَيْنِ

복수	주격	소유격/목적격
남성	مُدَرِّسُونَ	مُدَرِّسِينَ
여성	مُدَرِّسَاتٌ	مُدَرِّسَاتٍ

(23) بحث الجانبان العلاقات الثنائية وسبل تعزيزها، فضلا عن مستجدات الأزمة
الخليجية وجهود الوساطة الكويتية الرامية لحلها، بالإضافة إلى التطورات على الساحة الإقليمية،
لا سيما في ليبيا وسوريا.

http://www.aljazeera.net/news/arabic/2017/9/3/الأزمة-الخليجية-وزيرا-خارجية-قطر-وفرنسا-يبحثان

양측은 걸프 사태의 동향과 이를 해결하기 위한 쿠웨이트의 중재 노력 그리고 역내 특히 리비아
와 시리아에서의 동태뿐 아니라 양자 관계와 관계 강화 방안에 대해 논의하였다.

(24) من المتوقع أن يتواصل النمو بهذه الوتيرة في السنوات المقبلة، إذ أعلنت شركة "أمازون"
التي تعد عملاق تجارة التجزئة عبر الإنترنت مؤخرا عن اعتزامها تأسيس مقر رئيسي جديد، من
مقرين رئيسيين لها، في منطقة لونغ آيلاند سيتي.

http://www.bbc.com/arabic/vert-cap-46751653

성장은 이 속도로 향후 수 년 간 계속될 것으로 예상된다. 최근 인터넷 전자 상거래 대기업인 아
마존이 두 개의 본사 중 신규 본사를 롱 아일랜드 시티에 건설하겠다고 발표했기 때문이다.

(25) فرنسا والنمسا دولتان من الوزن الثقيل في الألعاب الأولمبية الشتوية، وقالت وزيرة الرياضة
الفرنسية لورا فليسل الخميس "لن نضع منتخب فرنسا في مكان غير آمن".

http://sport.aljazeera.net/othersports/2017/9/22/الشتوي-2018-أولمبياد-تهدد-السياسة

프랑스와 오스트리아는 동계올림픽 주요국이며, 로라 플레셀 프랑스 체육부 장관은 목요일 "우리
는 프랑스 국가대표 선수를 안전하지 않은 곳에 보내지 않을 것이다"라고 말했다.

(26) يتولى بوتفليقة مهام منصبه منذ عام 1999. وفي عام 2008، ألغى قواعد دستورية كانت
تقتصر الرئاسة على فترتين متتاليتين كحد أقصى.

http://www.bbc.com/arabic/middleeast/2014/03/140321_algeria_election_protest

부테플리카는 1999년부터 재임 중이다. 2008년에 대통령직을 최대 연속 2회로 제한했던 헌법 규
정을 취소하였다.

2 단원. 문장과 구

1과. 문장

1장. 명사문

● 명사문은 문장 구조가 명사로 시작하는 문장을 의미하고 주부와 술부로 문장이 구분된다. 일반적으로 **주부에는 한정 명사가 나오며, 술부에는 비한정 형용사가 나온다.** 이 때 술부에 나오는 형용사는 주어에 성과 수를 일치시켜야 한다.

격은 특별한 경우가 아니면 **주어와 술어 모두 주격**으로 놓는다. 명사문의 주어나 술어의 격이 바뀌는 경우는 앞으로 하나씩 나올 것이다.

---

(27) ما زال ما يقرب من 150 ألف شخص موجودين في مقاطعة عفرين، إلا أن الوصول إلى المحتاجين للمساعدات في المقاطعة محدود للغاية.

https://news.un.org/ar/audio/2018/05/1007572

여전히 약 15만명 이상의 사람들이 아프린 지역에 머물고 있지만 도움을 필요로 하는 사람들에게 도달하는 것은 매우 제한적이다.

---

(28) إن الشعب السوري صامد بشكل لا يصدق. يتعين علينا دعم هذا الصمود وهذه القوة وضمان استمرارهما.

https://news.un.org/ar/story/2018/08/1015812

시리아 국민은 믿을 수 없을 정도로 강인하다. 우리는 이 강인함과 이 힘을 지지해야 하고 이의 지속을 보장해야 한다.

---

(29) كان وزير الخارجية التركي، مولود تشاوش أوغلو، قد قال إن بلاده تعتقد أن تبادل المعلومات بين النائب العام السعودي ونظيره التركي في قضية مقتل الصحفي جمال خاشقجي مفيد، مضيفا أن التعاون يجب أن يستمر.

http://www.bbc.com/arabic/middleeast-46017209

메블뤼트 차우쇼을루 터키 외무 장관은 협력이 지속되어야 한다고 덧붙이면서 터키는 자말 카슈끄지 언론인 살해 사안 관련 사우디 검사와 터키 검사 간 정보 공유는 유익하다는 것을 확신한다고 말한 바 있다.

● 명사문의 술어가 형용사이거나 사람을 나타내는 명사일 경우 주어와 성과 수를 일치시켜야 하지만, **성 변화가 불가능한 명사일 경우(ة 존재 여부로 뜻 자체가 변하는 경우)[1]** 해당 술어의 상태를 주어의 성과 수에 맞추지 말고 **해당 명사 고유의 형태를 써야 한다.** 즉 ة 를 임의로 붙이거나 제거해서는 안 된다.

---

(30) كان الهدف الرئيسي للمنتديات هو التشاور مع مجموعة واسعة من النساء المعنيات - دعاة السلام والناشطات - لتحديد الطرق والاستراتيجيات لتحسين دور المرأة في تعزيز السلام ومنع التطرف العنيف في البلاد.

https://news.un.org/ar/story/2018/08/1014212

포럼의 주요 목표는 평화 지지자들과 활동가들과 같은 관련 여성들로 구성된 광범위한 집단과 평화를 강화하고 국가 내 폭력적인 극단주의를 막는 데에서 여성의 역할을 개선하는 방법과 전략을 논의하는 것이었다.

---

(31) أضاف بيزلي أن نتائج التصنيف تظهر أن ما يحدث في اليمن هو أزمة متفاقمة بشكل دائم حيث يعاني 15 مليون شخص من الجوع الشديد، من بينهم 65 ألف شخص يواجهون مستويات جوع "كارثية".

https://news.un.org/ar/story/2018/12/1023071

페이즐리는 (통계)조사 결과는 예멘에서 발생하는 것은 지속적으로 악화되는 위기를 보여주며, 예멘에서 1500만명의 사람들이 극심한 기아에 허덕이고 있고 그 중 6500명은 '재앙적' 기아 수준에 직면하고 있다고 덧붙였다.

---

(32) الأمين العام للأمم المتحدة أنطونيو غوتيريش قال إن الصندوق المركزي للاستجابة الطارئة هو "الأداة الأكثر قيمة" في الاستجابة لحالات الطوارئ الجديدة ومعالجة الأزمات المنسية، داعيا المجتمع الدولي إلى جمع مليار دولار أمريكي للصندوق.

https://news.un.org/ar/story/2018/12/1023171

안토니우 구테흐스 유엔 사무총장은 국제 사회에 수 십억 미 달러를 중앙긴급대응기금(CERF) 모금해달라고 촉구하면서 이 기금은 새로운 긴급 사태에 대응하고 잊혀진 위기에 대응하는 데에 있어서 가장 가치 있는 수단이라고 말했다.

---

[1] 예컨대, مَكْتَب 은 사무실 혹은 책상이라는 뜻이지만 مَكْتَبَة 은 도서관이라는 뜻이다.

● **명사문의 술어에는 전치사구**가 올 수도 있는데, 이 때 주어가 한정일 경우 문장 순서를 그대로 두어도 되고 주어와 술어의 위치를 바꿔도 된다. 하지만 **주어가 비한정일 경우 주어와 술어의 위치를 도치**시켜야 한다. 만약 도치시키지 않는다면 전치사구가 명사를 꾸며주는 수식구로 해석된다.

---

(33) كانت الدائرة التمهيدية للمحكمة الجنائية الدولية قد قررت الأسبوع الماضي أن للمحكمة اختصاصا على الجرائم المزعومة مثل الترحيل القسري للروهينجا من ميانمار، وربما على جرائم أخرى.

https://news.un.org/ar/audio/2018/09/1016742

국제형사재판소(ICC)의 전심재판부는 지난주 로힝야의 미얀마 강제 추방과 또 다른 범죄에 대한 사법 관할권을 가진다고 결정하였다.

---

(34) وأفاد مصدر في الشرطة باعتقال 24 شخصا يعتقد أن لهم صلة بالتفجيرات وأنهم أعضاء في جماعة التوحيد الوطنية".

http://www.bbc.com/arabic/world-48008695

경찰의 한 소식통은 폭발사태와 관련이 있고 내셔널 타우히트 자마트(NTJ)의 일원이라고 생각되는 24명을 체포했다고 발표했다.

---

(35) من المقرر أن يلتقي بكبار المسئولين الفيتناميين وعلى رأسهم الرئيس الفيتنامي وسكرتير عام للحزب الشيوعي ورئيس الجمعية الوطنية ورئيس الوزراء، بهدف بحث سبل تطوير وتعزيز العلاقات التاريخية التي تربط البلدين في مختلف المجالات.

http://www.vetogate.com/2855371

그는 여러 분야에서 양국 간 역사적 관계 개발 및 강화 방안 논의를 위해 베트남 주석, 공산당 사무총장, 국회의장, 총리 등 베트남 고위 책임자들과 회동할 예정이다.

---

(36) قال أطباء متخصصون في الخصوبة في اليونان وإسبانيا إنهم تغلبوا على مشكلة عُقم عند امرأة، وساعدوها على إنجاب طفل بطريقة مبتكرة. وولد الطفل بوزن 2.9 كيلوغراما الثلاثاء الماضي. وأفادت التقارير بأن الطفل والأم بحالة صحية جيدة.

http://www.bbc.com/arabic/science-and-tech-47896562

그리스와 스페인의 수정 전문 의사들은 한 여성이 가진 불임 문제를 극복하여 그녀가 창의적인 방식으로 아이를 출산할 수 있도록 도왔다고 말했다. 지난 화요일 아이는 2.9 kg으로 태어났다. 보고서는 아이와 산모는 좋은 건강상태에 있다고 전했다.

● 술어에 전치사구가 나오면서 도치된 문장 구조 중에서 흔하게 사용되는 구조가 مِنَ الـ... أنْ~ 구문이다. 이 때 문장 구조상 "مِنَ الـ..." 부분이 술어, "أنْ~" 부분이 주어에 해당한다.

그리고 أنْ 이나 أنَّ 를 사용하여 문장으로 풀지 않고 동명사가 주어로 나와도 된다.

مِنَ السَّهْلِ أنْ	~하는 것은 쉽다
مِنَ الصَّعْبِ أنْ	~하는 것은 어렵다
مِنَ الْمُقَرَّرِ أنْ	~할 예정이다
مِن اللّازِمِ / الضَّرُورِيّ / الْوَاجِبِ أنْ	~해야 하다(~할 필요가 있다)
مِنَ الْمُهِمِّ أنْ	~하는 것은 중요하다

مِنَ الْجَدِيرِ بِالذِّكْرِ أنَّ	~은 언급할만한 가치가 있다
مِنَ الْوَاضِحِ أنَّ	~은 명백하다

مِنَ الْمُتَّفَقِ عَلَيْهِ أنْ / أنَّ	~는 합의된 바이다
مِنَ الْمُتَوَقَّعِ أنْ / أنَّ	~은 예상된 바이다
مِنَ الْمُرَجَّحِ أنْ / أنَّ	~할 가능성이 높다

---

(37) إذا مضى العطاء قدما ستصبح السعودية ثاني دولة خليجية تتحول للطاقة النووية بعد الإمارات، التي مِن المقرر أنْ تبدأ تشغيل أول مفاعل نووي لها في العام المقبل وهو من تشييد كوريا الجنوبية.

السعودية-تبدأ-رحلة-توليد-الكهرباء-من-الطاقة-النووية/https://alarab.co.uk/ https://alarab.co.uk/

만약 입찰이 계속 진행된다면 사우디는 UAE에 이어 원자력으로 넘어가는 두 번째 걸프 국가가 될 것이다. UAE는 내년에 첫 원자로 가동을 시작할 예정이며, 이는 한국이 건설한 것이다.

---

(38) من الجدير بالذكر أنه وفقا لاستراتيجية التنمية العلمية والتكنولوجية لروسيا الاتحادية، ينبغي أن تصبح اتصالات العلماء الروس مع نظرائهم الأجانب واحدة من الأدوات الدبلوماسية لروسيا. ولتطوير هذا المجال، من الضروري تحديث عدد من الوثائق المتعلقة بالتعاون الدولي مع الأكاديمية الروسية للعلوم.

https://arabic.sputniknews.com/russia/201901091038111765-بوتين-التعاون-مجال-العلوم-الراغبين-العمل-روسيا/

러시아 연방의 과학 개발과 기술 전략에 따르면, 러시아 학자들이 외국 학자들과 교류하는 것은 러시아 외교 수단 중 하나가 되어야 한다는 점은 언급할 만한 가치가 있다. 이 분야를 발전시키기 위해서는 러시아 과학 아카데미와의 국제 협력과 관련된 다수의 서류를 최신화할 필요가 있다.

2장. كَانَ 와 그 자매어

● 명사문에 특수한 의미를 부여하는 동사들은 흔히 كَانَ 의 자매어라고 불리우는데 이들은 해당 명사문에 **특정 의미를 부여함과 동시에 술어를 목적격으로 바꾼다**는 공통된 특징이 있다.

1. 과거 의미

● 과거 의미를 부여하는 기능은 كَانَ 가 하게 된다.

> (39) كانت عملية خلق فرص العمل في القطاعين الصغير والمتوسط ببساطة غائبة، وفقا للتقرير الذي يدعو الحكومات إلى التدخل لعكس هذا الاتجاه.
>
> http://assabah.ma/254838.html
>
> 이러한 추세를 뒤집기 위해 정부에게 개입을 촉구하는 보고서에 의하면, 중소기관의 일자리 창출은 간단히 말해서 존재하지 않았다.

> (40) كان أبو طالبي نفى في مقابلة مع موقع اخباري إيراني إنه كان جزءا من الجماعة التي اقتحمت السفارة الأمريكية.
>
> http://www.bbc.com/arabic/worldnews/2014/04/140411_us_iran_no_visa
>
> 아부 딸리비는 이란 언론사와의 인터뷰에서 그가 미 대사관에 침입한 단체의 일부였다는 것을 부인하였다.

2. 변화 의미

● 변화 의미를 부여하는 기능을 하는 동사의 종류로는 غَدَا، أَضْحَى، أَصْبَحَ، أَمْسَى، بَاتَ، صَارَ 가 있으며, 이러한 의미가 부여된 명사문은 **'주어가 술어하게 되다'의 의미**가 된다.

> (41) في حالة تصويت سكان شبه الجزيرة الأوكرانية على الانفصال ستصبح جزءا من اتحاد فيدرالي روسي. وكانت الولايات المتحدة تعهدت "بالوقوف إلى جانب أوكرانيا" في نزاعها مع روسيا.
>
> http://www.bbc.com/arabic/worldnews/2014/03/140314_russia_us_london_talks
>
> 우크라니아 반도 주민들이 분리에 대한 투표를 할 경우, 우크라이나 반도는 러시아 연방에 일부분이 될 것이다. 미국은 러시아와 갈등상황에서 우크라니아 지지를 약속했다.

> (42) أضحت الحرب السورية مرادفا لصورة مئات الآلاف من الأشخاص المحاصرين وملايين أخرى في أماكن يصعب الوصول إليها بالمساعدات.
>
> https://news.un.org/ar/audio/2018/05/1007572
>
> 시리아 전쟁은 수 십만 명의 갇혀있는 사람과 원조가 도달하기 힘든 지역에 있는 수 백만 명의 이미지의 대명사가 되었다.

(43) دخلت احتجاجات ما **بات يعرف** بأصحاب السترات الصفراء أسبوعها الثالث في شوارع فرنسا، فيما يواجه أكثر من 5 آلاف عنصر من عناصر الأمن المحتجين وسط العاصمة باريس.

https://www.skynewsarabia.com/video/1204549-الإنترنت-بدأت-احتجاجية-حملة-الصفراء-السترات

노란 조끼 시위로 알려지게 된 항의 시위는 프랑스 거리에서 3주차에 접어들었다. 이 시위에서 5천명 이상의 안보대원이 수도 파리 시내에서 시위자들에 대응하고 있다.

3. 지속성 의미

● 지속성 의미를 부여하는 기능을 하는 동사의 종류로는 ظَلَّ، مَا زَالَ 가 있으며, 이 경우는 '**주어가 계속해서 술어를 하다**'의 의미가 된다.

مَا زَالَ 는 '**현재**'도 유지되고 있음을 표현하기 때문에 완료형과 미완료형 모두 '현재 여전히 ~하다'는 의미로만 해석이 가능하다. 즉, 완료형을 써도 과거로 해석되지 않음에 주의해야 한다.

(44) يحتاج أبناء جيل الألفية للاستقرار المادي أكثر مما كان يحتاجه آباؤهم، إذ تثقل أقساط قروض الدراسة الجامعية، التي تزداد عاما بعد عام، كاهل أبناء جيل الألفية في كثير من دول العالم، **ولا تزال** تداعيات الأزمة المالية العالمية **تلقي** بظلالها القاتمة على أوضاعهم الاقتصادية وظروفهم المعيشية.

http://www.bbc.com/arabic/vert-cap-45973597

밀레니엄 세대 아이들은 부모 세대가 필요로 했던 것 보다 더 많이 물질적 안정을 필요로 한다. 매년 늘어가는 대학교 학자금 대출이 밀레니엄 세대 아이들의 어깨를 무겁게 하고 있고, 세계 금융 사태의 여파는 여전히 그들의 경제 상황과 생계 환경에 짙은 그림자를 드리우고 있기 때문이다.

(45) قال جاس إن الضغط على المستشفيات والعاملين **ما زال مرتفعا** للغاية. وقال مسؤولو الصحة يوم الخميس إن استمرار عمليات التطعيم بأعداد قياسية من شأنه أن يساعد في تراجع الإصابات، لكنهم حذروا من أنه من السابق لأوانه الشعور بالارتياح لأن المستشفيات **لا تزال مكتظة**.

كورونا-43/www.aljazeera.net/news/healthmedicine/2021/5/3

자스(=독일병원협회장)는 병원과 (병원)근로자들의 (업무)압박이 여전히 매우 높다고 말했으며, 보건당국 책임자들은 목요일 기록적인 숫자로 백신 접종이 지속되는 것은 감염이 낮아지는데 도움을 준다고 말했지만, 그들은 병원들이 여전히 (환자들로)과밀되어있어 안도하기에는 아직 시기상조라고 경고했다.

● 반면에 ظَلَّ 의 경우는 **완료는 과거를 의미하고, 미완료는 미래에 한정하거나 현재부터 미래를 모두 포함**한 표현이다.

---

(46) قالت مراسلة الجزيرة جيفارا البديري إن مئات الفلسطينيين ظلوا يتدفقون من مدن الضفة الغربية الأخرى ومن داخل الخط الأخضر على بيت لحم حتى الساعات الأولى من مساء اليوم، لحضور مراسم إحياء عيد الميلاد التي تقام في ظل إجراءات أمنية فلسطينية مشددة.

https://www.aljazeera.net/news/arabic/2017/12/24/بيت-لحم-تحتفل-بالميلاد-وتتحدى-قرار-ترمب

지파라 바디리 알자지라 특파원은 수 백명의 팔레스타인 인들은 철저한 팔레스타인 안보 조치가 이루어진 가운데 진행되는 성탄절 행사에 참여하기 위해 다른 서안 도시들과 그린라인* 내부에서 오늘 밤 이른 시간까지 베들레헴으로 계속 몰려들었다고 전했다.

** 그린라인은 팔레스타인과 이스라엘의 경계선을 의미하는 명칭이다.

---

(47) هناك العديد من المسارات لنمو إيرادات الشركات؛ لكن يظل الاكتتاب العام في أسواق المال بمثابة رأس الحربة، وأهم فرص النمو الاقتصادي.

www.aljazeera.net/reyada/2021/5/12/3-عناصر-تدفع-شركتك-للانطلاق-بقوة

회사 수익을 키우는데 여러 루트가 있지만 금융시장에 기업을 공개하는 것은(IPO)는 계속해서 대표적인 방법일 것이며 가장 중요한 경제 성장의 기회일 것이다.

---

4. 조건성 의미

● 조건성 의미를 부여하는 기능을 하는 동사는 مَا دَامَ 가 있으며, 이 경우 '**주어가 술어인 한**' 혹은 '**주어가 술어한 상태라면**'의 의미가 된다. **이 동사는 완료형으로만 사용이 되지만 미완료의 의미를 가진다.**

---

(48) أوضح أردوغان أنّ "فلسطين ستبقى ما دام هناك مسلمون وأناس يدافعون عن الحق والعدالة والحرية".

http://rassd.com/442528.htm

에르도안 대통령은 "무슬림들과 권리와 정의 그리고 자유를 지지하는 사람들이 존재하는 한 팔레스타인은 잔존할 것이다."라고 밝혔다.

---

(49) أكّد الرئيس الروسي فلاديمير بوتين السبت أن "الحرب ستستمر" ما دامت السلطات الأوكرانية الحالية "باقية في الحكم"، وذلك تعليقا على تجدد التوتر أخيرا بين موسكو وكييف.

https://www.alarabiya.net/ar/arab-and-world/2018/12/02/بوتين-الحرب-تستمر-ما-دامت-سلطات-أوكرانيا-الحالية-تحكم.html

토요일 블라디미르 푸틴 러시아 대통령은 현 우크라이나 당국이 정권에 남아있는 한 '전쟁은 계속될 것'이라고 강조하였다. 이는 최근 러시아와 우크라이나 간 새로운 긴장상태에 대해 남긴 말이다.

3 장. إِنَّ 와 그 자매어

● إِنَّ 와 그 자매어들은 그 뒤에 명사문이 나와야하며, **주어의 격을 목적격으로** 놓는다. 이 때 만약 주어가 대명사일 경우 접미형 대명사로 넣으면 되며, 1 인칭의 경우 نِي 라고 넣어주면 된다.

~ إِنَّ ~	~ أَنَّ ~	~ لِأَنَّ ~	~ كَأَنَّ ~
~하다, ~라고	~한 것	~때문에	~인 것처럼

~ لَكِنَّ ~	~ لَعَلَّ ~	~ لَيْتَ ~
하지만 ~ 이다	~이길 바란다. 아마 ~일 것이다	~이면 참 좋을텐데

---

(50) قالت الوكالة الدولية للطاقة الذرية **إن** إيران بدأت تخصيب اليورانيوم إلى درجة نقاء 60%، وذلك على وقع "التقدم" الذي أُحرز في محادثات فيينا.

www.aljazeera.net/news/politics/2021/4/17/محادثات-فيينا-طهران-ترى-تفاهما-جديدا

국제원자력기구는 비엔나 회담에서 달성된 '진전' 상황에서 이란이 우라늄 순도 60% 수준으로 농축하기 시작했다고 말했다.

---

(51) وبحسب وكالة الأنباء الإيرانية الرسمية (إرنا) **فإن** ربيعي قال **إن** رد إيران على حادث نطنز سيتمثل في 3 أمور "أولها إفشال الحظر ورفعه عن إيران، والثاني هو التطوير المستمر لأجهزة الطرد المركزي، والثالث هو الرد الحاسم على المعتدين".

www.aljazeera.net/news/politics/2021/4/13/ظريف-بحثت-مع-وزير-الخارجية-الروسي

이란 공영 통신(IRNA)에 의하면 라비이는 나탄즈 사건에 대한 이란의 대응은 3가지로 대표될 것인데, "그 중 첫 번째는 이란에 대한 제재를 좌절시키고 이를 해제하는 것이고 두 번째는 원심분리기의 지속적인 개발이다. 그리고 세 번째는 적에 대한 치명적인 대응이다"라고 말했다.

---

(52) قال أمين الوالي، نائب الناطق باسم الجبهة الجديدة من أجل التغيير، للجزيرة، **إن** اعتقالهم جرى بدون مذكرة قضائية. وأضاف الوالي **أن** عددا من المعارضين ما زالوا في المعتقل، ومن بينهم المتحدث باسم الجبهة الجديدة المعارضة. ونفى الاتهامات التي وجهتها السلطات للمعتقلين، ووصفها **بأنها** ادعاءات لا أساس لها من الصحة.

www.aljazeera.net/news/politics/2021/4/12/تشاد-السلطات-تفرّج-عن-قادة-معارضين

변화를위한 새로운 전선(=정당 당명)의 부 대변인 아민 알왈리는 알자지라에 그들은 영장 없이 체포되었다고 말했으며, 새로운 전선당의 대변을 포함한 야당인사 다수가 여전히 구금되어있다고 덧붙였다. 그리고 그는 당국이 구금된 사람들에게 제기한 혐의들을 부인했으며, 이 혐의들은 아무런 법적 근거가 없는 주장이라고 표현했다.

4장. 동사문

● 동사문은 문장 구조가 동사로 시작하는 문장을 의미한다. 즉, 동사보다 주어가 먼저 나올 경우 이는 명사문으로 분류된다.

주어에 해당하는 명사가 존재하는 동사문에서는 동사는 단수로 고정된다. 단, 주어가 단순 대명사일 경우 의미에 따라 동사의 수가 변한다.

---

(53) قال الناطق باسم البيت الأبيض جاي كارني إن الأمم المتحدة والحكومة الإيرانية قد أحيطتا علما بأن الولايات المتحدة لن تصدر تأشيرة دخول لأبو طالبي.

http://www.bbc.com/arabic/worldnews/2014/04/140411_us_iran_no_visa

제이 카니 백악관 대변인은 유엔과 이란 정부는 미국이 아부 딸리비의 비자를 발급하지 않을 것이라는 것을 잘 알게 되었다고 말했다.

---

(54) مع ذلك، يُعتقد أن قضية مقتل جمال خاشقجي، وقرار الرئيس الأمريكي دونالد ترامب سحب قواته من سوريا؛ سيشغلان حيزا كبيرا من هذه الجولة التي تبدأ اليوم الثلاثاء وتستمر أسبوعا.

https://www.aljazeera.net/news/politics/2019/1/8/خاشقجي-الأوسط-الشرق-المتحدة-الولايات-بومبيو

그럼에도 불구하고, 자말 카쇼끄지 사망 사건과 도널드 트럼프 미 대통령의 시리아 철군 결정은 오늘 화요일 시작해서 1주일 간 지속되는 이번 순방에서 큰 부분을 차지할 것이라고 생각된다.

---

(55) يقول محللون إن هذا يجعل من الصعب على معارضي الخارج والداخل خوض الانتخابات.

http://www.bbc.com/arabic/middleeast/2014/03/140314_syria_brahimi_election_criticism

분석가들은 이것이 국내 반대자들과 재외 반대자들이 선거에 돌입(입후보)하기 어렵게 만든다고 말한다.

---

(56) يعتقد أن الولايات المتحدة لم تمتنع في السابق عن إصدار تأشيرة دخول لمندوب لدى الأمم المتحدة، ويقول مراسلون إن هناك ثمة قلق في الأوساط الدبلوماسية من أن القرار الأخير قد يمثل سابقة يمكن تكرارها.

http://www.bbc.com/arabic/worldnews/2014/04/140411_us_iran_no_visa

그는 미국이 예전엔 유엔 특사의 입국 비자 발급을 안 해주지 않았다고 확신한다. 그리고 특파원들은 최근 결정은 반복될 수 있는 선례가 될 수 있다는 걱정이 외교계에 존재한다고 말한다.

(57) تخضع النساء في السعودية إلى قوانين تفرض عليهن وصاية الرجال، ويعني هذا أن المرأة بحاجة إلى تصريح من أحد أقاربها الرجال للعمل، أو السفر، أو الزواج، أو حتى مغادرة السجن.

http://www.bbc.com/arabic/middleeast-46807093

사우디 여성들은 그녀들에게 남성 후견인을 부과하는 법에 귀속되며, 이는 여성이 일을 하거나 여행을 가거나 심지어 감옥에서 나올 때에도 남성인 친인척 중 한 명의 허락을 필요로 한다는 것을 의미한다.

5장. 시작동사

● 시작동사는 직설법 동사를 목적어로 취해서 "~하기 시작하다"라고 해석된다. 이런 방식으로 활용되기 위해서는 **시작동사 자체가 완료형이어야 한다.**

시작동사를 현재나 미래형을 쓰고자 할 때에는 목적어로 미완료 동사를 취할 수 없으며 이를 동명사로 바꿔서 직접 목적어로 받거나 동사에 따라 전치사의 도움을 받아야 한다[1].

شَرَعَ / يَشْرَعُ (في أو بـ) ~	أَخَذَ / يَأْخُذُ ~	جَعَلَ / يَجْعَلُ ~	بَدَأَ / يَبْدَأُ ~

(58) بدأت العاصفة الثلجية تضرب مناطق النبطية وإقليم التفاح، مصحوبة بعواصف رعدية وبرق ورياح باردة وأمطار غزيرة، أدت إلى تساقط لوحات إعلانية على طريق الزهراني - حبوش - النبطية ويافطات، وتشكيل برك مياه على الطرقات.

https://www.annahar.com/article/920860-العاصفة-الثلجية-بدأت-تضرب-النبطية-واقليم-التفاح

눈 폭풍은 천둥, 번개, 추운 바람, 폭우를 동반하여 나바티예 지역과 투파흐 지역을 강타하기 시작했으며, 광고판과 간판들이 자흐라니-하브쉬-나바띠 도로(=자흐라니에서 출발하여, 하브쉬를 경유하고, 나바띠로 가는 도로) 위에 떨어지게 만들고 도로에 물 웅덩이를 만들었다.

(59) يرى شو أن العلاقات الاقتصادية بدأت تعود إلى مسارها الطبيعي، ولكن من المهم أن يتمكن مون في زيارته من "إبعاد شبح (منظومة) ثاد عن الاقتصاد".

http://www.aljazeera.net/news/international/2017/12/14/العلاقات-لإصلاح-بكين-في-الجنوبية-كوريا-رئيس

슈는 경제 관계는 정상적인 길로 돌아가고 있으나, 문 대통령이 방중에서 싸드 문제를 경제와 분리시킬 수 있는 것이 중요하다고 보고 있다.

(60) قد شرعت طواقم الوزارة بـعمليات الحصر الأولي للأضرار التي لحقت بالمنشآت السكنية.

https://www.alwatanvoice.com/arabic/news/2018/11/13/1191590.html

부처 공무원들은 거주시설 피해 1차 산정 작업을 시작했다.

---

[1] جعل 와 أخذ 가 시작동사로 사용된 경우는 드물며, شرع 는 전치사 في 나 بـ 를 사용해서 종종 사용된다.

6장. 임박동사

● كَادَ 동사와 أَوْشَكَ 동사는 그 뒤에 미완료 동사(A)를 취하여 A가 임박했음을 의미한다. 임박한 행위를 서술할 때 미완료 동사를 목적어로 받는 경향이 있으나 أوشك 의 경우 접속사 أَنْ 을 사용하거나 على 뒤에 동명사를 쓰기도 한다.

يَفْعَلُ		أَوْشَكَ / يُوشِكُ	يَفْعَلُ	كَادَ / يَكَادُ
أَنْ يَفْعَلَ				
عَلَى الْفِعْلِ				

---

(61) رفضت المحكمة الاتحادية العليا طعن صاحب شركة ضد حكم قضى بتغريمه 10 آلاف درهم، لإدانته بتقليد علامة تجارية لسلعة تخص شركة أخرى، وبشكل **يكاد يستحيل على** الشخص العادي التفرقة أو التمييز بينهما.

https://www.emaratalyoum.com/local-section/accidents/2019-04-17-1.1203508

연방대법원은 일반인들은 정품과 가품을 구분하는 것이 거의 불가능한 형태로 다른 기업 제품의 상표권을 모방했다는 유죄를 인정하여 10,000디르함의 벌금을 선고한 판결에 대한 기업주들의 항고를 기각했다.

---

(62) نشرت إيستيل صورا لوجهها بعد شفائها، وأشارت إلى أنها "**كادت تموت** ولا تريد أن يحدث هذا للآخرين". تحدث الحساسية بسبب البارافنيلينيديمين في اثنين إلى ثلاثة في المئة من الناس، وفقا للصحيفة.

https://www.raya.ps/news/1054228.html

이스틸은 회복한 이후 얼굴 사진들을 게시했고, 그녀는 죽을 뻔했고 이와 같은 일이 다른 사람들에게 발생하지 않길 원한다고 밝혔다. 언론에 의하면 페닐렌디아민으로 인한 알레르기는 전체 사람들 중 2~3%에서 발생한다고 한다.

---

(63) أكدت الدكتورة سحر نصر، وزيرة الاستثمار، أن الحكومة **أوشكت على الانتهاء من** اللائحة التنفيذية للقانون الخاص بـ"عربات الأكل" الذى أقره البرلمان وصدق عليه رئيس الجمهورية منذ شهور قليلة، والذى يمنح تصاريح لعربات الأكل لمساعدة الشباب لتوفير فرص عمل والحد من البطالة، وفى إطار دعم المشروعات المتوسطة والصغيرة.

https://www.youm7.com/story/2018/11/21/4040264 وزيرة-الاستثمار--الحكومة-أوشكت-على-إنهاء-اللائحة-التنفيذية-لقانون-عربات

싸흐르 나세르 투자부 장관은 몇 개월 전부터 정부가 국회가 발의하고 대통령이 비준한 푸드트럭 관련 법의 시행령을 거의 다 끝냈다고 강조했다. 이 법은 일자리를 제공하고 실업을 막고자 중소규모 사업을 지원하는 차원에서 청년들을 지원하기 위해 푸드트럭 허가를 부여한다.

(64) حذر الأمين العام لجامعة الدول العربية، أحمد أبو الغيط، من أن القضية الفلسطينية تتعرض إلى تهديدات غير مسبوقة نتيجة للمواقف الأمريكية المنحازة والقرارات المُجحفة التي توشك **أن** تقضي على أي فرصة لتطبيق حل الدولتين.

أبو-الغيط-القضية-الفلسطينية-تتعرض-لتهديدات-غير-مسبوقة/https://www.masrawy.com/news/news_publicaffairs/details/2018/11/28/1470201

아흐마드 아부 가이뜨 아랍연맹 사무총장은 팔레스타인 사안은 미국의 편향된 입장과 두 국가 해법 적용을 위한 모든 기회를 없애기 직전인 불공정한 결정의 결과로 전례없는 위협에 노출되어 있다고 경고했다.

● 또한, 비슷한 형태인 بِالْكَادِ 는 "간신히" 의 의미를 가지며 어감상 힘겹게 어떠한 행위를 한다는 것을 의미한다.

(65) أضاف داروسمان أن التحول الديمقراطي في ميانمار الذي بدأ **بالكاد**، قد وصل الآن إلى طريق مسدود؛ مشيرا إلى استخدام القوانين القمعية لإسكات من يسعون إلى الفحص والتدقيق فيما يحدث.

https://news.un.org/ar/audio/2018/09/1017052

다루스만은 발생하고 있는 것을 검사하고 면밀히 조사하고자 노력하는 사람들을 입막음시키는 억압적인 법의 사용을 지적하면서, 미얀마에서 간신히 시작한 민주화는 지금 답보상태에 있다고 덧붙였다.

● **على وَشك 와 동명사를 연결형으로 사용**하여 해당 행위가 곧 발생할 것을 표현할 수 있다. ●

(66) كتب في مقالته الأسبوعية بصحيفة تليجراف "لا أستطيع حقا أن أصدق ذلك لكن يبدو أن هذه الحكومة **على وشك الاستسلام** التام".

بوريس-جونسون-بريطانيا-على-وشك-الاستسلام-التام-في-محادثات-الخروج/https://www.youm7.com/story/2018/11/12/4028457

그는 텔레그래피 지 주간 논평에서 "나는 정말로 그것을 믿을 수 없지만 이 정부는 거의 항복하기 직전인 것 같다"썼다.

7장. 복수 목적어 타동사

1. 생각동사

● 생각동사란 "~을(제 1 목적어) ...로(제 2 목적어) 생각하다"류의 의미를 가진 동사의 집합들이며, 제 1 목적어와 제 2 목적어는 명사문의 주어/술어의 관계를 갖는다.

... ~ يَظُنُّ / ظَنَّ	~을 ...로 생각하다	... ~ اِعْتَبَرَ	~을 ...로 간주하다
... ~ يَعُدُّ / عَدَّ	~을 ...로 간주하다	... ~ يَرَى / رَأَى	~을 ...으로 간주하다

(67) كما انتقد زعماء المعارضة ترشح بوتفليقة لفترة رئاسة رابعة وطالبوا بإصلاح النظام السياسي الذي يعتبرونه فاسدا.

http://www.bbc.com/arabic/middleeast/2014/03/140321_algeria_election_protest

야당 지도자들은 부테플리카의 4번째 대통령 입후보를 비난하였고 부패하다고 간주하고 있는 정치 체제를 개혁하자고 요구하였다.

(68) يتساءل الخبير في الشؤون الدولية بمعهد دراسة السياسات في باريس نيكولا تنزار في مقال بمجلة "سلايت" الفرنسية عما إذا كان الغرب لا يزال يعتبر السعودية حليفا حقيقيا على الرغم من تصرفات ولي عهدها الأمير محمد بن سلمان.

http://www.aljazeera.net/news/presstour/2018/12/2/اليمن-ترامب-الغرب-ماكرون-خاشقجي-سلمان-بن

파리 정치 연구소 국제 사안 전문가 니콜라 탄자라는 프랑스 슬레이트지 논평에서 무함마드 빈 살만 왕세자의 행태에도 불구하고 서구권은 여전히 사우디를 진짜 동맹이라고 여기는지 여부에 대해 질문을 던지고 있다.

2. 전환동사

● 전환동사는 "~을(제 1 목적어) ...로(제 2 목적어) 바꾸다"의 의미를 가지는 집합들이며, 생각동사와 마찬가지로 제 1 목적어와 제 2 목적어는 명사문의 주어/술어의 관계를 갖는다. 이 때 이미 존재하는 제 1 목적어의 **성질을 바꾼다**는 것을 의미한다.

... ~ يَجْعَلُ / جَعَلَ	~을 ...로 만들다	... ~ صَيَّرَ	~을 ...로 만들다
... ~ اِنْتَخَبَ	~을 ...으로 선출하다	... ~ عَيَّنَ	~을 ...로 임명하다

(69) ترى أحزاب المعارضة أن إصابة بوتفليقة (77 عاما) بجلطة العام الماضي جعلته غير قادر على تولي مقاليد الحكم في البلاد.

http://www.bbc.com/arabic/middleeast/2014/03/140321_algeria_election_protest

야당들은 부테플리카(77세)가 지난해 혈전에 걸린 것이 그가 국가 수반 자리에 앉을 수 없게 만들었다고 보고 있다.

---

(70) انتخب المؤتمر العام الرابع للاتحاد الدولي للنقابات شاهر سعد، الأمين العام لاتحاد نقابات عمال فلسطين، نائبا لأمينه العام، وعضواً في المكتب التنفيذي للاتحاد نفسه.

https://paltoay.s/r/pst/337050

제4차 국제노동조합총연맹 총회는 샤히르 사으드 팔레스타인 노동조합연합 사무총장을 국제노동조합총연맹 사무차장 및 총연맹집행사무실 위원으로 선출했다.

---

(71) عينت الحكومة الإثيوبية، اليوم الخميس، المعارضة السابقة، برتكان مديقسا، رئيسة للجنة العليا للانتخابات، وذلك في إطار تغييرات جذرية انتهجها رئيس الوزراء، أحمد أبي.

https://www.sarayapost.com/443715

오늘 목요일 에티오피아 정부는 부르투칸 마디까사 전 야당인사를 고등선거위원회장으로 임명하였고, 이는 아흐마드 아비 총리가 채택한 근본적 변화의 일환이다.

3. 수여동사

● 수여동사는 "~에게(제 1 목적어) ...을(제 2 목적어) 주다"류의 의미를 가지는 집합을 가리키며, 어떠한 사물을 주는 것이기 때문에 두 목적어 모두 명사가 오게 된다.

أَعْطَى ~ ...	~에게 ...을 주다	مَنَحَ / يَمْنَحُ ~ ...	~에게 ...을 수여하다
وَهَبَ / يَهَبُ ~ ...	~에게 ...을 선사하다	نَاوَلَ ~ ...	~에게 ...을 넘겨주다

---

(72) وفقا للتقارير الإخبارية في مطلع العام، فازت رئيسة الوزراء الشيخة حسينة بالانتخابات في انتصار كبير منحها فترة ثالثة على التوالي، وهو ما رفضته المعارضة ووصفته بالمزيف.

https://news.un.org/ar/story/2019/01/1024742

올해 초 언론 보고서에 의하면, 쉐이크 후사이나 총리가 선거에서 그녀에게 3연임을 가져다준 대승을 거뒀으며, 여당은 이를 거부하였고 조작되었다고 표현하였다.

(73) في كيسمايو، عاصمة إقليم جوبالاند، قالت رئيسة منظمة جوبالاند للمرأة بدران محمد عبد الله، إن المنتدى **أعطى** المرأة الدافع للمشاركة الفعالة في أنشطة المصالحة وبناء السلام.

https://news.un.org/ar/story/2018/08/1014212

주바랜드의 주도 키스마요에서 바드란 무함마드 압둘라 주바랜드 여성 기구 수장은 그 포럼은 여성에게 (분쟁 등의)조정 활동과 평화 수립에의 효율적인 참여 동기를 주었다고 말했다.

4. 기타 종류

● 위의 범위안에 들어가지는 않지만 복수 목적어 타동사로 사용되는 동사들도 일부 존재한다.

أَفْهَمَ ~ ...	~에게 ...을 이해시키다	نَاشَدَ ~ ...	~에게 ...을 간청하다
وَعَدَ / يَعِدُ ~ (بِ)...	~에게 ...을 약속하다	حَرَمَ / يَحْرُمُ ~ (مِنْ)...	~에게서 ...를 빼앗다
عَلَّمَ ~ ...	~에게 ...을 가르치다		

(74) توجد الدهون المشبعة في أغذية عديدة، منها الزبدة وسمك السلمون وصفار البيض وحليب البقر. و**ناشدت** المنظمة **البالغين والأطفال** **الحد** من تناول هذه الدهون لتمثل ما لا يزيد عن 10 في المائة من إجمالي احتياجات الطاقة اليومية.

https://news.un.org/ar/story/2018/05/1007592

포화지방은 버터, 연어, 계란 노른자, 소 우유 등 많은 음식에 존재한다. (세계보건)기구는 성인들과 아이들에게 이 지방들 섭취를 일일 총 에너지 필요량의 10% 이하로 제한하도록 요청했다.

(75) قال البابا فرنسيس، بابا الفاتيكان: "إن الله يريد أن **يعلمنا شجاعة** التخلي عن النجاح الذي يجعل القلب مغرورًا وعن الطمأنينة التي تخدّر النفس.

https://www.albawabhnews.com/3373030

바티칸 교황 프란치스코은 "하나님은 우리들에게 마음을 오만하게 만드는 성공과 정신을 마비시키는 안락함으로부터 벗어날 용기를 알려주고자 합니다"라고 말했다.

● 특히 아래 جعل 와 ترك 동사는 제 2 목적어 자리에 동사가 나와 아래와 같이 활용될 수 있다. 이 때 제 2 목적어로 나오는 이 동사는 제 1 목적어에 성/수를 일치시켜야 한다.

جَعَلَ / يَجْعَلُ ~ يَفْعَلُ	~을 ...(=동사)하게 만들다
تَرَكَ / يَتْرُكُ ~ يَفْعَلُ	~을 ...(=동사)하게 내버려 두다

---

(76) ارتفع التوتر في شبه الجزيرة الكورية بسبب التجارب النووية وإطلاق الصواريخ البالستية من جانب كوريا الشمالية التي وعد زعيمها كيم جونغ أون بأن يجعل الرئيس الأمريكي دونالد ترمب "يدفع غاليا" ثمن تهديداته بـ"تدمير كلي" لكوريا الشمالية.

السياسة-تهدد-أولمبياد-2018-الشتوي/http://sport.aljazeera.net/othersports/2017/9/22

북한의 핵실험과 탄도미사일 발사로 인해 한반도 긴장상태가 고조되었다. 김정은 위원장은 트럼프 미 대통령이 북한의 "완전한 파괴"라 위협한 값을 비싸게 지불하도록 만들 것이라고 약속한 바 있다.

---

(77) أكد دور الآباء في تحصين أبنائهم من السموم الفكرية، التي يحاول الإرهابيون بثها عبر الشبكات الإلكترونية، داعياً إلى مشاركة الأبناء هواياتهم، وعدم تركهم يقضون وقت فراغهم على الإنترنت وتصفح المواقع المشبوهة، فالأطفال أسهل فريسة لأتباع الضلال.

https://www.emaratalyoum.com/local-sectio/other/2018-12-01-1.1159391

그는 아이들이 잘못된 추종자들의 가장 쉬운 먹잇감이기 때문에 아이들이 취미를 공유하고, 아이들이 인터넷을 하면서 혼자 빈 시간을 보내도록 남겨놓지 않고, 의심스러운 사이트 접속 하지 못하게 하기를 촉구하면서, 아이들을 테러리스트들이 인터넷 망을 통해 유포하는 사상적 독성물질(=불건전 정보)로부터 보호해야 한다는 부모들의 역할을 강조했다.

8 장. 복문 (술어에 문장이 나오는 명사문)

● 아랍어 문장의 일반적인 어순을 무시하고 특정 요소를 강조하고 싶을 때 그 요소는 기존 어순과 상관없이 문장 맨 앞으로 나올 수 있다. 이 경우 **앞으로 나온 명사는 "명사문의 주어"**가 되고 **남겨진 문장은 "명사문의 술어"**로 인식이 된다. 이 때 **기존의 위치를 이탈하는 명사는 자신의 흔적을 남기고 이동해야 한다.**

● 먼저 **동사문의 주어가 앞으로** 나오는 경우를 보자. 이 경우 "동사+주어+목적어"의 순서를 가진 동사문에서 주어가 동사보다 먼저나오는 형태를 취하게 된다.

복문의 술어에 해당하는 문장안에 앞으로 빠진 명사의 흔적을 남겨야 한다. 그래서 그 흔적을 보여주기 위해 **동사의 '수'가 변해야 한다.**

일반 동사문		
목적어 (아랍어를)	주어 (그 학생들이)	동사 (공부한다)
اللُّغَةَ الْعَرَبِيَّةَ	اَلطُّلَّابُ	يَدْرُسُ

복문		주어(그 학생들이)
술어 (그들이 아랍어를 공부한다)		
اللُّغَةَ الْعَرَبِيَّةَ	يَدْرُسُونَ	اَلطُّلَّابُ

---

(78) قد أكدت الخارجية البريطانية أن رجلا بريطانيا اعتقل في مدينة الاسكندرية في مصر.
قالت عائلة أبو القاسم لبي بي سي إن الصورة الفوتوغرافية كانت التقطت من نافذة الطائرة
عند هبوطها في مطار الاسكندرية.

http://www.bbc.com/arabic/middleeast-46394949

영국 외무부는 한 영국 남성이 이집트 알렉산드리아에서 체포되었다고 강조했다. 아부 까씸의 가족은 BBC에 그 사진은 알렉산드리아 공항에서 착륙할 때 비행기 창을 통해 찍혔다고 말했다.

---

(79) كما أضاف البيان أن الطرفين اتفقا "على أن التحقيقات تسير على نحو جيد، وأكدا على
بذل كل ما في وسعهما للكشف عن الجناة، آملين في الوصول إلى نتائج نهائية في المستقبل
القريب".

http://www.bbc.com/arabic/middleeast-46390863

또한 성명서는 양측이 조사는 좋은 방향으로 진행되는 것으로 합의하였고, 조만간 최종 결정에 도달하기 바라면서 범죄자를 밝혀내기 위해 할 수 있는 모든 것을 할 것이라고 덧붙였다.

● 이번에는 원래 문장이 **술어에 전치사구가 나온 명사문**인 경우를 보자. 아래의 일반 명사문에 서는 "대학교 안에 도서관이 있다"라는 하나의 문장이지만, '대학교'를 강조하고 싶어서 이를 앞으로 뺄 수 있다.

이렇게 특정 명사를 앞으로 뺄 때, 그 명사의 성과 수가 일치하는 **대명사를 원래 있던 자리에 써야한다.**

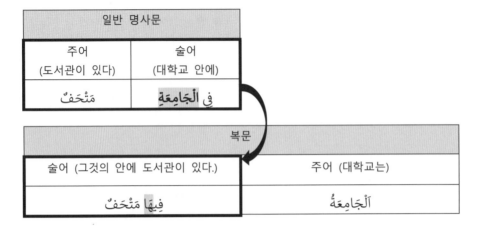

일반 명사문	
주어 (도서관이 있다)	술어 (대학교 안에)
مَتْحَفٌ	فِي الْجَامِعَةِ

복문	
술어 (그것의 안에 도서관이 있다.)	주어 (대학교는)
فِيهَا مَتْحَفٌ	ٱلْجَامِعَةُ

---

(80) بعض المهارات أكثر طلبا في أسواق العمل، وهذا يعني أن أصحاب هذه المهن أمامهم وظائف عديدة ليختاروا من بينها.

http://www.bbc.com/arabic/vert-cap-45973597

몇몇 기술들은 노동시장에서 더 많은 수요가 있다. 이는 이런 기술들을 보유한 사람들 앞에는 많은 일자리가 있어서 그것들 중 선택하게 된다는 것을 의미한다.

---

(81) يضيف أن الموظفين في المجالات غير الفنية، مثل العلاقات العامة أو الشؤون القانونية، أمامهم خيارات محدودة مقارنة بالمبرمجين.

http://www.bbc.com/arabic/vert-cap-45973597

총무나 법무와 같은 비기술직 직원들 앞에는 엔지니어들과 비교해서 제한적인 선택이 있다고 덧붙였다.

---

(82) أي قرارات من هذا القبيل سيكون لها تبعات كبيرة على المستقبل المهني في المجالات الأخرى التي تقل فيها الرواتب وتندر فيها الوظائف، مثل العلوم الاجتماعية أو الاتصالات.

http://www.bbc.com/arabic/vert-cap-45973597

이처럼 모든 결정에는 사회학이나 통신과 같이 급여가 적고 일자리가 드문 다른 분야들의 미래 커리어에 큰 여파가 있을 것이다.

● 이번에는 **동사문에서 목적어가 앞으로** 빠지는 경우를 보자. 일반 동사문에서 목적어가 앞으로 빠져나간 뒤 그 목적어에 상응하는 대명사가 동사뒤에 접미되면서 흔적을 남기는 것을 볼 수 있다.[1]

일반 동사문		
목적어 (아랍어를)	주어 (그 학생들이)	동사 (공부한다)
اَللُّغَةَ الْعَرَبِيَّةَ	اَلطُّلَّابُ	يَدْرُسُ

복문		
술어(그 학생들이 그것을 공부한다)		주어(아랍어는)
اَلطُّلَّابُ	يَدْرُسُهَا	اَللُّغَةُ الْعَرَبِيَّةُ

---

(83) قالت رانيا يعقوب رئيسة مجلس إدارة ثري واي لتداول الأوراق المالية "التغطية جيدة وغير متوقعة في ظل ظروف السوق الأخيرة...طرح القاهرة قد تعتبره الحكومة جس نبض للسوق قبل أن تبدأ في الطروحات الخاصة بها".

www.reuters.com/article/egypt-stocks-ab4-idARAKCN1M51PF

라니야 야으꿉 쓰리 와이 유가증권 거래 이사회 회장은 "증권인수(결과)는 좋지만 최근 시장의 상황 하에서 예상치 못한 일이며, 정부는 카이로(=카이로 인베스트먼트)가 (유가증권을)발행한 것을 정부와 관련된 발행(=공모주 발행)들을 시작하기 앞서 시장의 분위기를 파악하기 위한 것으로 간주할 수 있다"라고 말했다.

---

(84) بيد أن هذا الرقم لا تندرج ضمنه المركبات المباعة أو قيد التسليم للمستهلكين حاليا.

http://www.bbc.com/arabic/business/2014/01/140131_toyota_halts_us_models_sales

하지만 판매되거나 현재 인도가 진행중인 차량은 이 수치에 포함되지 않는다.

---

(85) هذه الحديقة كانت القوات الأمريكية التي غزت العراق قد حولتها لقاعدة عسكرية. كان في هذه الحديقة مطاعم ومسرح وبيوت سياحية لم يعاد تعميرها بعد ولا تزال مهجورة.

http://www.bbc.com/arabic/middleeast-45994305

이라크를 공습한 미군은 이 정원을 군사기지로 변경하였다. 이 정원에는 원래 식당, 극장, 관광객이 머무는 장소들이 있었으며, 이들은 아직 복구되지 않았고 여전히 버려져있다.

** يُعَادْ 는 단축법이라서 يُعَدْ 가 문법상 올바른 표기이다.

---

[1] 목적어가 동사 앞으로 이동한 경우 그 **앞에 나온 명사는 문장 성분상 명사문의 "주어"**이니 주격이다..

● 마지막으로 명사문과 동사문을 불문하고 일반문장 안에서 **연결형의 한 요소에 해당했던 단어가 문장 앞으로 빠지는 경우**를 보자.

일반 명사문	
술어 (크다)	주어 (그 학생의 손은)
كَبِيرَةٌ	يَدُ **الطَّالِبِ**

복문	
술어 (그의 손이 크다)	주어 (그 학생은)
يَدُهُ كَبِيرَةٌ	الطَّالِبُ

---

(86) يقول مسؤولون في تكساس إن عملية إعادة البناء قد تبلغ تكلفتها ضعف هذا المبلغ. وتشير تقديرات أخرى إلى أن الخسائر في الجزر الفرنسية يتوقع أن تتجاوز 200 مليون يورو (248 مليون دولار تقريبا).

http://www.bbc.com/arabic/business-41216697

텍사스 책임자들은 재건사업 비용은 이 비용의 배에 달할 수 있다고 말한다. 다른 추산치는 프랑스 제도의 손실액은 2억 유로(약 2억4천8백만 달러)를 초과할 것으로 예상된다고 지적한다.

---

(87) بعد تصريحات الإبراهيمي، اعتبر وزير الإعلام السوري، عمران الزعبي، أن الربط بين الانتخابات والمحادثات مع المعارضة "لا يندرج في مهام الوسيط الدولي." واستطرد قائلا إن الإبراهيمي "ليس من مهمته على الإطلاق مناقشة قضايا سيادية تتعلق بالشأن الداخلي السوري."

http://www.bbc.com/arabic/middleeast/2014/03/140314_syria_brahimi_election_criticism

이브라히미의 성명 이후 우므란 자으비 시리아 언론부 장관은 선거와 야당과의 회담 간의 연관성은 국제 중재 업무에 포함되지 않는다고 밝혔다. 이어서 시리아 내정과 관련한 주권 사안을 논의하는 것은 이브라히미의 업무에 절대 포함되지 않는다고 말했다.

---

(88) رسالة ملؤها الإصرار والتفاؤل بعثت بها ماريا فرناندا إسبينوزا لحظة انتخابها رئيسة للدورة الثالثة والسبعين للجمعية العامة للأمم المتحدة في مايو/أيار الماضي، لتدون بذلك اسمها في سفر المنظومة الأممية باعتبارها أول امرأة من أميركا اللاتينية ورابع امرأة تتولى هذا المنصب على مدى ثلاثة وسبعين عاما.

https://news.un.org/ar/audio/2018/09/1016782

마리야 페르난다 에스피노사는 지난 5월 제 73회 유엔총회 의장으로 당선된 순간에 끈기와 낙관으로 가득 찬 메시지를 보냈다. 이로써 그녀의 이름은 73년 유엔 역사에 첫 번째 라틴계 여성이자 이 직위를 맡은 네 번째 여성으로 기록되었다.

9장. قَدْ 의 활용과 시제

● 아랍어 문장의 시제는 기본적으로 동사 자체의 완료/미완료로 구성이 되지만 كَانَ 와 قَدْ 를 사용해서 좀 더 세분화된 시제를 구성할 수 있다.

우선 **كَانَ 는 시제(과거/현재/미래)를 결정**하고 **일반동사는 시상(완료/미완료)을 결정**한다. 이 때 일반동사의 시상을 강조하기 위해 동사 앞에 قَدْ 가 쓰인다.

먼저 قَدْ 가 사용되는 시제를 모아서 본 뒤 나머지 시제를 정리하도록 하자.

1. 추측

● قَدْ يَفْعَلُ 구조로 쓰일 경우 "아마도 ~일 수도 있다"의 의미로 사용된다.

또한, قَدْ يَكُونُ فَعَلَ 이 형태는 과거 추측을 의미하게 된다.

---

(89) قالت الولايات المتحدة والاتحاد الأوروبي إن الاستفتاء في القرم ينتهك القوانين الدولية والدستور الأوكراني وإنهما قد يفرضا عقوبات ضد المسؤولين الروسيين إذا لم تخف حدة الأزمة.

http://www.bbc.com/arabic/worldnews/2014/03/140314_russia_us_london_talks

미국과 유럽연합은 크림 국민투표는 국제법과 우크라이나 헌법 위반이며, 첨예한 위기가 완화되지 않는다면 이 법이 러시아 책임자들에 벌을 내릴 수 있다고 말했다.

---

(90) قال روبرت كولفيل المتحدث باسم مكتب حقوق الإنسان بالأمم المتحدة "تلقينا تقارير من داخل سوريا أن هناك العديد من الهجمات الجوية والقصف مع حشد عسكري حول البلدة مما يشير إلى أن هجوما بريا قد يكون وشيكا."

http://www.bbc.com/arabic/middleeast/2014/02/140214_syria_un_humanitarian_crisis

로버트 콜빌 유엔 인권 사무실 대변인은 "우리는 시리아 내부로부터 국가 주변에 군사 집결과 함께 많은 공습과 폭격이 존재하고 이는 아마도 육지 공격이 임박한 것 일 수 있다는 보고서를 받았다"고 말했다.

---

(91) يقول خبراء حقوق الإنسان إن قوات التحالف بقيادة السعودية قد تكون ارتكبت جرائم حرب في اليمن.

http://www.bbc.com/arabic/middleeast-46040084

인권 전문가들은 사우디 주도의 연합군이 예멘에서 전쟁범죄를 저질렀을 수 있다고 말한다.

---

(92) جاء في العريضة : "قد تكون أوروبا ارتكبت خطأ تاريخيا مع دول هي مستعمرات سابقة، إلا أن كوريا الجنوبية لا تملك مثل هذا الواجب."

https://arabic.rt.com/middle_east/956494-كوريا-الجنوبية-كوريا-العنصري-تمييز-اليمنيون/

청원에는 "유럽은 과거 식민국가들에게 역사적 과오를 저질렀을 수 있지만, 한국은 이와 같은 의무를 갖지 않는다"라는 내용이 나온다.

---

2. 완료

● **يَكُونُ (قَدْ) فَعَلَ** 이 구조는 현재완료에 해당한다. 이 경우 보통 과거에 발생한 현상이 현재까지 지속될 경우 사용되어 "~해오고 있다" 정도로 해석된다.

---

(93) يحرص كثيرا على محو الأرقام التي يكون قد استخدمها في هاتفه، خوفا من أن يلفت أحد هذه الأرقام عناصر طالبان.

طريق-الرعب-بين-غزة-وكابول-https://www.france24.com/ar/20181107

그는 그의 휴대폰에서 사용해오던 번호들 중 하나가 탈레반을 끌어들일 수 있다는 두려움 때문에 이 번호들을 지우기를 상당히 바라고 있다.

---

(94) يعد هذا الأمر أوّل إشارة صريحة إلى حدوث خطأ في نظام الطائرة ربما يكون قد تسبب في كارثة الطائرة الإندونيسية.

سقوط-الطائرة-الإندونيسية-بوينغ-تعترف-بالخطأ-القاتل-وتحذر-https://www.skynewsarabia.com/varieties/1197561

이것은 비행기 시스템 오류 발생의 첫 번째 분명한 징표로 간주되며, 이 시스템이 아마 인도네시아 비행기 재난을 유발해온 것일 수 있다.

● **كَانَ قَدْ فَعَلَ** 이 구조는 과거완료에 해당하며, 특정 과거보다 더 과거에 이미 행위가 종결되었음을 내포한다. 이 구조에서 كان 와 قد 둘 중 하나는 생략될 수 있다.

---

(95) كان الرئيس الامريكي باراك أوباما قد تعرض لضغوط قوية من الكونغرس لمنع أبو طالبي من دخول البلاد.

http://www.bbc.com/arabic/worldnews/2014/04/140411_us_iran_no_visa

버락 오바마 미국 대통령은 아부 딸리비의 입국 금지를 위해 의회의 강한 압박에 노출된 바 있다.

---

(96) قد احتجز حينها 52 أمريكيا 444 يوما فيما عرف بأزمة الرهائن الأمريكيين في إيران.

http://www.bbc.com/arabic/worldnews/2014/04/140411_us_iran_no_visa

그때 52명의 미국인들이 444일동안 갇혀있었고 이는 이란 내 미국인 인질 사건으로 알려졌다.

● **سَيَكُونُ (قَدْ) فَعَلَ** 이 구조는 미래완료에 해당하며, 특정 미래시점 기준에서 그 이전에 이미 행위가 종결되었음을 의미한다.

---

(97) يتوقع أن تقر الرياض قوانين تخص برنامجها النووي حيث ستكون انتهت من وضع كل الضوابط الخاصة بهيئتها المسؤولة عن تنظيم الأنشطة النووية بحلول الربع الثالث من العام المقبل.

السعودية-تبدأ-رحلة-توليد-الكهرباء-من-الطاقة-النووية/https://alarab.co.uk/ https://alarab.co.uk/

사우디는 핵 프로그램 관련 법을 제정할 것으로 예상된다. 왜냐하면 내년 3/4분기 즈음이면 핵 활동 조직 책임 기관 관련 모든 규제 설정을 마무리했을 것이기 때문이다.

---

(98) حين يستهلك الطفل السكر بهذه الوتيرة، فإن هذا يعني أنه سيكون قد استهلك في عامه العاشر ما يفترض أن يجري استهلاكه في 18 عاما كاملة.

http://www.bbc.com/arabic/middleeast-45968435

어린 아이가 이 속도로 당을 섭취할 경우, 이는 그 아이가 만 18살에나 소비할 것이라고 추정되는 양을 이미 10살에 소비했을 것임을 의미한다.

3. 현재

● 현재 진행, 현재 습관은 모두 미완료 동사로 표현되며 **일반적으로 부사를 활용**해서 그 의미를 구분한다. 현재 진행은 اَلْآنَ 를 주로 활용하며, 현재 습관과 같은 반복적인 행동은 كُلَّ سَنَةٍ 와 같은 부사들을 활용하게 된다.

(99) يواجه السودان أزمة اقتصادية منذ إعلان دولة جنوب السودان في عام 2011، وسيطرتها على ثلاثة أرباع النفط في البلاد.

ttp://www.bbc.om/arabic/middleeast-4644977

수단은 2011년에 남수단 국가를 선언하고 남수단이 수단 석유의 3/4을 장악한 이래로 경제적 위기를 겪고 있다.

(100) يذكر أن هذا الاجتماع الذي يعقد مرة كل سنة، يحضره ممثلون عن الجمعيات واللجان وبعض المؤسسات الفرنسية التي تدعم كفاح الشعب الصحراوي وتربطها اتفاقيات توأمة وشراكة مع بعض المؤسسات والمنظمات الصحراوية.

http://www.spsrasd.info/news/ar/articles/2018/12/08/18797.html

1년에 한 차례 열리는 이 회의에 협회들, 위원회들, 몇몇 프랑스 기관들이 참석한다. 이들은 사하라 주민들의 투쟁을 지원하고, 사하라 협회 및 기구들과 자매협정 및 파트너십을 맺고 있다.

4. 과거, 미래

● 과거 진행(~하고 있는 중이었다), 과거 습관(~하곤 했다)도 현재와 마찬가지로 부사를 활용해서 그 의미를 살려주며, 그 구조는 كَانَ يَفْعَلُ 이다.

(101) قال تلفزيون المنار التابع لحزب الله اللبناني إن الجيش السوري تقدم في منطقة يبرود وسيطر على الطريق الرئيسي بالبلدة ومعبر حدودي قريب وأشار إلى أنه كان يستخدم في التهريب.

http://www.bbc.com/arabic/middleeast/2014/02/140214_syria_un_humanitarian_crisis

레바논 헤즈볼라 산하의 마나르 tv는 시리아 군이 야브루드 지역에 진격하였고 지역 주 도로와 인근 국경 초소를 점거했다고 말했으며, 그것(=초소)은 밀수입에 사용되곤 했다고 지적했다.

● '과거에 ~을 할려고 했다' 를 의미하는 '과거 미래'시제는 كَانَ سَيَفْعَلُ 의 구조를 가진다.

미래 진행은 미래 어느 시점에 "~하고 있을 것이다" 를 나타내는 시제이며 سَيَكُونُ يَعْمَلُ 구조로 표현 된다.

> (102) وقال مسؤول في قصر الإليزيه إنه بسبب الحريق ألغى ماكرون خطابا كان سيوجهه للأمة قبل الحادث.
>
> https://www.bbc.com/arabic/amp/world-47939079
>
> 엘리제 궁의 한 관계자는 사건 발생 이전에 마크롱 대통령은 가려고 했던 대국민 담화를 화재로 인해 취소했다고 말했다.

● 지금까지 나온 시제들을 한 눈에 정리하면 아래와 같다.

과거	~했다	فَعَلَ		
과거 진행	~하고 있는 중이었다.	يَفْعَلُ		كَانَ
과거 습관	~하곤 했다.			
과거 완료[1]	~을 이미 했었다.	فَعَلَ	(قَدْ)	(كَانَ)
과거 추정	~했을 수 있다	يَكُونُ فَعَلَ	قَدْ	
과거 미래	~을 하려고 했다	سَيَفْعَلُ		كَانَ

현재	~하다	يَفْعَلُ		
현재 진행	~하고 있는 중이다			
현재 습관	~하곤 한다			
현재 완료	~해오고 있다	فَعَلَ	(قَدْ)	يَكُونُ
현재 추정	아마 ~일 수 있다	يَفْعَلُ	قَدْ	

미래	~할 것이다	سَيَفْعَلُ		
미래 진행	~하고 있을 것이다.	يَفْعَلُ		سَيَكُونُ
미래 완료	~을 이미 했을 것이다.	فَعَلَ	(قَدْ)	سيكون

---

[1] 과거 완료에서 كَانَ 와 قَدْ 는 각각 생략하는 것이 가능하다. 둘 다 한번에 생략하게 되면 단순 과거 형태가 되므로 둘 다 생략하는 것은 불가능하다.

2과. 구

1장. 명사-형용사 수식구

● 명사-형용사 수식구는 형용사의 수식을 받는 명사구를 의미한다. 이때 형용사는 수식받는 명사와 **성, 수, 격, 한정여부 모두 반드시 일치**해야 한다.

> (103) وفي كلمته أمام القمة العربية في شرم الشيخ في الشهر نفسه، أكد الأمين العام السابق للأمم المتحدة بان كي مون أن المفاوضات التي ييسر إجراءها مستشاره الخاص المعني باليمن جمال بن عمر، تظل الفرصة الوحيدة لمنع إطالة أمد الصراع. وأبدى أمله في أن يضع القادة العرب إرشادات واضحة لحل الأزمة في اليمن بشكل سلمي.
>
> https://news.un.org/ar/story/2018/12/1023021
>
> 같은 달 샤름 엘쉐이크 아랍 정상회담 연설에서 반기문 전 UN사무총장은 자말 빈 오마르 예멘 특별 고문이 가능케 한 협상이 분쟁 장기화를 계속해서 막을 수 있는 유일한 기회라고 강조했다. 그리고 그는 아랍 지도자들이 예멘 사태를 평화적으로 해결하기 위한 분명한 가이드라인을 수립하기를 희망한다고 표명하였다.

2장. 명사 연결형

● 명사 연결형은 두 개 이상의 명사가 나열되어 하나의 구를 구성하는 경우를 가리키며, **맨 앞에 나오는 명사가 연결형의 격을 결정하고 마지막 명사가 연결형의 한정 상태를 결정한다.**

즉, 만약 명사가 3개 이상이라면 맨 앞과 맨 뒤 명사를 제외한 가운데 명사는 아무것도 결정할 능력이 없어서 소유격으로 고정이 되고 탄윈과 관사가 나올 수 없다.

각각의 명사가 각자 형용사의 수식을 받게 되면 형용사는 명사의 나열이 끝난 뒤 마지막 명사를 수식해주는 형용사부터 역순으로 나열하게 된다.

맨 뒤 명사	가운데 명사	맨 앞 명사
한정 여부 결정	결정능력 부재	**격 결정**
소유격 고정	소유격 고정 탄윈 & 관사 불가능	탄윈 & 관사 불가능
(∵ 격 결정 불가능)	(∵ 격/한정여부 결정 불가능)	(∵ 한정 여부 결정 불가능)

(104) قال رئيس البرلمان السوداني إبراهيم أحمد عمر، إنه تلقى رسالة موقعة من أغلبية النواب،

يوم الثلاثاء، تؤيد تعديلا من شأنه أن يغير مادة تحديد فترة الرئاسة ويجعلها مفتوحة.

http://www.bbc.com/arabic/middleeast-46449787

이브라힘 아흐마드 오마르 수단 국회의장은 화요일에 국회의원 과반수의 서명이 된 편지를 받았으며, 편지는 대통령 임기 제한 조항을 변경하여 무제한으로 만들자는 개정안을 지지하는 내용이라고 말했다.

---

(105) قال كبير أمناء مجلس الوزراء الياباني يوشيهيدي سوجا إن خيارات فرض عقوبات على

كوريا الشمالية بعد إجراء التجربة تشمل قيودا على تجارة المنتجات النفطية.

اليابان-كوريا-الشمالية-أجرت-تجربة/www.aljazeera.net/news/international/2017/9/3

스가 요시히데 일본 내각관방장관은 (핵)실험 이후 북한 제재 부과 선택지는 석유제품무역 규제를 포함한다고 말했다.

---

(106) كان رئيس اللجنة الأولمبية الدولية توماس باخ أكد قبل أيام أن موقف اللجنة لم يتبدل

وأن لديها كامل الثقة في تنظيم الأولمبياد الشتوي.

السياسة-تهدد-أولمبياد-2018-الشتوي/http://sport.aljazeera.net/othersports/2017/9/22

토마스 박 국제 올림픽 위원장은 며칠 전 위원회의 입장은 변함없으며, 위원회는 동계올림픽 체계에 큰 신뢰를 가지고 있다고 강조하였다.

---

(107) أجرى وزير الخارجية القطري الشيخ محمد بن عبد الرحمن آل ثاني مباحثات مع نظيره

الفرنسي جان إيف لودريان خلال زيارة الأخير للدوحة.

وزيرا-خارجية-قطر-وفرنسا-يبحثان-الأزمة-الخليجية/http://www.aljazeera.net/news/arabic/2017/9/3

쉐이크 무함미드 빈 압둘 라흐마니 알 싸니 카타르 외교부 장관은 장 이브 르 드리앙 프랑스 외무장관의 최근 카타르방문 동안 그와 회담을 진행하였다.

---

(108) كان النائب العام المصري أصدر قرارًا في مايو/آيار الماضي بتسليم نسخة من تسجيلات

كاميرات مترو الأنفاق المتعلقة بالقضية إلى الجانب الإيطالي، بالإضافة إلى مستندات أخرى

متنوعة تخص عملية التحقيق.

http://www.bbc.com/arabic/middleeast-46390863

이집트 검찰총장은 지난 5월 조사관련 다양한 서류들 이외에 그 사안과 관련된 지하철 카메라 녹화 본을 이탈리아 측에 제출하기로 결정하였다.

● 연결형에서 쌍수(ـانِ/ـيْنِ)나 남성규칙복수(ـونَ/ـينَ)가 후 연결어를 취하면 ن 은 탈락한다.

---

(109) تناولت المباحثات التي جرت في المجمع الرئاسي بالعاصمة التركية واستمرت على مدى ساعة ونصف، قضية مسلمي الروهينغا والأزمة السورية وسبل حلها.

أردوغان-يستقبل-وزير-خارجية-قطر/http://www.aljazeera.net/news/arabic/2017/9/12

터키 수도 대통령 궁에서 1시간 반가량 진행된 회담은 로힝야 무슬림 사안과 시리아 사태 및 이의 해결방안을 다루었다.

---

(110) كان في استقبال الأمين العام إبراهيم بوبكر رئيس جمهورية مالي. ومن المقرر أن يعقدا اجتماعا مشتركا في وقت لاحق. وخلال زيارته، سيلتقي السيد غوتيريش أيضا مع مسؤولين ماليين آخرين، وكذلك مع موظفي الأمم المتحدة العاملين في البلد.

https://news.un.org/ar/story/2018/05/1009531

이브라힘 부바카르 말리 대통령은 사무총장을 맞이하였다. 이 둘은 나중에 공동 회의를 진행할 예정이다. 방문 동안, 사무총장은 다른 말리 책임자들을 만날 것이고, 또한 말리에서 근무 중인 유엔 직원들도 만날 것이다.

3장. 명사 연결형 분리

● 앞에서 본 것처럼 연결형을 구성하는 명사들이 각자 수식을 받을 때 **그 수식 관계를 정확하게 표시하기 위해** 명사의 연결을 لِ 를 이용해서 분리시킬 수 있다. 또한 연결형의 요소가 لِ 로 분리가 되었기 때문에 각 요소의 **한정 여부도 다르게 할 수 있다.**

---

(111) توصلت لجنة تقصي الحقائق، بناء على أدلة معقولة، إلى أن الأنماط التي وجدتها للانتهاكات الجسيمة لحقوق الإنسان والانتهاكات الخطيرة للقانون الإنساني الدولي، تصل إلى درجة أكثر الجرائم جسامة وفق القانون الدولي. وقد ارتكبت تلك الجرائم بشكل أساسي من القوات المسلحة (التاتمادو).

https://news.un.org/ar/story/2018/08/1015502

진상파악위원회는 합리적 근거에 기반하여 심각한 인권 위반 행태와 국제인권법의 심각한 위반은 국제법에 따라 가장 심각한 범죄수준에 이른다는 사실에 도달하였다. 그 범죄들은 기본적으로 군부세력(땃마도)에 의해 자행되었다.

(112) طلبت شركة تويوتا اليابانية العملاقة لتصنيع السيارات من المتاجر في الولايات المتحدة إيقاف بيع بعض موديلاتها التي تحوي مقاعد مزودة بأجهزة تدفئة.

http://www.bbc.com/arabic/business/2014/01/140131_toyota_halts_us_models_sales

일본 자동차 거대 기업 도요타는 미국 소매점에게 온열 장치가 들어간 좌석을 포함하는 일부 모델의 판매 중단을 요청하였다.

(113) قال البيان إن الوفد الإيطالي عرض نتائج تحقيقاته في أبحاث الدكتوراه التي كان يجريها ريجيني في مصر. كما عرض الطرف المصري نتائج الفحص الفني لكاميرات محطات مترو الأنفاق المسترجعة والتي تعود للمنطقة التي اختفى فيها ريجيني.

http://www.bbc.com/arabic/middleeast-46390863

성명서는 이탈리아 대표단은 레지니가 이집트에서 진행하고 있었던 박사 연구에 대한 조사 결과를 공개하였다고 말했다. 또한, 이집트 측은 레지니가 실종된 지역으로 돌아가는 지하철 역의 검토된 카메라의 기술 검사 결과를 발표하였다.

(114) كانت الدكتورة ماريا نيرا من منظمة الصحة العالمية التي قدمت التقرير في مؤتمر المناخ قد حذرت من أن "التكلفة الحقيقية لتغير المناخ يمكن أن نشعر بها في رئاتنا ومستشفياتنا." وقالت في حوار مع أخبار الأمم المتحدة إن "اتفاق باريس 2015 بشأن المناخ هو في الواقع اتفاقية للصحة العامة.

https://news.un.org/ar/story/201/12/1023061

기후 회의에서 보고서를 제출한 세계 보건 기구 소속의 마리아 니라 박사는 "우리는 기후변화의 실제 비용을 우리의 폐와 병원에서 체감할 수 있다"고 경고하였다. 유엔 통신과의 인터뷰에서 "2015파리기후협약은 사실 공공 보건을 위한 협약이다"라고 말하였다.

(115) حذرت الأمم المتحدة من أزمة إنسانية جديدة في سوريا مع فرار الآلاف من هجوم مكثف للقوات الحكومية على بلدة تسيطر عليها المعارضة المسلحة شمال غرب العاصمة دمشق.

http://www.bbc.com/arabic/middleeast/2014/02/140214_syria_un_humanitarian_crisis

유엔은 시리아 수도 다마스커스 북서부에서 무장 반군이 장악하고 있는 지역에 대한 정부군의 집중공격으로부터 수 천 명이 피신하면서 시리아의 새로운 인도적인 위기를 경고하였다.

(116) حققت المفاوضات إنجازا وحيدا ملموسا حتى الآن تمثل في **وقف مؤقت لإطلاق النار**
في حمص حتى يتسنى إدخال المساعدات الإنسانية ويتمكن السكان من مغادرة المدينة.

http://www.bbc.com/arabic/middleeast/2014/02/140214_syria_un_humanitarian_crisis

협상은 지금까지 인도적 지원을 들여보내주고 주민들이 도시를 떠날 수 있도록 홈쓰에서의 임시휴전으로 대표되는 유일하고 구체적인 성과를 달성했다.

---

(117) وفي اليوم الأخير في منصبه، في الثامن والعشرين من فبراير/شباط، أكد المبعوث الدولي
لليمن إسماعيل ولد الشيخ أحمد **عدم وجود حل عسكري للصراع**. وقال إن جميع الأطراف
اليمنية مسؤولة عن عدم التوصل إلى حل بطريقة أو بأخرى.

https://news.un.org/ar/story/2018/12/1023021

이스마일 왈라드 알 쉐이크 아흐마드 유엔 예멘 특사는 본인의 임기 마지막날인 2월 28일 분쟁의 군사적 해법은 존재하지 않는다고 강조했다. 그는 모든 예멘 당사국은 어떠한 방법으로도 해결에 도달하지 못 한 것에 대한 책임이 있다고 말했다.

---

(118) بما أن قطاع النقل والمواصلات لا يزال يشكل أهم مسببات الارتفاع العالمي في درجات
الحرارة، سلط مؤتمر الأمم المتحدة حول تغير المناخ في بولندا الأضواء على الحاجة الملحة
لحلول نظيفة لوسائل النقل – خاصة التي تعتمد محركاتها على الطاقة الكهربية.

https://news.un.org/ar/story/2018/12/1023061

운송통신부문은 여전히 세계기온상승의 가장 주요 원인이므로, 기후변화유엔회의는 폴란드에서 운송수단 특히 엔진이 전기에너지에 의존하는 운송 수단의 청정해법을 위한 시급한 필요를 집중조명하였다.

---

(119) شدد الأمين العام على ضرورة توظيف الاستثمارات في توليد الكهرباء من المصادر
المتجددة، وليس من الوقود الأحفوري، وضمان **شبكات توريد صلبة لهذه الطاقة الكهربية**.

https://news.un.org/ar/story/018/12/1023061

사무총장은 화석연료가 아닌 재생가능에너지 발전에 투자할 필요성과 전기에너지의 탄탄한 공급망 보장을 강조하였다.

4장. 동명사 연결형

1. 자동사의 동명사가 연결형에 나온 경우

● 자동사의 동명사가 연결형에 나오게 되면, <u>그 동명사의 의미상 주어는 동명사 바로 뒤에 후</u>
<u>연결어로 나오게 된다.</u>

---

(120) أولا: حرص مصر على تبني سياسة خارجية ثابتة تقوم على التعاون والتضامن مع دول

العالم في إطار من الاحترام المتبادل وعدم التدخل في الشئون الداخلية.

http://www.vetogate.com/2855371

첫째, 상호 존중과 내정불간섭의 틀 안에서 세계 국가들과의 협력과 협동에 기반한 이집트의
견고한 대외정책 채택 열망

---

(121) أصدر بوتفليقة بالإنفاق بسخاء من عائدات الجزائر من مبيعات النفط على مشروعات

في مجالات الإسكان والخدمات العامة والبنية التحتية، وهو ما رأى فيه مراقبون محاولة لدرء

اضطرابات اجتماعية في أعقاب اندلاع الانتفاضات العربية في شمال افريقيا في عام 2011.

http://www.bbc.com/arabic/middleeast/2014/03/140321_algeria_election_protest

부테플리카는 알제리의 석유 판매 수익 중 일부를 통크게 주거와 공공 서비스 및 인프라에 사
용한다고 발표하였다. 이에 대해 분석가들은 이를 2011년 북아프리카의 아랍 봉기 발발 직후
집단 소요사태를 방지하기 위한 시도라고 보았다.

---

(122) ثالثا: العمل على إيجاد حلول للمشكلات القائمة عالميًا وأبرزها انتشار ظاهرة الإرهاب

التي تعطل حركة الاستثمار بشكل عام.

http://www.vetogate.com/2855371

셋째, 세계적으로 발생하고 있는 문제들 그 중에서도 일반적으로 투자움직임을 방해하는 테러
의 확산문제의 해법 강구를 위한 노력

---

2. 타동사의 동명사가 연결형에 나온 경우

● 동명사 뒤에는 그 동명사의 의미상 주어 혹은 의미상 목적어만 나오거나 둘 다 나올 수 있다.
의미상 주어만 나오거나 의미상 목적어만 나온다면 동명사 뒤에 연결형으로 만들면 된다.

하지만 <u>의미상 주어와 의미상 목적어가 동시에</u> 나온다면 <u>동명사의 의미상 주어는 동명사 바로 뒤</u>
<u>에 후 연결어로</u> 묶이고 <u>의미상 목적어는 연결형과 분리되어 단독으로 목적격 표시</u>로 남게 된다.

(123) إذا مضى العطاء قدما ستصبح السعودية ثاني دولة خليجية تتحول للطاقة النووية بعد الإمارات، التي من المقرر أن تبدأ تشغيل أول مفاعل نووي لها في العام المقبل وهو من تشييد كوريا الجنوبية.

https://alarab.co.uk/السعودية-تبدأ-رحلة-توليد-الكهرباء-من-الطاقة-النووية

만약 입찰이 계속 진행된다면 사우디는 UAE에 이어 핵 에너지로 전환하는 두 번째 걸프 국가가 된다. UAE는 내년 첫 원자로 가동을 시작할 예정이며, 이는 한국이 건설한 것이다.

---

(124) قال وزير الخارجية الياباني تارو كونو إن الحكومة اليابانية تأكدت من إجراء كوريا الشمالية تجربتها النووية السادسة، كما قال رئيس الوزراء الياباني شينزو آبي إن إجراء هذه التجربة غير مقبول إطلاقا.

http://www.aljazeera.net/news/international/2017/9/3/اليابان-كوريا-السمالية-أجرت-تجربة-نووية-سادسة

고노 타로 일본 외무장관은 일본 정부는 북한이 6차 핵실험을 실시한 것을 확인했다고 말했다. 또한 아베 신조 일본 총리는 이 실험을 진행한 것은 결코 용납할 수 없다고 말했다.

---

(125) حثت الأمم المتحدة اليونان على بذل مزيد من الجهود لمساعدة الآلاف من ملتمسي اللجوء والمهاجرين المتكدسين في مراكز استقبال في عدد من الجزر اليونانية، وسط تقارير صادرة عن منظمة "أطباء بلا حدود" تفيد بمحاولة عدد من الأطفال هناك الانتحار.

https://news.un.org/ar/audio/2018/08/1015782

다수의 아이들이 자살기도를 한다는 내용을 지적하는 '국경없는 의사회'에서 발간된 보고서에 따라 유엔은 다수의 그리스 섬에 위치한 환영센터(=난민센터)에 쌓이고 있는 수 천 명의 난민 신청자와 이민자를 지원하기 위해 그리스는 더 많은 노력을 기울이라고 촉구했다.

---

(126) استمرت أحداث العنف بالرغم من محاولات الأمم المتحدة التوسط من أجل التوصل إلى محادثات سلام تأمل ببدئها هذا الشهر. ويسود القلق من أن تعيق الاشتباكات في الحديدة حركة الميناء الذي يلعب دورا مهما في إيصال المساعدات الغذائية إلى اليمن الذي يعاني الملايين من سكانه من المجاعة.

http://www.bbc.com/arabic/middleeast-46412560

이번 달 시작하길 기대한 평화회담에 도달하기 위한 유엔의 중재 시도에도 불구하고 폭력 사건은 계속되었다. 호데이다 내 교전들이 주민 수백만 명이 굶주리고 있는 예멘으로 식량 원조 전달에 중요한 역할을 하는 항구의 활동을 방해하고 있다는 걱정이 만연하고 있다.

● 동명사의 **의미상 주어와 의미상 목적어를 모두 표시하는 경우**, 의미상 목적어를 표시할 때 앞서 설명한 바와 같이 그대로 목적격으로 놓기도 하지만 **그 의미상 목적어에 لِ 를 추가하여 표현**할 수 도 있다.

---

(127) جدد وزير الخارجية القطري **دعم دولة قطر للوساطة الكويتية**، مؤكدا ضرورة الحوار بين جميع الأطراف لحل الأزمة الخليجية.

http://www.aljazeera.net/news/arabic/2017/9/3/وزيرا-خارجية-قطر-وفرنسا-يبحثان-الأزمة-الخليجية

카타르 외무부 장관은 걸프 사태 해결을 위해 모든 당사자 간 대화의 필요성을 강조하면서 카타르의 쿠웨이트 중재를 재차 지지하였다.

---

(128) ستكون القضية الأولى التي تحظى بالنقاش، خلال مفاوضات الشهر المقبل، هي شروط الفترة الانتقالية التي تمتد لعامين، بعد **مغادرة بريطانيا للاتحاد** رسميا في مارس/ آذار من عام 2019.

http://www.bbc.com/arabic/world-42366115

다음달 협상 동안 논의될 첫 번째 사안은 2019년 3월 영국이 공식적으로 EU를 떠난 이후 2년으로 연장된 과도기 조건일 것이다.

---

(129) بعد **زيارته للأردن وسوريا**، عقد المفوض السامي مؤتمرا صحفيا في لبنان قال فيه إنه بحث خلال الجولة الوضع المتغير في سوريا وخاصة مستقبل ملايين النازحين واللاجئين في الدول المجاورة

https://news.un.org/ar/story/2018/08/1015812

요르단과 시리아를 방문한 뒤 고등판무관은 레바논에서 기자회견을 열었고 거기서 순방 동안 시리아의 변화된 상황 특히 이웃국가에 있는 수 백만 명의 피난민과 난민에 대해 논의하였다고 발표하였다.

---

(130) أضاف أن "الأسباب الجذرية للأشياء من العنف الديني تعتمد على كيفية **معالجة أدمغتنا للمعلومات** التي يقدمها العالم من حولنا".

http://www.bbc.com/arabic/science-and-tech-46050904

그는 종교적 폭력의 근본적 원인은 우리 뇌가 주변 세계가 제공하는 정보를 처리하는 방식에 의존한다고 덧붙였다.

● 동명사의 의미상 주어와 의미상 목적어가 대명사로 등장할 수도 있다. 우선 주어나 목적어만 나온 경우에는, 해당 명사의 성, 수에 맞는 대명사를 동명사에 접미시키면 된다.

하지만, 동명사의 주어와 목적어가 모두 대명사로 나오게 되면, 주어는 동명사에 접미 인칭 대명사로 붙으며, 목적어는 إِيَّا 뒤에 접미 인칭 대명사가 붙게 된다.[1]

---

(131) بحث الجانبان العلاقات الثنائية وسبل تعزيزها، فضلا عن مستجدات الأزمة الخليجية وجهود الوساطة الكويتية الرامية لحلها، بالإضافة إلى التطورات على الساحة الإقليمية، لا سيما في ليبيا وسوريا.

وزيرا-خارجية-قطر-وفرنسا-يبحثان-الأزمة-الخليجية/http://www.aljazeera.net/news/arabic/2017/9/3

양측은 걸프사태의 동향과 이를 해결하기 위한 쿠웨이트의 중재노력 그리고 역내 동태 특히 리비아와 시리아의 상황 이외에 양자관계와 이의 강화 방안에 대해서도 논의하였다.

---

(132) شكر رئيس الوزراء الإسرائيلي بنيامين نتنياهو هايلي لاستخدامها حق النقض. وقال في تغريدة " شكراً للسيدة هايلي، لقد أضاءت شعلة الحقيقة وبددت الظلام، شكراً للرئيس دونالد ترامب وشكراً لنيكي هايلي".

http://www.bbc.com/arabic/middleeast-42400521

베냐민 네타냐후 이스라엘 총리는 헤일리가 거부권을 사용한 것에 감사를 표하였다. 그리고 그의 트위터에 "헤일리 대사께 감사드립니다. 대사님은 진실의 불을 비추었고 어둠을 희석시켰습니다. 도널드 트럼프 대통령과 니키 헤일리께 감사드립니다."라는 글을 올렸다.

---

(133) اقترب الرئيس السوداني عمر البشير، من تمديد فترة حكمه الطويل للسودان والفوز بولاية أخرى وتوسيع صلاحياته بعد طلب نواب بالبرلمان إجراء تعديل دستوري لزيادة مدة حكمه التي كان من المقرر أن تنتهي في 2020، ولم يكن ممكنا أن يترشح بعدها مرة أخرى.

http://www.bbc.com/arabic/middleeast-46449787

오마르 알 바샤르 수단 대통령은 국회의원들에게 통치 기간을 늘리기 위한 헌법개정을 요구한 이후 그의 오랜 수단 통치 기간을 연장하고 새로운 임기를 확보하고 전권을 확대하는 것에 가까워졌다. 그의 임기는 2020년에 끝나기로 예정되어 있었고 그 이후로 다시는 입후보 되는 것이 불가능 했었다.

---

3. 복수 목적어 타동사의 동명사가 연결형에 나온 경우

● 복수 목적어 타동사가 동명사로 쓰이는 경우 보통 주어는 생략된 채 사용된다. **제 1 목적어는 동명사와 연결형을 이루어 묶이게 되고 제 2 목적어는 목적격으로 놓이게 된다.** 하지만, 수여 동사의 경우 "~에게"를 전치사로 표현할 수 있다.

---

[1] إِيَّا 에 대해서는 55 page 에서 좀 더 자세하게 학습할 수 있다.

(134) كانت مدينة بيت لحم قد أحيت اليوم الأحد عيد الميلاد في أجواء استثنائية تسودها مشاعر تحدي قرار الرئيس الأميركي دونالد ترمب اعتبار القدس المحتلة عاصمة لإسرائيل.

https://www.aljazeera.net/news/arabic/2017/12/24/بيت-لحم-تحتفل-بالميلاد-وتتحدى-قرار-ترمب

도널드 트럼프 미 대통령이 (점령된)예루살렘을 이스라엘의 수도로 결정한 것의 불안한 기운이 감도는 특수한 분위기에서 오늘 일요일 베들레헴은 성탄절을 기념하였다.
**'점령된'이라는 수식어는 예루살렘이 이스라엘에게 점령되었다는 아랍인 입장의 표현이다.

---

(135) في غضون ذلك دعا جيانفرانكو روتيجليانو، ممثل منظمة اليونيسف في جمهورية الكونغو الديمقراطية إلى إعطاء الأطفال أولوية خاصة في جهود مكافحة مرض الإيبولا في جمهورية الكونغو الديمقراطية.

https://news.un.org/ar/audio/2018/05/1009381

그러는 동안 지안프란코 루티즐리야누 유니세프 콩고민주공화국 대표는 콩고 내 에볼라에 대응하기 위한 노력으로 아이들에게 특별 우선권을 제공해달라고 촉구하였다.

---

(136) الجدير بالذكر أن التقديرات التي يقدمها التقرير تمثل مساهمة مهمة في الجهود المستمرة لمنظمة العمل الدولية للمساهمة في جعل العمل اللائق حقيقة ملموسة للعمال في جميع أنحاء العالم، بمن فيهم العمال المهاجرون الذين غالبا ما يواجهون معوقات واضحة.

https://news.un.org/ar/story/2018/12/1023001

그 보고서가 한 평가는 양질의 일자리를 대부분 명백한 장애에 직면하고 있는 이주 노동자들을 비롯한 전 세계 노동자들이 체감할 수 있는 현실로 만들기 위한 국제노동기구의 지속적인 노력에 중요한 기여를 한다.

---

(137) فلماذا هذه العجلة الآن، بدون إعطاء مزيد من الوقت لضامني عملية أستانة للسماح بإجراء مزيد من المناقشات...هناك نقاش دائر الآن ونأمل أن يكون مثمرا، لكننا نشعر بالقلق إزاء أي تصعيد متسرع.

https://news.un.org/ar/story/2018/08/1015702

더 많은 토론 시행을 가능케 하기 위해 아스타나 회담 당사자들에게 더 많은 시간을 주지 않고 지금 왜 이렇게 서두르는 걸까......지금 진행중인 토론이 있고 우리는 그것이 결실을 맺길 희망한다. 하지만 우리는 모든 성급한 (긴장)고조에 대해 걱정을 느낀다.

---

(138) أعربت عن رغبتها في اتباع نهج يركز على الناس وهو ما دفعها لاختيار عبارة "جعل الأمم المتحدة أكثر قربا من الناس وجعل الناس أكثر قربا من الأمم المتحدة" شعارا لدورتها.

https://news.un.org/ar/audio/2018/09/1016782

그녀는 사람에 집중하는 접근법을 채택하고자 하는 바람을 표명하였다. 이는 그녀로 하여금 '유엔을 사람에 더 가깝게 만들고 사람을 유엔에 더 가깝게 만들기' 문구를 이번 라운드 슬로건으로 채택하게 하였다.

5장. 형용사 연결형

● 형용사 연결형은 **형용사가 먼저 나오고 그 뒤에 "관사가 붙은 한정 명사"가 나오는 형태**를 가리키며, 해석은 **"명사가 형용사한"**이다.

후연결어 명사는 관사가 붙어야 되고 소유격만을 취할 수 있다. 이 명사는 형용사 연결형의 성/수/격/한정여부에는 아무런 영향을 미치지 않고 **형용사의 의미를 구체화시키는 역할**을 한다.

전연결어 형용사는 성/수/격/한정여부 모두 자유롭게 변화시킬 수 있지만 **비한정일 경우에도 탄윈을 가지지 못한다는 특징**이 있다. 또한 명사 연결형과 마찬가지로 쌍수나 규칙복수에 기인하는 ن 이 나올 경우 이를 탈락시켜야 한다.

후연결어 명사	전연결어 형용사	의미 (성/수/격/한정여부)
관사+소유격	탄윈 불가능	
الْيَدِ	كَبِيرٌ	손이 큰 (남성/단수/주격/비한정)
الطُّولِ	الطَّوِيلُو	그 키가 큰 (남성/복수/주격/한정)
الْقَلْبِ	وَاسِعَةٌ	마음이 넓은 (여성/단수/주격/비한정)
الْحَجْمِ	مُتَوَسِّطَةُ	규모가 중간인 (여성/단수/주격/비한정)
الثَّمَنِ	الْهَائِلَتَيْ	그 금액이 막대한 (여성/쌍수/소유격/한정)

● 우선 형용사 연결형이 명사를 수식하는 경우를 보자. 당연히 **형용사의 성, 수, 격, 한정여부 모두 피수식 명사에 일치**시킨다. 하지만, 앞서 언급하였듯이 수식을 받는 명사가 비한정이라도 **탄윈을 쓸 수 없다는 것을 주의**해야 한다.

---

(139) تستعد المناطق التي ضربها إعصار إيرما المدمر في جزر الكاريبي لمواجهة عملية إعادة إعمار طويلة وباهظة الثمن تبلغ تكلفتها مليارات من الدولارات.

http://www.bbc.com/arabic/business-41216697

카리프 섬들에서 파괴적인 태풍 어마가 강타한 지역들은 장기적이고 수 십억 달러에 달하는 많은 비용이 들어가는 재건작업에 준비 중이다.

---

(140) واجهت عدة مناطق، بينها سانت كيتس وبورتوريكو، حالة طقس بالغة السوء، لكن يبدو أنها تجنبت أسوأ موجة من العاصفة.

http://www.bbc.com/arabic/business-41216697

세인트 키츠와 푸에르토리코를 포함한 여러 지역들은 상당한 악천후에 직면했지만 최악의 태풍은 피한 것 같다.

---

(141) يعني ذلك أن المفاوضات ستنتقل إلى مناقشة العلاقة المستقبلية الطويلة المدى بين
بريطانيا والاتحاد، بما في ذلك قضايا التجارة والأمن.

http://www.bbc.com/arabic/world-42366115

이는 그 협상들은 무역과 안보 등 영국과 EU 간 미래지향적이고 장기적 관계에 대한 논의(단계)로 넘어갈 것임을 의미한다.

---

(142) تدعو مسودة القرار التي وزعتها مصر الدول الأعضاء إلى الامتناع عن نقل بعثاتها
الدبلوماسية إلى القدس، كما نصت على أن أي قرارات أحادية الجانب حول وضع المدينة ينبغي
ألا يكون لها أثر قانوني ويجب إلغاؤها.

http://www.bbc.com/arabic/middleeast-42400521

이집트가 제시한 결정 초안은 회원국들이 예루살렘으로의 자국외교대표부 이전을 지양하도록 촉구한다. 또한, 동 초안은 예루살렘의 지위에 대한 모든 일방적 결정은 법적 영향력이 없어야 하며, 그것은 폐기되어야 한다고 규정한다.

---

(143) حسب مركز أنباء الأمم المتحدة، فإن تقرير "توقعات العمالة الدولية والآفاق الاجتماعية
لعام 2017"، الذي صدر بداية الأسبوع الجاري، حذر من ركود الأعمال التجارية الصغيرة، إذ
يشير التقرير إلى أن أثر ذلك يكون أسوأ على الاقتصادات النامية، حيث يشتغل أكثر من نصف
العاملين في الشركات الصغيرة والمتوسطة الحجم.

http://assabah.ma/254838.html

유엔 언론 센터에 의하면 이번 주 초 발간된 '2017 국제 노동 예상과 그 사회적 전망' 보고서가 소규모 무역업의 쇠퇴를 경고했다. 즉, 그것은 노동자의 절반 이상이 중소기업에 종사하고 있는 개발도상국 경제에 더 큰 영향을 미친다고 지적한 것이다.

---

(144) بدأت بعض نقاط التوافق في هذه العملية التشاورية الواسعة النطاق التي عقدت في
مختلف المدن والبلدات تتبلور. التوق إلى دولة موحدة وذات سيادة، وإيمان مشترك بأنه لتحقيق
هذا يجب أن تكون الدولة أكثر لامركزية.

https://news.un.org/ar/story/2018/05/1008972

여러 도시와 국가에서 진행된 이 광범위한 협의 과정에서 일부 상호 합의점이 구체화되기 시작하였다. (그것으로는) 통일되고 주권을 가진 국가를 향한 갈망, 그리고 이를 실현하기 위해서 국가는 더욱 분권화 되어야 한다는 공통된 믿음(이 이에 해당한다).

(145) فيما يتعلق بقضية الهجرة، أشارت المسؤولة الأممية إلى أن الناس، تاريخيا، ظلوا يتنقلون بحثا عن الأمل والفرص، مشيرة إلى أن سياسات مثل "إقامة الجدران"، وإثارة الخوف والغضب عمدا في أوساط مجتمعات المهاجرين، وإنكار حقوقهم الأساسية من خلال الحد من الحق في الاستئناف، والحد من الحق في عدم الإعادة القسرية، وفصل واحتجاز العائلات... لا توفر <mark>حلولا طويلة الأمد</mark> لأي شخص، بل تقتصر على المزيد من العداء والبؤس والمعاناة والفوضى.

https://news.un.org/ar/audio/2018/09/1016472

이주 문제와 관련해서 UN책임자는 역사적으로 인간은 희망과 기회를 찾기 위해 지속적으로 이동하였다고 말했다. 그리고 '장벽설치'와 같은 정책들, 의도적으로 이민자 사회에 공포와 분노를 유발시키는 것, 항소권리를 제한하여 그들의 기본권을 부인하는 것, 강제 송환되지 않을 권리를 제한하는 것, 가족을 분리 및 구금시키는 것......(이 모든 것들은) 그 누구에게도 장기적인 해법을 제공한 것이 아닌 더 많은 적개심과 절망과 고통 그리고 혼돈에 국한될 뿐이라고 지적하였다.

● 형용사 연결형은 형용사로서의 기능뿐만 아니라 **전체를 하나의 명사로서도 사용**할 수 있는데, 이 경우 주로 사람을 의미하게 되고 "명사가 형용사한 사람"으로 해석을 하면 된다.

(146) كما سيتوجه الرئيس السيسي عقب زيارته للصين إلى العاصمة الفيتنامية هانوى للقيام بزيارة رسمية تعد هي الأولى من نوعها لرئيس مصري في تاريخ العلاقات بين البلدين حيث من المقرر أن يلتقي <mark>بكبار المسؤولين</mark> الفيتناميين.

http://www.vetogate.com/2855371

시시 대통령은 방중직후 양국 역사 상 이집트 대통령으로는 처음인 공식 방문을 위해 베트남 수도 하노이로 향할 것이며, 하노이에서 베트남 고위 공직자들을 만날 예정이다.

(147) فرّت إلهان عمر مع عائلتها من الصومال مطلع تسعينيات القرن الماضي بسبب الحرب الأهلية، واليوم سنحت لها الفرصة لتكون أول مسلمة محجبة تدخل الكونغرس إلى جانب <mark>الفلسطينية الأصل</mark> رشيدة طليب عن الحزب الديمقراطي.

http://www.aljazeera.net/news/reportsandinterviews/2018/11/7/إلهان-عمر-من-لاجئة-صومالية-إلى-أول-محجبة-بالكونغرس

일한 오마르는 1990년대 초 가족과 내전으로 인해 소말리아에서 도망쳤다. 오늘 그녀에게 기회가 주어졌고, 민주당의 팔레스타인 출생인 라쉬다 딸립 이외에 미의회에 진출한 히잡을 쓴 첫 번째 무슬림 여성이 되었다.

6장. 동사 연결형 (관계 부사)

● 동사 연결형이란 **시간이나 장소를 의미하는 일부 특정 부사** 뒤에 동사문이 나와서 동사문 전체를 하나의 구로 본 뒤 앞 명사와 연결형을 이루는 경우를 의미한다.

그 중 장소 부사는 حَيْثُ 가 사용되며 حَيْثُ 를 쓰기 위해서는 그 앞에 장소나 상황을 뜻하는 명사가 나와야 한다.

---

(148) أعلن البيت الأبيض أن الرئيس دونالد ترمب بحث أمس هاتفيا مع شينزو آبي تهديدات كوريا الشمالية بعدما أطلقت في يوليو/تموز الماضي صاروخين بالستيين عابرين للقارات، حيث اتفقا على "أهمية التعاون الوثيق بين الولايات المتحدة واليابان وكوريا الجنوبية في مواجهة التهديد المتعاظم من كوريا الشمالية".

http://www.aljazeera.net/news/international/2017/9/3/سادسة-نووية-تجربة-أجرت-السمالية-كوريا-اليابان

북한이 지난 7월 두 발의 대륙간 탄도미사일을 발사한 이후 백악관은 도널드 트럼프 미 대통령이 어제 아베 신조와 전화통화로 북한의 위협에 대해 논의하였고 통화에서 북한의 고조되는 위협에 대응하는 데에 한미일 간 긴밀한 협력의 중요성에 대해 합의하였다고 발표했다.

---

(149) قال كولفيل في تصريحات صحفية في جنيف إن الكهرباء انقطعت يوم الاربعاء وإن المستشفيات الميدانية بحاجة الى إمدادات طبية حيث يحتاج العشرات لعلاج عاجل.

http://www.bbc.com/arabic/middleeast/2014/02/140214_syria_un_humanitarian_crisis

콜빌은 제네바 언론 성명에서 수요일 전기가 끊겼고 야전병원은 의료구급물자가 필요하며 이 병원에는 수 십 명이 긴급 치료를 필요로 한다고 말했다.

---

(150) خسرت ماي تصويتا في مجلس العموم البريطاني (البرلمان)، في وقت سابق من الأسبوع الجاري، حيث قرر النواب إجراء تعديل على مشروع قانون خروج بريطانيا من الاتحاد الأوروبي.

http://www.bbc.com/arabic/world-42366115

메이는 이번 주 초 영국 상원 투표에서 손해를 봤다. 투표에서 의원은 브렉시트 법안 개정을 결정하였다.

● 시간 부사로는 يَوْمَ، فِي حَالٍ، فِي وَقْتٍ، حِينَ 등이 있다. يَوْمَ 는 바로 뒤에 동사문이 나오면 "~하는 날에"로 해석하고, فِي وَقْتٍ 는 "~할 때"라 حِينَ 와 فِي حَالٍ 는 "~할 경우"로 해석되며, 고 해석된다.[1]

---

(151) تأتي هذه الخطوة في وقت تظهر مؤشرات على تباطؤ اقتصادي في الدولة الغنية بالنفط في أعقاب انخفاض أسعار الخام منذ 2014.

https://middle-east-online.com/13-في-أبوظبي-الاقتصاد-لتحفيز-دولار-مليار

이 행보는 2014년 이래 원유가 하락 직후 석유 부국의 경제 둔화에 대한 지표가 등장하면서 나온 것이다.

---

(152) حين فرّت من بلادها، كانت إلهان -المولودة في مدينة مقديشو- في الثامنة من عمرها، وظلت مع عائلتها أربع سنوات في مخيم للاجئين بكينيا المجاورة للصومال، وفي عام 1997 استقرت العائلة في ولاية مينيسوتا.

http://www.aljazeera.net/news/reportsandinterviews/2018/11/7/إلهان-عمر-من-لاجئة-صومالية-إلى-أول-محجبة-بالكونغرس

모가디슈에서 태어난 일한이 조국(=소말리아)에서 도망쳤을 때 그녀는 8살이었다. 그리고 가족과 함께 소말리아 주변국 케냐의 난민촌에서 4년 동안 계속 있었다. 그리고 1997년 가족은 미네소타 주에 정착하였다.

---

(153) يأتي هذا في وقت ارتفعت فيه حصيلة ضحايا هجمات الكنائس والفنادق إلى 321 قتيلا و521 جريحا، بحسب تصريحات وزير الإعلام السريلانكي، في حين أكد الرئيس السريلانكي أن الحكومة تتحمل كامل المسؤولية عن الهجمات لعدم اتخاذها إجراءات احترازية بعد تلقيها معلومات استخباراتية بشأن هجوم محتمل.

http://www.aljazeera.net/news/politics/2019/4/23/سريلانكا-حداد-وطني-واعتقالات-وعدد-القتلى-يرتفع

이는 교회와 호텔 공격의 총 희생자가 스리랑카 공보부 장관 성명에 의하면 321명의 사망자와 521명의 부상자로 증가하고, 스리랑카 대통령이 정부가 잠재적 공격에 대한 기밀을 입수한 이후 선제조치를 취하지 않았으므로 이번 테러에 대한 모든 책임을 정부가 진다고 강조했을 때 나온 것이다.

---

[1] 이 문장을 비한정 선행사를 수식하는 관계절로 오해하는 학생들이 많다. 하지만 관계절로 보게 되면 반드시 관계절 내에 선행사에 해당하는 대명사를 써야 하지만 이 경우는 동사 연결형이기 때문에 선행사에 해당하는 대명사를 쓸 필요가 없다. 즉 153번 예문을 볼 때 앞 부분의 في وقت ارتفعت فيه 라고 فيه 를 써서 선행사인 وقت 를 받아주게 되면 이 문장은 관계대명사 문법이 적용된 것이고, 뒷 부분처럼 في حين 뒤에 حين 를 받아주는 대명사가 없으면 동사 연결형 문법이 적용된 것이다.

[+α] حَيْثُ 의 추가 용법

● حَيْثُ는 장소에 대한 부연 설명 외에도 이유 등 다른 의미를 지닐 수 있다. 이 경우 그대로 حَيْثُ 만 쓰기도 하지만 전치사나 إِنَّ 와 결합하여 활용되기도 한다.

حَيْثُ إِنَّ ~	~때문에	~ مِنْ حَيْثُ	~(명사) 와 관련해서는
بِحَيْثُ	그래서	~ مِنْ حَيْثُ	~(동사) 한 곳에서부터
~ بِحَيْثُ لَا	~하지 않는다는 조건하에	~ إِلَى حَيْثُ	~(동사) 한 곳으로

---

(154) وفقا لما ذكره مكتب المفوضية السامية لشؤون اللاجئين، ما زالت أعداد كبيرة من الناس تواصل النزوح من ميانمار الى بنغلاديش، غير أن وتيرة التدفق قد تباطأت الآن، حيث انخفض متوسط معدلات الوصول إلى 100 لاجئ في اليوم.

http://www.unmultimedia.org/arabic/radio/archives/270364/#.WjpvV_5G1PY

유엔난민기구(UNHCR) 사무소가 언급한 것에 의하면, 여전히 상당 수의 사람들이 계속해서 미얀마에서 방글라데시로 피난하고 있지만 현재 유입 속도는 둔화되었으며, 방글라데시에는 일 평균 난민 유입이 100명으로 줄었다.

---

(155) تشير بيانات الأمم المتحدة إلى أن الكويت تحلّ في المرتبة الأولى لناحية التغيّرات الكبرى بنسبة المهاجرين منها وإليها، بحيث ارتفعت هذه المعدّلات بنسبة 20.5% بين عامي 2000 و2017، إذ انتقلت حصّتها في حركة الهجرة العالمية من 55% إلى 76% خلال هذه الفترة.

https://al-akhbar.com/In_numbers/262527

유엔 데이터는 쿠웨이트는 자국출입 이주자 비율의 최대 변화치 측면에서 1위를 차지한다고 지적하며, 이 비율은 2000년과 2017년 사이에 20.5% 정도 상승하였고, 동 기간 동안 세계 이주 활동 중 쿠웨이트가 차지하는 비율이 55%에서 76%로 상승한 것을 근거로 한다.

---

(156) قالت الممثلة الخاصة للأمين العام المعنية بالأطفال والصراعات المسلحة إن أي خطة لإحلال عملية سلام شاملة في البلاد يجب دعمها بحيث لا تستثني رجلا أو امرأة.

https://news.un.org/ar/story/2018/09/1016301

아동 및 무력 분쟁 관련 사무총장 특사는 국가 내 모든 포괄적 평화 과정 수립 계획에 대한 지원이 남녀 예외를 두지 않는 조건하에 이루어 져야 한다고 말했다.

(157) العديد من الأطفال في جنوب السودان أيتام ووحيدون. العديد منهم في مشردين في الشوارع في أي ولاية في البلاد. والعديد منهم ضحايا للعنف، **حيث** يشهد بعضهم مقتل آبائهم وأمهاتهم أمام أعينهم، وباتوا وحيدين ليس لهم أحد يرعاهم. العديد من هؤلاء الأطفال، ذكورا وإناثا، تفرقت بهم السبل في ولايات مختلفة ولا يستطيعون العودة **من حيث** أتوا. من المسؤول عن هؤلاء الأطفال؟ بالطبع جنوب السودان.

https://news.un.org/ar/story/2018/09/1016301

남 수단에 있는 다수의 아이들은 고아이고 외로운 아이들이다. 그들 중 다수는 남수단 내 모든 주의 길거리를 방랑하고 있다. 그리고 그들 중 다수는 폭행 피해자들이며, 일부는 그들의 눈 앞에서 부모가 살해당하는 것을 목격한다. 그들은 자신을 돌봐줄 이가 존재하지 않는 외로운 아이가 되었다. 이러한 다수의 남녀 아이들은 여러 주에서 뿔뿔이 흩어지게 되었고 그들이 온 곳에서 돌아갈 수 없다. 이 아이들을 누가 책임진단 말인가? 당연히 남수단이다.

---

(158) ترتبط شعبية مواقف اليمين المتطرف بزيادة تدفق المهاجرين على البلاد. فهذا العام، أصبحت إسبانيا أول دولة في أوروبا **من حيث** عدد المهاجرين غير الشرعيين، التي يقصدها الأفريقيون بحثاً عن حياة أفضل، وقد قبلت إسبانيا نصفهم، أي أكثر من 50 ألفاً، معظمهم وصلوا عبر البحر الأبيض المتوسط إلى الأندلس.

https://arabic.rt.com/world/986455-اليمين-المتطرف-يطرق-أبواب-الأندلس-وإسبانيا-لأول-مرة-منذ-40-عاما/

극우 입장의 인기는 이주민의 자국 유입 증가와 관련 있다. 올해 스페인은 불법 이민자들 수 측면에서 유럽에서 첫 번째 국가가 되었다. 아프리카 인들은 더 나은 삶을 찾기 위해 스페인으로 향한다. 그리고 스페인은 그들 중 절반에 해당하는 5만 명 이상을 받아들였고 그들 대다수는 지중해를 건너 알안달루스에 도착하였다.

---

(159) ذكرت "الوكالة الوطنية للإعلام" أنّ "فرقاً من الدفاع المدني أنقذت مساء اليوم الأحد 8 شبان احتجزوا داخل سيارتين رباعيتي الدفع غرقتا في الوحول على طريق جرد حراجل-كسروان، ونقلتهم **إلى حيث** يمكنهم العودة إلى منازلهم".

https://www.lebanon24.com/news/lebanon/533642/ج-طريق-على-الوحول-في-غرقتا-سيارتين-من-شبان-8-إنقاذ

국영 뉴스 통신사는 민간 방위 팀이 오늘 일요일 저녁 자르드 하라질 - 케스루완 도로의 진흙 속에 빠진 4륜구동 차량 2대 안에 갇혀있던 8명의 청년을 구출했고 그들을 집으로 돌아갈 수 있는 곳에 옮겼다고 언급했다.

3 단원. 대명사

1과. 인칭 대명사

● 인칭 대명사의 형태는 아래와 같다.[1]

단수	독립	접미	쌍수	독립	접미	복수	독립	접미
3남	هُوَ	هُ	3남	هُمَا	هُمَا	3남	هُمْ	هُمْ
3여	هِيَ	هَا	3여			3여	هُنَّ	هُنَّ
2남	أَنْتَ	كَ	2남	أَنْتُمَا	كُمَا	2남	أَنْتُمْ	كُمْ
2여	أَنْتِ	كِ	2여			2여	أَنْتُنَّ	كُنَّ
1	أَنَا	ـِي ـنِي	1	نَحْنُ	نَا	1	نَحْنُ	نَا

1장. 독립 인칭 대명사

● 독립 인칭 대명사는 주로 **명사문의 주어**로 활용이 되는데 동사문에서 사용되지 않는 이유는 동사 자체에 주어에 상응하는 그 인칭 대명사가 포함되기 때문에 대명사를 쓸 필요가 없기 때문이다.

> (160) نحن قلقون بشكل خاص بشأن عدم كفاية المرافق الصحية، والقتال بين المجتمعات المحبطة، وارتفاع مستويات التحرش الجنسي والاعتداءات، والحاجة المتزايدة للرعاية الطبية والنفسية والاجتماعية.
>
> https://news.un.org/ar/audio/2018/08/1015782
>
> 우리는 특히 보건 시설이 충분치 않은 것과 절망적인 사회 간 분쟁 그리고 성폭력과 폭력 수준의 상승 그리고 의료와 정신 및 사회적 케어에 대한 높아지는 필요에 대해 걱정이 된다.

---

[1] 대명사의 형태는 숙지했음을 전제로 하여, 형태에 대한 자세한 설명은 생략한다.

2장. 접미 인칭 대명사

● 접미 인칭 대명사는 기본적으로 **일반 명사 뒤에 붙으면 연결형이 되어 주로 소유자를 의미하**고 **동사 뒤에 붙으면 목적어의 의미**를 가진다. 이때 **대명사가 접미된 명사는 한정이 되기** 때문에 수식해주는 형용사도 한정이 되어야 한다.

---

(161) شدد ترامب على أنه لن يوقع على مشروع أي قانون من دون تمويل الجدار، الذي يعارضه الديمقراطيون بشدة. ولم يتسلم نحو 800 ألف من العاملين في المؤسسات الفيدرالية الأمريكية أجورهم منذ 22 ديسمبر /كانون الأول.

http://www.bbc.com/arabic/world-46767249

트럼프는 민주당이 강하게 반대하고 있는 장벽 예산 없이는 어떠한 법안에도 서명하지 않을 것이라고 강조했다. 미 연방 기관에서 근무하는 약 80만 명은 12월 22일부터 급여를 못 받았다.

---

(162) عانت الشركات الكورية الجنوبية العاملة في الصين جراء النزاع بين البلدين، فقد علّقت بكين الرحلات السياحية الجماعية إلى كوريا الجنوبية، التي تعد ركيزة صناعة السياحة في تلك الدولة، وقاطعت سياراتها. كما حظرت عرض المسلسلات التلفزيونية التي تنتجها جارتها الشرقية.

http://www.aljazeera.net/news/international/2017/12/14/العلاقات-لإصلاح-بكين-في-الجنوبية-كوريا-رئيس

중국에서 영업중인 한국 기업들은 양국간 갈등으로 인해 고통받고 있다. 중국은 한국 관광 산업의 근간으로 여겨지는 단체 관광 여행을 금지하였고 한국산 자동차도 보이콧하였다. 또한, 동쪽의 이웃(=한국)이 제작한 tv드라마 상영도 금지하였다.

---

(163) ذكر المفوض السامي أن الحل الأفضل يتمثل في العودة الطوعية للنازحين، مشددا على ضرورة عدم إجبار الناس على العودة إلى مناطقهم الأصلية

https://news.un.org/ar/story/2018/08/1015812

고등판무관은 최고의 해법은 이민자들이 자발적으로 돌아가는 것이라고 언급하였고, 그들의 고향으로 돌아가도록 강요하지 않아야 한다고 강조했다.

---

(164) كشفت باشيليت عن نيتها إرسال فرق إلى النمسا وإيطاليا لتقييم الزيادة المبلغ عنها في أعمال العنف والعنصرية ضد المهاجرين والنظر في حمايتهم. وأعربت عن انزعاجها من العنف ضد المهاجرين في ألمانيا، الذي يبدو أنه قد أذكى خطاب الكراهية المعادية للأجانب.

https://news.un.org/ar/audio/2018/09/1016472

바실렛은 이주자들을 대상으로 한 폭력과 인종차별에서 보고된 증가를 조사하고 그들을 보호하기 위함이라고 대표단을 오스트리아와 이탈리아로 보낸 의도를 밝혔다. 그리고 그녀는 독일 내 이주자들을 대상으로 하는 폭력이 반 외국인 혐오 발언을 부추긴 것 같으며 이런 폭력에 대해 불편한 기색을 표하였다.

● 3인칭 남성 복수형태의 동사에 접미될 경우, 어미의 alif 는 탈락된다.

> (165) بعد دقائق من وصول الشرطة إلى مكان الحادث، أطلق ضابط النار على روبرسون، ذي البشرة السوداء، فأرداه قتيلا. ويقول أصدقاء روبرسون إنه كان عازفا موسيقيا، وكان يحلم بالانضمام لصفوف الشرطة الأمريكية. وقالت باتريشيا هيل، وهي من أصدقاء روبرسون، لقناة تلفزيونية محلية: "الأشخاص الذين تمنى أن يكون واحدا منهم قتلوه".
>
> http://www.bbc.com/arabic/world-46196699
>
> 경찰이 사건 현장에 도착하고 몇 분 후, 한 경찰이 흑인인 로빈슨에게 총격을 가해 사살하였다. 그리고 로빈슨의 친구들은 그는 음악가였고 경찰이 되길 꿈꿔왔다고 한다. 로빈슨의 친구 중 패트리샤 힐은 지역 tv 채널에 "그가 되고자 바랬던 사람들이 그(=로빈슨)를 죽였다"고 말하였다.

● ـى 로 끝나는 동사와 명사는 ـى 를 alif 로 바꾼 뒤 대명사가 접미된다.

> (166) يصادف اليوم الـ29 من نوفمبر/تشرين الثاني ذكرى تبني الجمعية العامة للأمم المتحدة في عام 1948 خطة تقسيم فلسطين إلى دولتين، إحداهما عربية والأخرى يهودية، وكانت فلسطين آنذاك تحت الانتداب البريطاني.
>
> http://www.bbc.com/arabic/middleeast-46388277
>
> 오늘 11월 29일은 유엔총회가 1948년 팔레스타인을 두 개의 국가로 분리시키는 계획을 채택한 기념일이다. 하나는 아랍국가이고 다른 하나는 유대국가이다. 그리고 팔레스타인은 당시 영국의 위임통치 하에 있었다.

● 접미 인칭 대명사는 기본적으로 앞의 명사와 연결형을 이루기 때문에 연결형이 가지고 있는 기본적인 특징을 따른다.

따라서 1요소에 쌍수나 남성규칙복수가 올 경우 ن 은 탈락된 후 접미 인칭 대명사가 붙게 된다.[1]

> (167) كان الكونغرس الأمريكي بمجلسيه قد صوت لمنع أبو طالبي من دخول البلاد. ولكن ايران تقول إنه واحد من أكفأ دبلوماسييها، وتصر على تعيينه.
>
> http://www.bbc.com/arabic/worldnews/2014/04/140411_us_iran_no_visa
>
> 미 양원 의회는 아부 딸리비의 입국을 막기 위해 투표하였다. 하지만 이란은 그는 최고의 외교관 중 한 명이라고 말하고 있으며 그의 임명을 고수하고 있다.

---

[1] 미완료 5가지 동사는 대명사가 접미되어도 ن 은 탈락하지 않으니 주의해야 한다.

(168) قد قامت منظمة الصحة العالمية بتقديم مبلغ 1.5 مليون دولار من صندوق الطوارئ التابع لها لنشر مزيد من موظفيها ومواردها لمكافحة الانتشار المقلق للدفتيريا بين اللاجئين الروهينجا في كوكس بازار في الجنوب الشرقي من بنغلاديش، على الحدود مع ميانمار.

http://www.unmultimedia.org/arabic/radio/archives/270364/#.WjpvV_5G1PY

세계보건기구는 미얀마와의 국경지역인 방글라데시 남동부에 위치한 쿠쿠스 바자르 내 로힝야 난민 간 디프테리아(병) 전파를 막기 위해 더 많은 직원과 물자를 배치하는 데 비상 기금 150만 달러를 추산하였다.

---

(169) قال المتحدث باسم الأمم المتحدة إن عددا من أطراف الصراع يعرقلون تحرك النازحين، ويمنعونهم من الانتقال إلى الأماكن التي يختارونها سعيا للأمان أو من العودة إلى مناطقهم الأصلية.

https://news.un.org/ar/audio/2018/05/1007572

유엔 대변인은 다수의 분쟁 당사자들이 이주자들의 움직임을 방해하고 그들이 안전을 추구하고 자 선택한 지역으로 이동하는 것과 본국으로 돌아가는 것을 막고 있다고 말했다.

---

(170) جاء ذلك بعد حملة أطلقها سالو مولر الذي قُتل والداه في معسكر أوسشفيتز النازي، حيث اقتيدا ضمن 107 آلاف يهودي من قرية ويسبروك في مقاطعة درينتي في الشمال الشرقي من هولندا بعد تجميعهم فيها لترحيلهم إلى أوسشفيتز وسوبيفور في بولندا.

http://www.bbc.com/arabic/world-46374122

이는 부모가 나치의 아우슈비츠에서 사망한 살로 뮐러가 시작한 캠페인 이후에 나왔다. 10만 7천 명의 유대인들 사이에 있던 그의 부모님은 폴란드의 아우슈비츠와 수비푸르로 추방되기 위해 네 덜란드 북동부 드렌터 주의 위스브룩 마을에 집결된 뒤 그곳(=위스브룩)에서 (아우슈비츠와 수비푸르로)끌 려갔다.

*** 여기서 حيث 는 부모가 사망한 것에 대한 부연 설명을 이끄는 기능을 한다.

3장. 가주어 대명사

● إِنَّ 의 자매어 뒤에는 명사문이 나와야 한다. 하지만 명사문의 주어를 바로 쓸 수 없거나 쓰기 애매할 경우 **명사문의 문장 구조와 아무런 상관없는** 가주어 هُ 를 먼저 써주고 문장을 쓸 수 있다.

특히 إِنَّ 의 자매어 뒤에 비인칭 동사[1]가 나올 경우 반드시 가주어를 써야 한다.

---

(171) إنه **من قبيل** الفخر والشرف **أن** أكون جزءا من هذه البعثة وأحصل على هذه الميدالية.

https://news.un.org/ar/story/2018/05/1009531

내가 이 파견단에 소속되고 이 메달을 얻은 것은 자부심이자 영광이다.

---

(172) أوضح إيغلاند **أنه** لم يتم **تحقيقه** من خلال المفاوضات وإنما عبر عمليات عسكرية، قائلا إن "للأسف، الحرب في سوريا لا تضع أوزارها من خلال المفاوضات".

https://news.un.org/ar/story/2018/05/1007542

이글랜드는 "유감스럽게도 시리아 전쟁은 협상으로 끝나지 못했다"고 말하면서, 이는 협상을 통해 실현되지 못했고 군사 작전을 통해 실현되었다고 밝혔다.

---

(173) أوضح ماكرون أن إنشاء قوات أوروبية عسكرية مشتركة، من أجل أن تحد أوروبا اعتمادها على واشنطن، خاصة بعد إعلان الرئيس الأمريكي، دونالد ترامب عزمه الانسحاب من اتفاق الحد من الأسلحة النووية المتوسطة مع روسيا، والذى تم توقيعه في الثمانينات من القرن الماضي، لافتا إلى **أنه** بعد قرار أمريكا **يجب على** أوروبا أن تحمي نفسها من الصين وروسيا وأمريكا.

https://www.almasryalyoum.com/news/details/1340641

마크롱은 유럽공동군대의 설립은 트럼프 대통령이 1980년대 체결된 러시아와의 핵무기제한협정에서 탈퇴하겠다고 밝힌 이후 유럽이 미국에 의존하는 것을 줄이기 위함이라고 밝혔고, 미국의 결정 이후 유럽은 중국, 러시아, 미국으로부터 스스로를 지켜야 한다고 강조했다.

---

[1] يَجِبَ / يُمْكِنُ / يَجُوزُ / سَبَقَ 등과 같이 성/수/인칭을 주어에 맞추지 않고 3인칭 남성 단수형태가 고정된 동사를 일컫는다

4장. إِيَّا 의 활용

● 일반 타동사에 대명사를 직접 접미시키는 것이 애매할 경우에는 접미형 대명사를 إِيَّا 뒤에 접미시켜서 사용될 수 있다.

إِيَّاهُ	إِيَّاهَا	إِيَّاكَ	إِيَّايَ	إِيَّاهُمْ

특히 **복수 목적어 타동사**인 경우, 목적어의 순서를 바꿀 수 없는데 제 1 목적어는 대명사로 쓸 경우 동사에 접미시킬 수 있다. 하지만 **제 2 목적어는 제 1 목적어 뒤에 나오기 때문에 동사에 바로 접미될 수 없어서 إِيَّا 의 도움을 받는다.**

또한, 동사뿐만 아니라 동사에서 파생되어 만들어진 **분사도 إِيَّا 의 도움을 받아서 목적어를 표시할 수 있다.** 특히 아래 예문 175와 176에서와 마찬가지로 비한정 목적격 상태의 분사를 써야 하는 상태문에서 해당 분사의 목적어를 대명사로 써야할 경우 إِيَّا 의 도움을 받는다.

---

(174) أكدت النائب ستريدا جعجع أننا "لن نفرط بالثقة التي **أعطانا إياها** الناس في الانتخابات النيابية الأخيرة والتي أفضت إلى تكتل نيابي من 15 نائبًا.

https://www.lbcgroup.tv/news/d/أخبار-سياسية/408019/ستريدا-جعجع-لن-نفرط-بالثقة-التي-أعطانا-إياها-الناس/ar

스트리다 자우자오 의원은 "우리는 15명의 의원으로 구성된 의원파벌을 만들어낸 이번 국회의원 선거에서 사람들이 보낸 신뢰를 가볍게 보지 않을 것이다"라고 강조했다.

---

(175) رفض البيت الأبيض إصدار تأشيرة دخول للمندوب الإيراني المعين لدى الامم المتحدة متهمة **إياه** بالمشاركة في اقتحام السفارة الأمريكية عام 1979.

http://www.bbc.com/arabic/worldnews/2014/04/140411_us_iran_no_visa

백악관은 유엔대표로 임명된 이란 대표가 1979년 미 대사관 침입사건에 가담했다고 비난하면서 그의 입국비자발급을 거부했다.

---

(176) رفض سفير ميانمار لدى الأمم المتحدة في جنيف كيو مو تون الاستنتاجات التفصيلية التي توصل إليها الفريق **واصفا إياها** بأنها "أحادية الجانب". وقال إن "هناك العديد من الأسباب الواضحة التي تدعو إلى التشكيك في حياد وموضوعية تقرير البعثة.

https://news.un.org/ar/audio/2018/09/1017052

키유 무 툰 미얀마 유엔 대사는 그 팀이 도달한 세부 결론이 편파적이라 묘사하면서 이를 부정했다. 그리고 "파견단 보고서의 중립성과 객관성에 의심을 품을만한 분명한 이유가 여럿 존재한다"고 말했다.

2과. 지시 대명사

● 지시 대명사는 어떠한 사물/사람을 가리키는 것을 의미하는데 화자와 가까우면 근지시 대명사를, 멀리 있으면 원지시 대명사를 쓰면 된다.

	단수		쌍수				복수	
	남성	여성	남성		여성		남성	여성
			주격	소유/목적격	주격	소유/목적격		
근 지시	هَذَا	هَذِهِ	هَذَانِ	هَذَيْنِ	هَاتَانِ	هَاتَيْنِ	هَؤُلَاءِ	
원 지시[1]	ذَلِكَ	تِلْكَ	ذَانِّكَ	ذَيْنِكَ	تَانِّكَ	تَيْنِكَ	أُولَئِكَ	

● 이 대명사 중, <u>ذلك</u> 는 앞문장을 받는 기능으로도 자주 사용된다.

---

(177) ناقش الرئيس التركي رجب طيب أردوغان مع وزير الخارجية القطري الشيخ محمد بن عبد الرحمن آل ثاني تطورات الأزمة الخليجية وانعكاساتها على المستويين الإقليمي والدولي، <mark>وذلك</mark> خلال لقائهما اليوم الثلاثاء في أنقرة.

أردوغان-يستقبل-وزير-خارجية-قطر/http://www.aljazeera.net/news/arabic/2017/9/12

레깁 따입 에르도안 터키 대통령은 알 쉐이크 무함마드 빈 압둘 라흐만 알 싸니 카타르 외무장관과 오늘 화요일 앙카라 회담에서 걸프사태의 동향과 대내외적 여파에 대해 논의하였다.

---

(178) أعلنت كوريا الشمالية أنها أجرت صباح اليوم الأحد تجربة على قنبلة هيدروجينية بنجاح، <mark>وذلك</mark> بعد أن رصدت كوريا الجنوبية والصين زلزالين عنيفين قرب موقع تجري فيه بيونغ يانغ تجارب نووية.

اليابان-كوريا-السمالية-أجرت-تجربة-نووية-سادسة/http://www.aljazeera.net/news/international/2017/9/3

한국과 중국은 북한이 핵실험하는 장소 인근에 두 차례의 강진을 관측한 이후 북한은 오늘 일요일 아침 수소 폭탄 실험을 성공적으로 실시했다고 밝혔다.

● 지시대명사는 관사가 붙은 명사와 함께 쓰면 서로 대용어 관계를 가져서 지시사구로 쓰인다.

---

(179) تضم السيارات التي تعاني من <mark>تلك المشكلة</mark> موديلات "آفالون" و"كامري" و"كورولا" و"سيينا" و"تاكوما" و"تاندرا"، إلا أن تويوتا نفت تسجيل وقوع حوادث احتراق أو إصابات جراء <mark>ذلك الخلل الفني</mark>.

http://www.bbc.com/arabic/business/2014/01/140131_toyota_halts_us_models_sales

그 문제를 겪고 있는 차량은 아발론, 캠리, 코로나, 시나, 타쿠마, 툰드라 모델들을 포함한다. 하지만 도요타는 그 기술적 결함으로 인한 화재와 부상 발생기록을 부인하였다.

---

[1] 원지시 대명사의 쌍수 형태는 사용빈도가 매우 낮아서 굳이 암기하지 않아도 된다.

(180) أنا قلقة للغاية بشأن مستوى العنف ضد الأطفال وبالخصوص في ولايتي أعالي النيل والوحدة. الانتهاكات ضد الأطفال التي تم التبليغ عنها في هاتين الولايتين تمثل 60% أو أكثر من حجم الانتهاكات المسجلة في عامة أنحاء البلاد.

https://news.un.org/ar/story/2018/09/1016301

나는 아이들 특히 상나일 주와 유니티 주의 아이들을 대상으로 하는 폭력 수준에 대해 심히 걱정된다. 이 두 주에서 고발된 아동 폭행은 수단 전체 지역에서 기록된 폭력 규모 중 60% 혹은 그 이상을 차지한다.

● 지시사 구는 연결형의 각 요소에서도 쓰이는데 연결형의 마지막 명사에 지시사 구를 쓰는 것은 이질감 없이 바로 쓸 수 있지만 **맨 앞 명사나 사이에 들어오는 명사에 지시사 구를 쓰고 싶을 경우 이 지시 대명사는 연결형의 명사 나열이 끝나고 나서 그 뒤에 놓아야 한다.**

(181) في دليل على وجود هذه الخلافات داخل صفوف المعارضة، ردد أنصار المعارضة الإسلامية والعلمانية صيحات استهجان وسخرية حيال بعضهم البعض أثناء تجمع يوم الجمعة.

http://www.bbc.com/arabic/middleeast/2014/03/140321_algeria_election_protest

야권 내부의 이러한 갈등의 존재에 대한 증거로, 이슬람 세속주의 야당 지지자들은 금요일 집회 동안 서로 고성을 지르고 조롱을 하였다.

(182) قالت الشركة إن قرار إيقاف البيع هذا سيشمل ما يقرب من 36 ألف مركبة موجودة حاليا لدى متاجرها في الولايات المتحدة، ويعادل ذلك 13 في المئة من المركبات المعروضة.

http://www.bbc.com/arabic/business/2014/01/140131_toyota_halts_us_models_sales

회사는 이러한 판매 중단 결정은 현재 미국 영업장에 있는 약 3만6천대의 차량을 포함할 것이며, 이는 전시된 차량 중 13%에 해당한다고 말했다.

(183) لعبت المنظمة الوطنية للمرأة الصومالية الدور الرئيسي في تنظيم منتديات السلام هذه على مستوى البلاد، التي انعقدت في آن واحد في خمس عواصم إدارية للأقاليم الاتحادية في الصومال، وهي ولايات جنوب غرب الصومال وجوبالاند وبونتلاند وهيرشبيلي وغلمدوغ.

https://news.un.org/ar/story/2018/08/1014212

소말리아 여성 민족기구는 소말리아 연합지방의 5개 행정수도 즉 남서부 여러 주들, 주발란드, 푼틀란드, 헤르샤빌, 갈무두그에서 동시 개최되는 이 평화 포럼을 전국적인 수준으로 조직하는 데에 주요 역할을 했다.

3과. 분리의 대명사

● 분리의 대명사란 명사문에서 주부와 술부를 명확히 구분하기 위한 장치로 사용되며, 이 대명사의 성/수는 주어에 맞추게 된다.

한정상태인 주어와 비한정 상태인 술어로 이루어진 일반적인 명사문에서는 분리의 대명사가 잘 쓰이지 않는다. 하지만 **술어에 한정 명사가 나온 경우에는 분리의 대명사를 쓰는 것이 더 일반적이다**.

---

(184) قالت نائبة مدير المنظمة لشؤون السياسات، ديبورا غرينفيلد، "إن هذه الشركات تكافح من أجل النمو، وما نراه هو الافتقار إلى الاستثمار، فالشركات لا تستثمر في العمال. والإنتاجية تتباطأ. ومن ثم يتسبب النمو البطيء عموما في تصاعد البطالة".

البطالة-تطال-أكثر-من-200-مليون-شخص-هذا-العام/www.jawharafm.net/ar/article/--95905/106

데보라 그린필드 정책 기구 부 국장은 "이 회사들은 성장하기 위해 고군분투하고 있으며, 우리가 주시하고 있는 것은 투자가 부족해지고 있다는 것이다. 기업들이 고용에 투자하지 않고 있고, 생산성이 둔화되고 있다. 일반적으로 그러다가 더딘 성장이 실업 증대를 초래하게 된다." 라고 말했다.

● 특히 **주어가 지시 대명사이고 술어가 관사가 붙은 한정명사**일 경우에는 분리의 대명사를 써주는것이 불필요한 오해의 소지를 없앨 수 있다.[1]

---

(185) سيكون هذا هو اللقاء الثالث بين الرئيسين منذ تولي مون الرئاسة في مايو/أيار الماضي. وكان مون وشي قد اجتمعا في وقت سابق على هامش قمة مجموعة العشرين في ألمانيا في يوليو/تموز ومنتدى التعاون الاقتصادي لمنطقة آسيا والمحيط الهادئ في فيتنام الشهر الماضي.

رئيس-كوريا-الجنوبية-في-بكين-لإصلاح-العلاقات/http://www.aljazeera.net/news/international/2017/12/14

이것은 문재인 대통령이 지난 5월 취임한 이래 두 대통령 간 세 번째 만남이 될 것이다. 문 대통령과 시 주석은 일전에 7월 독일 G20 정상회담 차 만난 바 있고, 지난달 베트남에서 개최된 아시아 태평양 경제협력포럼에서도 만난 바 있다.

---

[1] هَذَا هُوَ الْكِتَابُ 을 보면 "이것이 그 책이다." 라고 하는 문장이다. 그런데 여기서 분리의 대명사인 هُوَ 를 빼버리면 هَذَا الْكِتَابُ 가 되는데 이는 "이것이 그 책이다"를 의미하는 문장이 될 수도 있지만 "이 책" 이라는 지시사 구가 될 수도 있다.

4단원. 수동태

1과 수동태의 형태

● 원형 수동태 완료형은 فُعِلَ , 미완료형은 يُفْعَلُ 이다.

능동태와 달리 수동태 중간모음의 완료형은 ــِـ , 미완료형은 ــَـ 로 고정되어 있으며, 그 외 인칭과 성에 따른 변화는 능동태와 동일하다.

파트하 완료형	호	كُتِبَ
	히	كُتِبَتْ
	후마	كُتِبَا
	후마	كُتِبَتَا

담마 완료형	훔	كُتِبُوا

쓰쿤 완료형	훈나	كُتِبْنَ
	안타	كُتِبْتَ
	안티	كُتِبْتِ
	안투마	كُتِبْتُمَا
	안툼	كُتِبْتُمْ
	안툰나	كُتِبْتُنَّ
	아나	كُتِبْتُ
	나흔	كُتِبْنَا

5가지 동사	후마	يُكْتَبَانِ
	안투마/후마	تُكْتَبَانِ
	훔	يُكْتَبُونَ
	안툼	تُكْتَبُونَ
	안티	تُكْتَبِينَ

쓰쿤 미완료형	훈나	يُكْتَبْنَ
	안툰나	تُكْتَبْنَ

미완료 기본형	호	يُكْتَبُ
	히/안타	تُكْتَبُ
	아나	أُكْتَبُ
	나흔	نُكْتَبُ

파생동사의 수동형	완료	미완료
2 형 동사	فُعِّلَ	يُفَعَّلُ
3 형 동사	فُوعِلَ	يُفَاعَلُ
4 형 동사	أُفْعِلَ	يُفْعَلُ
5 형 동사	تُفُعِّلَ	يُتَفَعَّلُ
6 형 동사	تُفُوعِلَ	يُتَفَاعَلُ
8 형 동사	يُتَفَاعَلُ	يُفْتَعَلُ
10 형 동사	أُسْتُفْعِلَ	يُسْتَفْعَلُ

2과. 수동태의 활용

1장. 수동태의 기본 문장

● 수동태는 기본적으로 **주체가 불분명**하거나 그 동작의 행위자가 중요하지 않은 경우에 주로 사용이 된다. 반면, 문장에서 그 행위의 **주체가 명백히 존재할 경우 그 문장은 수동태로 잘 쓰지 않고** 능동으로 쓸 수 있는 문장을 굳이 어색한 수동태로 바꿔서 사용하지 않는다.[1]

---

(186) دعمت 14 دولة مسودة القرار التي دعت إلى الامتناع عن نقل البعثات الدبلوماسية إلى القدس. لكن الولايات المتحدة استخدمت حق النقض. ووصفت مندوبة واشنطن في الأمم المتحدة نيكي هايلي هذا التصويت بأنه "إهانة لن تنسى".

http://www.bbc.com/arabic/middleeast-42400521

14개국은 외교 대표부의 예루살렘 이전 배제를 촉구하는 결정초안을 지지했지만 미국은 거부권을 사용하였다. 니키 헤일리 미국의 유엔 대사는 이 투표(=결정초안 지지투표)를 '잊혀지지 않을 모욕'이라고 묘사하였다.

---

(187) أضافت أن توافد الفلسطينيين إلى ساحة كنيسة المهد -التي يعتقد المسيحيون أنها بنيت على المغارة التي ولد فيها المسيح عليه السلام- تواصل رغم البرد والأمطار.

https://www.aljazeera.net/news/arabic/2017/12/24/بيت-لحم-تحتفل-بالميلاد-وتتحدى-قرار-ترمب

그녀는 예수가 탄생한 동굴 위에 지어졌다고 기독교인들이 믿고 있는 예수 탄생 기념 성당 광장에 팔레스타인 인들은 춥고 비가 옴에도 계속해서 모여들었다고 덧붙였다.

2장. تَمَّ 와 قَامَ بِ 구문

● قَامَ بِ 뒤에 동명사가 오면, 그 동명사의 동사와 같은 의미로 사용된다.

---

(188) في مؤشر يتيم على تحسن العلاقات، سمحت الصين مجددا لمجموعات من السياح الصينيين بالقيام برحلات إلى كوريا الجنوبية.

http://www.aljazeera.net/news/international/2017/12/14/رئيس-كوريا-الجنوبية-في-بكين-لإصلاح-العلاقات

관계 개선의 유일한 신호로서, 중국은 다시 중국인 관광 단체가 한국을 방문하는 것을 허락했다.

---

[1] 영어공부할 때 수동태를 한국어로 직역했을 때 어색함을 많이 느꼈을 것이다. 하지만 아랍어의 수동태는 한국어의 수동태와 호환이 상당히 잘 되는 편이다. 즉, 반드시 그런 것은 아니지만 한국어로 어색한 수동태는 아랍어로도 어색한 문장일 경우가 많으며 반대의 경우도 마찬가지이다.

(189) ذكر المتحدث باسم المنظمة الدولية للهجرة أنه وبناء على تزايد طلبات المهاجرين الراغبين في العودة إلى ديارهم، قامت المنظمة بتعزيز جهودها لمساعدة أولئك المهاجرين، بما في ذلك التوسع في مراكز الاستقبال، وزيادة أنشطة إعادة الإدماج والدعم المجتمعي للعائدين وضحايا الاتجار بالبشر.

https://news.un.org/ar/story/2018/08/1014782

국제이주기구 대변인은 본국으로 돌아가길 희망하는 이주자들의 요구가 증가함에 따라, 기구는 이 이주자들을 돕기 위해 환영센터 확장, 재정착 활동 확대, 귀국한 자와 인신매매 피해자들을 위한 사회적 지원을 포함한 노력을 강화하였다고 언급했다.

● تَمَّ 가 주어로 동명사를 취하면, 그 동명사의 수동태 동사와 똑 같은 의미로 사용된다. 그 **동명사의 의미상 주어는 보통 연결형을 사용해서 동명사 바로 뒤**에 표기되지만 전치사를 동반하는 동사는 동명사에 관사를 붙인 뒤 전치사 뒤에 의미상 주어를 쓰게 된다.

(190) قال يونكر الجمعة إن الأولوية المبدئية للاتحاد الأوروبي هي "إضفاء الطابع الرسمي على الاتفاق"، الذي تم التوصل إليه، وذلك قبل الانتقال إلى ما بعده.

http://www.bbc.com/arabic/world-42366115

금요일 윤키르는 유럽의 원칙적 우선사항은 다음 단계로 넘어가기 전에 도달된 합의에 공식적인 특성을 부여하는 것'이라고 말했다.

(191) قد أدى المرض إلى موت 21 شخصا، بينما تم الإبلاغ عما يفوق الـ 1500 حالة إصابة محتملة.

http://www.unmultimedia.org/arabic/radio/archives/270364/#.WjpvV_5G1PY

그 병은 21명의 사망자를 초래한 한 편, 병에 걸릴 가능성이 있는 1500건 이상이 보고되었다.

3장. 비인칭 수동태

● 특정 전치사의 도움을 받아서 의미상 목적어를 쓰는 자동사가 수동태로 변할 때, 의미상 목적어에 해당했던 **[전치사+명사]는 그대로 수동태의 의미상 주어**가 된다. 이 때 수동태로 변한 그 **동사는 반드시 3인칭 남성 단수로 고정**되어 사용된다.

أَدَّى الْحَدَثُ إِلَى الضَّحَايَا الْعَدِيدَةِ. 그 사건은 다수의 피해자를 야기하였다. (능)

⇩

أُدِّيَ إِلَى الضَّحَايَا الْعَدِيدَةِ مِنَ الْحَدَثِ. 그 사건에 의해 다수의 피해자가 야기되었다. (수)

حَكَمَ الْقَاضِي عَلَى الْمُتَّهَمِينَ بِالْإِعْدَامِ شَنْقًا. 판사는 피고인들에게 교수형을 선고했다. (능)

⇩

حُكِمَ عَلَى الْمُتَّهَمِينَ بِالْإِعْدَامِ شَنْقًا. 피고인들은 교수형을 선고받았다. (수)

رَحَّبَ الشَّعْبُ بِرَئِيسِ أَمْرِيكَا فِي الْمَطَارِ. 국민들은 공항에서 미국 대통령을 환영했다. (능)

⇩

رُحِّبَ بِرَئِيسِ أَمْرِيكَا فِي الْمَطَارِ. 미국 대통령은 공항에서 환영받았다. (수)

وَافَقَ الرَّئِيسُ عَلَى السِّيَاسَةِ. 대통령은 그 정책에 동의하였다. (능)

⇩

وُوفِقَ عَلَى السِّيَاسَةِ مِنَ الرَّئِيسِ. 그 정책은 대통령에 의해 동의되었다. (수)

حُكِمَ عَلَيْهِ	أُوصَى بِهِ	سُمِحَ لَهُ
판결받다	추천되다	허락되다

أُتُّفِقَ عَلَيْهِ	جُنِيَ عَلَيْهِ	عُبِّرَ عَنْهُ
합의되다	피해를 당하다	발견되다

(192) في ديسمبر/ كانون أول من العام الماضي، وافق مجلس الأمن على قرار ينص على عدم الاعتراف بأي تعديلات في خطوط الرابع من يونيو 1967، من بينها ما يتعلق بالقدس، عدا ما **يتفق عليه** خلال المفاوضات المشتركة.

http://www.bbc.com/arabic/middleeast-42400521

작년 12월에 안보리는 공동 협상 동안 합의된 것을 제외하고 예루살렘과 관련된 것을 포함한 1967년 6월 4일 계획의 어떠한 개정안에 대해서도 승인하지 않겠다는 것을 규정하는 결의안에 합의하였다.

(193) كان أبو طالبي نفى في مقابلة مع موقع أخباري إيراني أنه كان جزءا من الجماعة التي اقتحمت السفارة الأمريكية، مشيرا إلى أنه قد **طلب منه** في وقت لاحق المساهمة في عملية الترجمة لمجموعة الطلبة.

http://www.bbc.com/arabic/worldnews/2014/04/140411_us_iran_no_visa

아부 딸리비는 이란 뉴스 사이트와의 인터뷰에서 그는 나중에 학생 단체의 통역 작업을 도와달라는 요구를 받았다고 지적하면서, 그는 미 대사관을 침략한 단체의 일원이었다는 것을 부인하였다.

(194) **عثر على جثتي الفتاتين** تالا فارع، 16 سنة، وروتانا فارع، 22 سنة، في النهر وهما مربوطتان بشريط لاصق الأسبوع الماضي.

http://www.bbc.com/arabic/world-46052885

탈라 파리그(16세), 루타나 파리그(22세) 두 소녀의 시체는 지난 주 테이프로 묶인 상태로 강에서 발견되었다.

4장. 복수 목적어 타동사의 수동태

● 복수 목적어 타동사는 2단원에서 학습한 바와 같이 아무런 전치사의 도움 없이 복수의 목적어를 취하는 동사를 말하며 이 중 생각동사, 전환동사, 수여동사의 수동태의 활용에 대해 학습할 것이다.

생각동사는 일반적으로 'A를 B라고 생각하다'의 형태로 해석이 되는데, 이 경우 수동태로 바꿀 때 **'A를'에 해당하는 목적어를 수동태의 주어**로 삼으며 **'B라고'에 해당하는 목적어는 아무런 변화를 주지 않고 그대로 목적격으로 둔다.**

يَعْتَبِرُ الشَّعْبُ رَئِيسَهُ مُمْتَازًا.   국민들은 대통령이 훌륭하다고 생각한다. (능동)

⇩

يُعْتَبَرُ الرَّئِيسُ مُمْتَازًا.   대통령은 훌륭하다고 생각된다. (수동)

يَعُدُّ الْمُدَرِّسُ هَذَا الطَّالِبَ ذَكِيًّا.   선생님은 이 학생이 똑똑하다고 여긴다. (능동)

⇩

يُعَدُّ هَذَا الطَّالِبُ ذَكِيًّا.   이 학생은 똑똑하다고 여겨진다. (수동)

---

(195) تعتبر التجمعات الحاشدة للمعارضة أمرا غير عادي في الجزائر، حيث يهيمن حزب جبهة التحرير الوطني وقادة الجيش على الحياة السياسية منذ الاستقلال عن فرنسا في عام 1962.

http://www.bbc.com/arabic/middleeast/2014/03/140321_algeria_election_protest

야당의 대규모 집회는 알제리에서 일반적이지 않은 일로 여겨진다. 알제리에는 1962년 프랑스로부터 독립한 이래 민족해방전선과 군 수뇌부들이 정치를 장악하고 있다.

---

(196) حذر منسق الإغاثة في الأمم المتحدة، مارك لوكوك، من أن اليمن "على حافة كارثة"، بينما تدفع المنظمة الدولية باتجاه إجراء محادثات سلام. وجاءت تعليقات المسؤول الأممي بعد تجدد الاشتباكات العنيفة بين الحوثيين والقوات الحكومية في مدينة الحديدة، التي تعتبر معبرا حيويا لنقل مواد الإغاثة الدولية.

http://www.bbc.com/arabic/middleeast-46412560

마크 루쿠크 유엔 구호 조정관은 예멘은 벼랑 끝 재난에 서있다고 경고했다. 국제기구(=유엔)는 평화 회담으로 나아가도록 독려하고 있다. 그리고 유엔 책임자의 언급은 호데이다 지역에서 후티군과 정부군이 반복해서 교전을 가진 후에 나왔다. 호데이다는 국제 구호품을 운반하는 데 필수적인 지점으로 여겨진다.

● 전환동사는 생각동사와 같은 방식으로 수동태로 변하게 된다.

> اِنْتَخَبَ الشَّعْبُ الْمُحَامِيَ رَئِيسًا.   국민들은 그 변호사를 대통령으로 뽑았다. (능동)
>
> ⇩
>
> اُنْتُخِبَ الْمُحَامِي رَئِيسًا.   그 변호사는 대통령으로 선출되었다. (수동)

---

(197) انتخب السيسي، الذي استقال من منصبه كوزير للدفاع بعد أشهر من عزل الرئيس السابق محمد مرسي إثر احتجاجات شعبية ضد حكمه الذي استمر عاما واحدا، رئيسا لأول مرة عام 2014 قبل أن يعاد انتخابه العام الماضي لأربع سنوات أخرى، وكان يفترض أن تكون هذه فترته الأخيرة، بحسب الدستور الحالي.

http://www.bbc.com/arabic/middleeast-47946885

국방부 장관직에서 사임한 시시는 1년 동안 지속된 반정부 민중시위로 인해 무함마드 무르시 전 대통령이 축출된 지 수 개월 이후 2014년에 대통령으로 처음 선출되었다. 그 이후 작년에 4년 임기로 재 선출되었으며, 현행 헌법에 의하면 이때(=두 번째 임기)가 그의 마지막 임기가 될 것으로 예정되어 있었다.

● 수여동사는 'A에게 B를 주다'라는 의미를 가지는데, 이 동사를 수동을 바꿀 때 'A에게'를 주어로 가져올 수도 있고, 'B를'을 주어로 가져올 수도 있다. 특히 후자의 경우, 'A에게'를 표시하기 위해서는 전치사 لِ 를 쓴다.

> مَنَحَتِ الْحُكُومَةُ النِّسَاءَ حَقَّ الْقِيَادَةِ.   정부는 여성들에게 운전권리를 부여했다. (능동)
>
> ⇩
>
> مُنِحَتِ النِّسَاءُ حَقَّ الْقِيَادَةِ مِنَ الْحُكُومَةِ.   여성들은 정부로부터 운전권리를 부여받았다. (수동)
>
> مُنِحَ حَقُّ الْقِيَادَةِ لِلنِّسَاءِ مِنَ الْحُكُومَةِ.   운전권리는 정부로부터 여성들에게 부여되었다. (수동)

---

(198) قالت وزارة الصحة القطرية الجمعة، إن قرابة 80 بالمئة من سكان قطر، تم إعطائهم جرعتي لقاح كورونا. وأشارت الوزارة في بيان اليوم الجمعة، إلى أن عدد جرعات اللقاح التي أعطيت لأفراد المجتمع المحلي قد تجاوز 4.64 مليون جرعة حتى اليوم.

www.ammonnews.net/article/634885

금요일 카타르 보건부는 카타르 주민의 약 80%가 코로나 백신을 2차례 받았다고 말했으며, 금요일 오늘 성명에서 지역 사회 구성원들에게 제공된 백신의 수는 오늘까지 464만회를 초과했다고 지적했다.

5단원. 분사

1과. 분사의 형태

● 분사의 기능을 살펴보기 전에 간단하게 그 형태만 먼저 확인하면, 파생형만 형태가 정해져 있는 동명사와 달리 분사는 원형과 파생형 모두 그 형태가 정해져 있다.

	완료형	미완료형	동명사	능동분사	수동분사
1형	فَعَلَ	يَفْعُلُ	불규칙	فَاعِلٌ	مَفْعُولٌ
2형	فَعَّلَ	يُفَعِّلُ	تَفْعِيلٌ / تَفْعِلَةٌ	مُفَعِّلٌ	مُفَعَّلٌ
3형	فَاعَلَ	يُفَاعِلُ	مُفَاعَلَةٌ / فِعَالٌ	مُفَاعِلٌ	مُفَاعَلٌ
4형	أَفْعَلَ	يُفْعِلُ	إِفْعَالٌ	مُفْعِلٌ	مُفْعَلٌ
5형	تَفَعَّلَ	يَتَفَعَّلُ	تَفَعُّلٌ	مُتَفَعِّلٌ	مُتَفَعَّلٌ
6형	تَفَاعَلَ	يَتَفَاعَلُ	تَفَاعُلٌ	مُتَفَاعِلٌ	مُتَفَاعَلٌ
7형	اِنْفَعَلَ	يَنْفَعِلُ	اِنْفِعَالٌ	مُنْفَعِلٌ	-
8형	اِفْتَعَلَ	يَفْتَعِلُ	اِفْتِعَالٌ	مُفْتَعِلٌ	مُفْتَعَلٌ
9형	اِفْعَلَّ	يَفْعَلُّ	اِفْعِلَالٌ	مُفْعَلٌّ	-
10형	اِسْتَفْعَلَ	يَسْتَفْعِلُ	اِسْتِفْعَالٌ	مُسْتَفْعِلٌ	مُسْتَفْعَلٌ

2 과. 분사의 기능

1장. 능동분사의 기능

● 본격적으로 능동 분사의 기능을 살펴보자. 우선 능동분사는 동사에서 파생된 명사(~하는 사람)일 수도 있고 형용사(~하는)일 수도 있다.

명사로 쓰인 분사는 일반 명사와 마찬가지로 동사문의 주어나 목적어, 명사문의 주어나 술어 등으로 다양하게 사용될 수 있다.

형용사로 쓰인 분사 역시 일반 형용사처럼 명사를 수식하는 기능과 명사문의 술어로서의 기능을 모두 할 수 있다. 이 때 주의해야 할 점은 **명사를 수식할 때 일반적으로 피수식 명사가 해당 분사의 의미상 주어**라는 점이다.

(199) أشارت مارفا كورلي كولوبالي، المستشارة الاقتصادية بالمعهد الدولي لدراسات العمل، إلى

أن توفير التكوين للموظفين يمكن أن يؤدي إلى زيادة الأجور بنسبة 14 في المائة، وزيادة الإنتاجية

بنسبة 20 في المائة تقريبا. وعلى العكس من ذلك، فإن الاعتماد على المتعاقدين لفترات قصيرة

يأتي بنتائج عكسية.

http://assabah.ma/254838.html

마르파 코를리 쿨루발리 국제노동연구소 경제자문은 지원들에게 교육을 제공하는 것은 14% 정도의 임금 인상과 약 20%의 생산성 증가를 유발할 수 있지만, 이와 반대로 단기 계약직에 의존하는 것은 반대의 결과로 나오게 된다고 강조했다.

---

(200) احتشد نحو خمسة آلاف شخص في استاد رياضي بالعاصمة، ورددوا شعارات مناوئة

لحكم بوتفليقة وأخرى تدعو لمقاطعة الانتخابات.

http://www.bbc.com/arabic/middleeast/2014/03/140321_algeria_election_protest

수도의 스포츠 경기장에 5천 명 정도가 집결하였고 부테플리카 정권을 반대하는 구호와 선거 보이콧을 촉구하는 구호를 반복했다.

---

(201) قالت وزيرة الرياضة الفرنسية لورا فليسل الخميس "لن نضع منتخب فرنسا في مكان غير

آمن"، في إشارة إلى مكان إقامة الأولمبياد المقرر من 9 إلى 25 فبراير/شباط المقبل في مدينة

بيونغ تشانغ الواقعة على بعد ثمانين كيلومترا عن الحدود مع كوريا الشمالية.

http://sport.aljazeera.net/othersports/2017/9/22/الشتوي-2018-أولمبياد-تهدد-السياسة

목요일 루라 플리슬 프랑스 체육부 장관은 오는 2월 9일~25일 북한 분단선과 80km 떨어진 곳에 위치한 평창에서 개최될 예정인 올림픽 개최지에 대해 지적하면서 우리는 안전하지 않은 장소에 프랑스 국가대표선수를 두지 않을 것이라고 말했다.

● 능동분사는 동사에서 파생됐기 때문에 **주어나 목적어를 가질 수 있다.** 우선 목적어를 가지는 경우가 더 쉬우므로 이를 먼저 보자.

전치사를 동반해야 하는 동사는 전치사를 그대로 쓰고 의미상 목적어를 쓰면 되므로 문제될 것 없다. 반면 일반 타동사의 분사일 경우 분사 뒤에 후 연결어로 목적어를 취하거나, 목적격으로 표기하거나, 전치사 لِ 와 함께 쓰일 수 있다.

---

(202) جدد وزير الخارجية القطري دعم دولة قطر للوساطة الكويتية، مؤكدا ضرورة الحوار بين

جميع الأطراف لحل الأزمة الخليجية.

http://www.aljazeera.net/news/arabic/2017/9/3/الخليجية-الأزمة-يبحثان-وفرنسا-قطر-خارجية-وزيرا

카타르 외무장관은 걸프 사태를 해결하기 위한 모든 당사자 간 대화의 필요성을 강조하면서 카타르는 쿠웨이트의 중재를 지지한다는 것을 재차 강조하였다.

● 이번에는 능동분사가 주어를 가질 경우를 보자. 일반적인 경우에는 앞에서 설명한 바와 같이 피수식 명사가 능동분사의 의미상 주어이지만, 여기서 말하는 주어는 **능동분사가 피수식 명사 이외에 별도의 주어를 가질 경우**이다.

		성 일치	격과 한정 일치	
분사의 목적어	접미인칭 대명사	분사의 의미상 주어	능동분사	피수식 명사
목적격	피수식 명사를 의미	주격	단수 고정 탄원 가능	
خَمْسِينَ مِلْيُونِ نَسَمَةٍ	ـهَا	عَدَدُ سُكَّانِ	الْبَالِغُ	كُورِيَا الْجَنُوبِيَّةُ
인구가 5000만 명에 달하는 한국은				
فِي الْوِلَايَةِ الْأُخْرَى	ـهَا	مَكْتَبَتُ	وَاقِعَةٌ	جَامِعَةٌ
도서관이 다른 주에 위치하는 한 대학교는				
كُورِيَا الْجَنُوبِيَّةَ	ـهُ	بِنْتُ	الزَّائِرَةَ	مُحَمَّدًا
딸이 한국을 방문하고 있는 무함마드를				
x	ـهُ	وِلَايَتُ	الْمُنْتَهِيَةُ	اَلرَّئِيسَ
임기가 끝난 대통령을				

분사의 특징을 보면, **분사의 격과 한정은 피수식 명사에 일치**시키지만, **성은 분사 뒤에 나오는 명사 즉 분사의 의미상 주어에 해당하는 명사에 일치**시켜야 하고 **수는 단수로 고정**이 된다[1].

분사의 의미상 주어에 해당하는 명사의 특징을 보면, 격은 **주격으로 고정**되며 그 뒤에 **피수식 명사와 성/수가 일치하는 대명사가 접미**되어야 한다.

마지막으로 해당 분사가 자동사에서 만들어진 경우 목적어가 필요하지 않거나 경우에 따라 전치사구만 나오면 되지만, **타동사에서 만들어진 경우 목적어를 목적격으로 놓아주면 된다.**

---

[1] 분사의 주어가 불규칙 복수의 형태를 취하고 있다면 분사도 복수형으로 쓸 수도 있지만 단수로 써도 되기 때문에 이 부분은 무시해도 무방하다.

(203) أكد فيجايان إجلاء أكثر من 223 ألف شخص إلى 1500 ملجأ، معلنا حالة التأهب القصوى في الولاية البالغ عدد سكانها 33 مليون نسمة، مناشدا الجميع اتخاذ أقصى درجات الحذر.

http://www.aljazeera.net/news/international/2018/8/18/آلاف-الضحايا-بفيضانات-القرن-في-الهند

비자얀은 주민 수가 3천3백만명에 달하는 주에 최고비상사태를 선포하면서 모두에게 최고 수준의 경계를 당부했고, 22만 3천명 이상의 사람들을 1500개의 피난소로 대피시켰다고 강조하였다.

---

(204) قال غوتيريش إن ما يقرب من نصف سكان إدلب حاليا والبالغ عددهم 2.9 مليون شخص، بينهم نحو مليون طفل جاءوا إليها بحثا عن ملاذ آمن بعد أن أجبرهم القتال على الهروب من أماكن أخرى من البلاد، وليس لديهم مكان آخر يذهبون إليه.

https://news.un.org/ar/audio/2018/09/1016632

구테흐스는 현재 이들립 지역의 100만명의 아이들을 포함한 인구 290만 명의 약 절반은 전투가 그들을 시리아의 다른 지역에서 도망치게 떠민 이후 안전한 피난처를 찾기 위해 이곳으로 왔으며, 그들에게 갈 수 있는 다른 장소는 없다고 말했다.

---

(205) في الأثناء، تتواصل عمليات فرز الأصوات في الانتخابات الرئاسية التي تنافس فيها 7 مرشحين أبرزهم الرئيس المنتهية ولايته الذي يطمح للفوز بولاية سادسة مدتها 6 سنوات.

www.aljazeera.net/news/politics/2021/4/12/تشاد-السلطات-تفرج-عن-قادة-معارضين

한편, 7명의 후보자가 경쟁한 대통령 선거 개표 작업이 진행중이며, 그 중 임기가 끝나는 대통령이 가장 선두로 나타나고 있으며, 그는 6년 임기의 6선을 쟁취하고자 열망하고 있다.

---

(206) غير أن النص يركز أيضًا على الصلات بين هذا التراجع في التنوع الحيوي والتغير المناخي، وهما مساران يتفاقمان جراء العوامل عينها أحيانا، خصوصًا النموذج الزراعي في هذا العالم الآخذة أعداد سكانه بالازدياد. وقال رئيس المنتدى الحكومي الدولي للعلوم والسياسات المعني بالتنوع البيولوجي وخدمات النُظم الإيكولوجية، روبرت واتسون، أخيرًا لوكالة «فرانس برس»: «علينا الإقرار بأن التغير المناخي وفقدان الطبيعة لهما الأهمية عينها، ليس على البيئة فحسب بل أيضًا في مسائل اقتصادية وتنموية»، داعيًا إلى «تحول» في إنتاج المواد الغذائية والطاقة.

http://alwasat.ly/news/science-technology/243019

하지만 본문은 또한 이러한 생물의 다양성과 기후변화 사이의 연관성에 집중하고 있다. 이 둘은 때론 동일한 요소로 인해 악화일로에 있는데, 특히 인구가 증가하고 있는 이 세계의 농업 방식이 이에 해당한다. 그리고 생물 다양성 및 생태계 서비스(Ecosystem services) 관련 과학 및 정책 정부간 국제포럼의 의장 로버트 와트슨은 최근 AFP와의 인터뷰에서 식량과 에너지 생산방식의 전환을 촉구하면서 "우리는 기후변화와 자연의 손실은 환경뿐만 아니라 경제와 개발의 문제에도 동일한 중요성을 가진다는 것을 인정해야 한다"라고 말했다.

2장 수동분사의 기능

● 수동분사도 능동분사와 마찬가지로 명사 및 형용사로 사용되며 그 활용도 다르지 않다. 즉, 동사문의 주어 및 목적어, 명사문의 주어 및 술어로서 모두 활용된다.

---

(207) قال شتوس "إذا تفاقم الوضع ولم تكن سلامة رياضينا **مؤمنة**، فلن نذهب إلى كوريا الجنوبية.

السياسة-تهدد-أولمبياد-2018-الشتوي/http://sport.aljazeera.net/othersports/2017/9/22

쉬투스는 "만약 상황이 악화되고 우리 선수들의 안전이 보장되지 않는다면, 우리는 한국으로 가지 않을 것이다"라고 말했다.

---

(208) أعلن هاشم بن عبدالله يماني، رئيس مدينة الملك عبدالله للطاقة الذرية والمتجددة، وهي الهيئة الحكومية **المسؤولة** عن الخطط النووية، عن عزم بلاده استخراج اليورانيوم سعيا لتحقيق الاكتفاء الذاتي في إنتاج الوقود النووي.

https://alarab.co.uk/ https://alarab.co.uk/الطاقة-النووية-من-الكهرباء-توليد-رحلة-تبدأ-السعودية

핵 개발 책임 정부기관인 킹 압둘라 원자력 및 재생가능에너지 시티의 수장인 하심 빈 압둘라 야마니는 핵 연료 생산의 자급자족 실현을 추구하기 위해 우라늄 채굴을 하고자 결정하였다고 밝혔다.

---

(209) قال التلفزيون الرسمي لكوريا الشمالية إن الزعيم كيم جونغ أون أمر بتجربة قنبلة هيدروجينية **معدة** لوضعها على صاروخ بالستي عابر للقارات، مضيفا أن التجربة "حققت نجاحا كاملا".

http://www.aljazeera.net/news/international/2017/9/3/اليابان-كوريا-السمالية-أجرت-تجربة-نووية-سادسة

북한 공영TV는 김정은 주석은 대륙간 탄도 미사일에 탑재할 준비가 된 수소폭탄실험을 지시하였고, 그 실험은 완전히 성공적이라고 말했다.

● 수동형은 원칙적으로 타동사일 경우에 변환이 가능하다. 하지만 **자동사가 전치사를 수반하여 의미상 목적어를 가질 경우 수동형으로 변할 수 있다.**

이런 동사들이 수동분사가 되면 **수동분사 자체의 형태는 반드시 남성 단수** 형태로 써야 하며, **수동태의 실제 성과 수는 항상 수반되는 전치사 뒤에 접미 인칭대명사로 표시**해야 한다.

목적어	주어	동사(능동태)
عَلَى الْمَرْأَةِ	الْقَاضِي	حَكَمَ
그 판사는 그 여자에게 선고하였다.		

⇩

전치사+(피수식 명사를 의미하는)대명사	수동분사	피수식 명사
عَلَيْهَا	الْمَحْكُومُ	الْمَرْأَةُ
선고된 그 여자		

---

(210) قالت الشركة إن جزءاً من أنسجة المقاعد في الموديلات التي تواجه تلك المشكلة يمكن أن تحترق بشكل أسرع من المعدلات المسموح بها في الولايات المتحدة.

http://www.bbc.com/arabic/business/2014/01/140131_toyota_halts_us_models_sales

회사는 그 문제를 겪고 있는 모델들의 좌석 시트 일부를 미국에서 허용된 평균보다 더 빠르게 불에 탈 수 있다고 말했다.

---

(211) أضاف أن "الأموال المفرج عنها ستكون حاسمة لاستمرار جهودنا، إلى حين الحصول على مزيد من الدعم من المانحين."

http://www.unmultimedia.org/arabic/radio/archives/270364/#.WjpvV_5G1PY

그는 출원된 금액은 후원자들로부터 더 많은 지원을 얻을 때까지 우리 노력을 지속하는 데 필수가 될 것이라고 덧붙였다.

---

(212) تتماشى أهداف المنتديات مع الأولويات الوطنية المنصوص عليها في خطة التنمية الوطنية للبلاد للفترة 2017-2021، وجهود عمليات المصالحة الوطنية التي أطلقتها الحكومة الاتحادية في الصومال.

https://news.un.org/ar/story/2018/08/1014212

포럼의 목적은 2017-2021 국가개발계획에 규정된 국가 우선순위 그리고 소말리아 연방 정부가 발족한 국가 조정 작업의 노력과 맥을 같이 한다.

---

(213) أعرب أعضاء مجلس الأمن عن الحاجة لمواصلة متابعة التطورات عن كثب واستمرار الشفافية في الإبلاغ عن جميع الحالات المشتبه فيها والمؤكدة.

https://news.un.org/ar/story/2018/08/1015622

안보리 회원국은 가까이에서 지속적으로 동향을 주시할 필요성과 의심스럽고 확실한 모든 상황 보고의 지속적인 투명성을 역설하였다.

● 아래의 표는 자주 사용되는 비인칭 수동분사이며 전치사 뒤에 있는 대명사가 그 분사의 성과 수를 의미한다는 것을 잊지 말자.

مُرَحَّبٌ بِهِ	환영받는	مُتَّفَقٌ عَلَيْهِ	합의된	مَجْنِيٌّ عَلَيْهِ	피해받은
مُوَافَقٌ عَلَيْهِ	합의된	مَوْثُوقٌ بِهِ	신뢰받는	مَعْثُورٌ عَلَيْهِ	발견된
مَحْكُومٌ عَلَيْهِ	선고받은	مَأْخُوذٌ بِهِ	채택된	مَحْصُولٌ عَلَيْهِ	얻어진
مَسْمُوحٌ لَهُ بِ	허락되는	مُزْمَعٌ عَنْهُ	예정된		

● 수동분사도 능동분사처럼 **피수식 명사 이외에 별도의 주어**를 가질 수 있다. 내용은 능동분사와 동일하지만 학습의 편의상 동일한 형태의 내용을 아래에 삽입하였다.

성 일치 → 격과 한정 일치 →

분사의 목적어 (필요시)[1]	접미인칭 대명사	분사의 의미상 주어	수동분사	피수식 명사
목적격	피수식 명사를 의미	주격	단수 고정 탄원 가능	
فِي الشَّهْرِ الْمُقْبِلِ	ـهُ	إِجْرَاؤُ	الْمُقَرَّرُ	اَلْإِجْتِمَاعُ
다음달에 시행이 예정된 회의				
فِي سِيُول	ـهُ	عَقْدُ	الْمُزْمَعُ	اَلْمُنْتَدَى
서울에서 개최가 예정된 포럼				
مُتَطَرِّفًا	ـهَا	رَئِيسُ	الْمُعْتَبَرُ	اَلدَّوْلَةُ
대통령이 극단적이라고 여겨지는 국가				
لِكُورِيَا الشَّمَالِيَّةِ	ـهَا	بَيْعُ نِفْطِ	الْمَمْنُوعُ	اَلدُّوَلُ
북한으로 석유 판매가 금지된 국가들				

● 분사의 특징을 보면, **분사의 격과 한정은 피수식 명사에 일치**시키지만, **성은 분사 뒤에 나오는 명사 즉 분사의 의미상 주어에 해당하는 명사에 일치**시켜야 하고 **수는 단수로 고정**이 된다[2].

분사의 의미상 주어에 해당하는 명사의 특징을 보면, 격은 **주격으로 고정**되며 **피수식 명사와 성/수가 일치하는 대명사를 접미**시켜야 한다.

마지막으로 해당 수동분사가 일반 타동사에서 파생될 경우 목적어가 필요하지 않거나 경우에 따라 전치사구만 나오면 되지만, **복수 목적어 타동사일 경우 제 1 목적어를 의미상 주어로 놓고 제 2 목적어를 목적격**으로 놓아주면 된다.

---

[1] 수동분사가 목적어를 갖기 위해서는 그 분사가 복수 목적어 타동사에서 만들어져야 가능하다. 단순 타동사는 수동형이 되면 능동태의 목적어가 수동태의 주어가 되기 때문에 수동문장에는 목적어가 없다.

[2] 분사의 주어가 불규칙 복수의 형태를 취하고 있다면 분사도 복수형으로 쓸 수도 있지만 단수로 써도 되기 때문에 이 부분은 무시해도 무방하다.

(214) انتقدت الحكومة السورية تحذير المبعوث الدولي، الأخضر الإبراهيمي، من الآثار المحتملة لانتخابات الرئاسة المزمع إجراؤها في سوريا خلال أشهر على جهود إحلال السلام.

http://www.bbc.com/arabic/middleeast/2014/03/140314_syria_brahimi_election_criticism

시리아 정부는 알 아크다르 이브라히미 유엔특사가 수 개월간 시리아에서 진행될 예정인 대통령 선거가 평화 정착 노력에 미칠 잠재된 영향에 대해 경고한 것을 비난하였다.

(215) يرى مراقبون أن فوز بوتفليقة في الانتخابات، المقرر إجراؤها في 17 أبريل/ نيسان المقبل، مسألة شبه محسومة في ظل الدعم الذي يحظى به من حزب جبهة التحرير الوطني الحاكم وفصائل الجيش ونخبة من رجال الأعمال.

http://www.bbc.com/arabic/middleeast/2014/03/140321_algeria_election_protest

감독관들은 오늘 4월 17일 예정된 선거에서 부테플리카가 승리하는 것은 그가 국가해방전선 집권여당과 군 세력 그리고 사업가 엘리트들로부터 받고 있는 지지를 감안할 때 거의 기정사실이나 다름없다.

(216) قالت المتحدث باسم القصر الرئاسي، اليوم الأربعاء، إنه تم إدراج اليمنيين ضمن قائمة الدول الممنوع دخول رعاياها إلى جزيرة جيجو بدون تأشيرة، وبداية من الشهر الجاري يمنع دخولهم دون تأشيرة.

https://arabic.rt.com/middle_east/951575-أزمة-في-جيجو-بعد-حضر-كوريا-الجنوبية-دخول-اليمنيين-إلى-الجزيرة-دون-تأشيرة/

오늘 수요일 청와대 대변인은 예멘인들이 제주도로 무비자 입국이 금지되는 국가 리스트에 포함되었으며, 이달부터 예멘인들의 무비자 입국이 금지된다고 말했다.

(217) تهدف الاجتماعات إلى التوصل إلى اتفاق حول تشكيل لجنة ستساعد في صياغة دستور سوري جديد. كما سيقوم مجلس الأمن الدولي، في اجتماع مقرر عقده في 20 سبتمبر، بمراجعة تقرير المبعوث الخاص حول التقدم نحو تشكيل لجنة دستورية.

https://news.un.org/ar/story/2018/09/1015982

회의들은 시리아의 새로운 헌법 규정에 도움을 줄 위원회 구성에 대한 합의에 도달하는 것을 목표로 한다. 또한 안보리는 9월 20일 예정된 회의에서 헌법 위원회 구성으로의 진전에 대한 특사의 보고서를 검토할 것이다.

6단원. 관계 대명사

1과. 선행사를 필요로 하는 관계 대명사

1장. 성, 수, 격에 따른 변화 형태

	단수	쌍수(주격)	쌍수(소유/목적격)	복수
남성	اَلَّذِي	اَللَّذَانِ	اَللَّذَيْنِ	اَلَّذِينَ
여성	اَلَّتِي	اَللَّتَانِ	اَللَّتَيْنِ	اَللَّاتِي، اَللَّوَاتِي

2장. 관계 대명사의 활용 방법

● 단순 형용사로 한정 명사를 수식할 때 형용사에 관사를 붙이는 것과 마찬가지로 **문장 자체를 하나의 형용사처럼 사용하여 한정 명사를 수식할 때에는 문장 앞에 관계 대명사가 놓이게 된다.** 이 때 **수식을 받는 명사를 선행사**라고 한다.

관계 대명사를 쓸 때 가장 주의해야 하는 부분은 **관계절 안에 선행사에 해당하는 대명사가 반드시 있어야 한다는 점이다. 단, 선행사와 관계절의 주어가 일치할 경우에는 대명사가 생략될 수 있다.**

한편, 꼭 선행사와 관계 대명사가 붙어있어야 하는 건 아니며 그 사이에 다른 단어들이 나와도 된다. 하지만 **그 거리가 멀어질 경우 보통 관계 대명사 앞에 و 를 추가**해줄 수 도 있지만 이는 선택사항이다.

---

(218) بعد السير في شوارع ضيقة ضعيفة الإضاءة، وصلنا إلى منزل أسرة النمنم في مخيم الشاطئ غرب مدينة غزة. في المنزل الصغير الذي لا تتجاوز مساحته 60 مترا يقيم 14 فردا. تحدث أفراد الأسرة عن مشاكلهم. الأم التي تخاف أن يسافر ابنها الأكبر ويترك الأسرة فيما يعاني زوجها من مشاكل صحية، الابن الشاب الذي يحلم بالخروج من غزة سعيا وراء حلم الحياة الأفضل له ولأسرته. والابنة المتعثرة في المدرسة وعلى وشك أن تتركها، والأب الذي يقول إن أي وقف محتمل للدعم المقدم من الأونروا سيكون مثل الحكم بالإعدام بالنسبة له.

https://news.un.org/ar/audio/2019/01/1024792

좁고 빛이 옅게 비춰진 거리를 지난 뒤 우리는 가자 지구 서부 샤띠 텐트촌에 위치한 남남의 집에 도착했다. 면적이 60(평방)미터가 넘지 않는 작은 집에서 14명의 가족 구성원이 머물고 있다. 가족 구성원은 그들의 문제점들을 이야기했다. 남편이 건강상 문제를 겪고 있는 와중에 큰 아들이 멀리 나가 집을 떠날 까봐 걱정인 엄마, 자신과 가족에 더 나은 삶을 꿈꾸기 위해 가자 지구를 떠나길 희망하는 다 큰 아들, 학교에서 방황하고 곧 학교를 그만 둘 예정인 딸, UNRWA(=유엔 팔레스타인 난민 구호 사업 기구)로부터 제공받는 지원의 잠재적 중단은 자신에게 사형선고와 다름없다고 말하는 아빠.

https://news.un.org/ar/story/2019/01/1024742

(219) كانت الأمم المتحدة قد رحّبت مؤخرا بمشاركة المعارضة البنغلادشية في الانتخابات العامة "لأول مرة منذ عشر سنوات"؛ لكنها عبرت أيضا عن "الأسف إزاء الخسائر في الأرواح والإصابات التي لحقت بالمرشحين والناخبين خلال الحملة الانتخابية وفي يوم الانتخابات."

유엔은 최근 방글라데시 야당이 10년 이래 처음으로 총선에 참여한 것을 환영하였다. 하지만 선거 캠페인 기간 동안과 선거 날에 입후보자와 유권자들이 사망하거나 부상을 입은 것에 대해서는 유감을 표하였다.

(220) أشارت دراسة حديثة إلى أن السبب الرئيسي الذي يحمل أبناء جيل الألفية على ترك وظائفهم هو اعتراضهم على الثقافة التنظيمية للشركة (أي القيم والمبادئ والمعايير السائدة في الشركة والتي تعكسها سلوكيات أفرادها).

http://www.bbc.com/arabic/vert-cap-45973597

최신 연구는 밀레니엄 세대의 아이들로 하여금 일자리를 그만두게 떠미는 주요 이유는 그들이 개개인의 행동양식과 반하는 기업의 조직문화 즉 기업 내 만연한 가치, 원칙, 기준들을 거부하기 때문이라고 지적했다.

(221) في مقابلة مع التلفزيون السوداني، قال موسى إن الدولة متماسكة رغم الظروف الراهنة التي تمر بها، وإن هناك عددا من الإجراءات المؤقتة يتم تنفيذها حاليا لاحتواء الضائقة التي يعاني منها المواطن. ووصف موسى الاقتصاد السوداني بأنّه قوي ولا يحتاج إلى أي إعانات.

https://www.aljazeera.net/news/politics/2019/1/6/السودان-التظاهر-التخريب

수단TV와의 인터뷰에서 무사는 국가에서 벌어지는 현재의 상황에도 불구하고 수단은 견고하다고 말했고, 국민들이 겪고 있는 불편을 해소하기 위해 현재 시행중인 다수의 임시 조치들이 존재한다고 말했다. 그리고 무사는 수단의 경제에 대해 강하고, 어떠한 도움도 필요치 않는다고 묘사하였다.

(222) هناك عدد من التحديات. أولاً، يتعين على الفرق الوبائية تحديد هؤلاء الأشخاص، ومعرفة مكان وجودهم. قد لا يكونون في نفس القرية، قد يكونون في مكان آخر. بعد ذلك، يذهب المعنيون بعمليات التعبئة والحشد أولاً إلى تلك القرية ويشرحون كيفية إجراء عمليات التطعيم قبل أن يأتي فريق التطعيم والذي يحتاج أيضا إلى الموافقة من قبل الأهالي لأن التطعيم ليس إلزامياً فهو طوعي.

https://news.un.org/ar/audio/2018/05/1009381

많은 도전과제가 있다. 우선 역학조사 팀은 이 사람들을 특정해야 하고 그들이 머무는 장소를 알아야 한다. 같은 마을에 있지 않고 다른 지역에 있을 수 있다. 그 후에 환자 수색 작업 관계자(=환자들 찾아서 입원시키는 역할을 하는 담당자)가 먼저 그 마을로 가서 예방접종 팀이 도착하기 전에 예방접종 실시 방법을 설명한다. 예방접종을 시행하는 것은 의무가 아닌 자율사항이기 때문에 가족의 동의를 필요로 한다.

(223) هذا وتواصل الأمم المتحدة وشركاؤها في المجال الإنساني الاستجابة للاحتياجات في إدلب وفي شمالي غربي سوريا، بالاعتماد على عمليات تسليم المساعدات عبر الحدود من تركيا، والتي توفر شريان حياة حيوي لمئات الآلاف من المدنيين الذين لا يمكن الوصول إليهم بوسائل أخرى.

https://news.un.org/ar/story/2018/09/1015982

아울러 유엔과 인도적 분야 파트너들은 터키 국경선을 통한 구호품 제공 작업에 의존하여 이들 립과 시리아 북서부 지역의 (구호)요구에 계속해서 대응하고 있다. 구호품은 다른 수단으로는 도달할 수 없는 수 십만 명의 시민들에게 필수적인 생명선을 제공한다.

● 위와 같이 관계절에 동사문만 사용되는 것이 아니라 명사문도 사용될 수 있다. 이 때, **선행사에 해당하는 대명사를 관계절에 써줘야 한다**는 사실을 잊으면 안 된다.

(224) أشار سمو الشيخ ناصر بن حمد آل خليفة أن المنافسة الشريفة ستكون العنوان الأبرز للبطولة التي لها انعكاسات إيجابية عديدة على مملكة البحرين، وأن تواجد الجماهير مكسب لتشجيع المشاركين من أجل إثراء البطولة في سباقاتها الثلاثة وهي السباحة والدراجات والجري والتي سيشارك فيها نخبة من أبطال الرياضة بينهم أسماء كبيرة ولامعة في عالم رياضة الترايثلون وعدد من الشباب البحريني.

https://www.bna.bh/.aspx?cms=q8FmFJgiscL2fwIzON1%2BDnQ9Vto2T6XtMdEWUwpBg08%3D

나세르 빈 하마드 알 칼리파는 공정한 경쟁은 바레인 왕국에 많은 긍정적 영향을 미치는 챔피언십의 가장 두드러진 특징이 될 것이고, 많은 관중은 (수영, 자전거, 달리기) 3종 경기 챔피언십을 풍성하게 하기 위해 참가자들을 독려하는 데 도움이 되며, 트라이애슬론(=철인3종경기) 세계의 유명 인사들과 다수의 바레인 청년들이 경기에 참여한다고 강조했다.

(225) أشارت الجمعية في بيانها أن "هذا يمكن أن يكون خطوة جيدة فقط عن طريق فتح ممرات جديدة لجبل طارق، الذي هو في أمس الحاجة إلى تعزيز للسائحين ومجتمع رجال الأعمال".

http://ar.le360.ma/economie/146757

협회는 성명에서 "이것은 지브롤터의 새로운 길을 개통하는 것을 통해서만 좋은 발걸음이 될 수 있으며, 관광객들과 사업가들을 위해 이 개통은 확정되는 것을 간절히 필요로 한다"고 지적했다.

(226) في 9 نيسان/أبريل توجه الناخبون الإسرائيليون إلى صناديق الاقتراع للإدلاء بأصواتهم في انتخابات عامة طال انتظارها ودار حولها كثير من الجدل. التصويت كان استفتاء على منصب رئيس الوزراء المحافظ بنيامين نتانياهو، الذي هو على وشك أن يصبح رئيس الحكومة الأطول حكما في تاريخ البلاد.

https://www.alhurra.com/a/489187/-الفلسطينية-للقضية-حدث-ماذا.html

4월 9일에 이스라엘 유권자들은 오랫동안 기다려왔고 수많은 논란이 있던 총선에 투표하기 위해 투표소로 향했다. 이 투표는 보수성향의 베냐민 네탸냐후 총리직에 대한 국민투표였으며, 그는 곧 이스라엘 역사 상 통치기간이 가장 긴 정부의 수장이 되기 직전이다.

---

(227) أصدر حزب آفاق تونس اليوم الأربعاء 24 أبريل 2019 بيانا يؤكد فيه متابعته للوضع الذي آلت إليه شركة الخطوط الجوية التونسية التي هي بصدد المرور ب"فترة سوداء" طال عليها انهيار في مستوى الخدمات وتعطيلات من شأنها أن تمس من مصداقية المؤسسة ومن سمعتها.

http://www.alderaah-news.net/arab/4667238/السياحي-الموسم-لإنقاذ-إستعجالية-خطة-وضع-إلى-يدعو-تونس-آفاق-تونس

오늘 2019년 4월 24일 수요일 튀니지 비전당은 튀니지 항공사가 마주한 상황을 주시하고 있다는 내용을 강조하는 성명을 발표했다. 이 항공사는 서비스 수준의 악화와 고장이 장기화된 암흑기를 지나고 있으며, 이는 기관의 신뢰도와 명성에 먹칠을 하고 있다.

● 관계 대명사는 ٱلْأَمْرُ ٱلَّذِي 의 구조를 이용해서 앞문장 전체에 대한 부연을 이끌 수 있다. 그래서 이 구조가 나오면, '이(=앞문장)는 ~ 이다' 라고 해석해주면 된다.

이 때 문장 구조상 주어에 해당하는 명사는 앞문장 전체를 의미하고 별도의 대명사를 쓰지 않아도 된다. 만약 쓴다면 هُوَ 나 ذَلِكَ 가 사용될 수 있다. 그리고 ٱلْأَمْرُ 가 서술어에 해당하는 명사문 구조이다.

---

(228) أشار إلى أن المحاكم العسكرية الإسرائيلية استمرت في فرض الغرامات المالية الباهظة على الأسرى الأطفال، وذلك ضمن سياسة مبرمجة ومعتمدة، الأمر الذي يشكل عبئا على ذويهم في ظل الأوضاع الاقتصادية المتدهورة.

https://www.youm7.com/story/2019/1/7/4096226/خلال-قاصرين-لأطفال-اعتقال-حالة-980-للدراسات-فلسطين-أسرى-مركز

그는 이스라엘 군사 법원은 프로그램 되고 승인된 정책에 따라 계속해서 어린 수감자들에게 막대한 벌금을 부과했으며, 이는 몰락하는 경제 상황 하에서 이들의 가족들에게 부담을 준다고 지적했다.

(229) يحق للسلطات المصرية بموجب حالة الطوارئ مراقبة الصحف ووسائل الاتصال

والمصادرة، وتوسيع صلاحيات الجيش والشرطة في فرض الإجراءات التأمينية والتفتيش، والإحالة

إلى محاكم استثنائية وإخلاء مناطق وفرض حظر تجول في مناطق أخرى، وفرض الحراسة

القضائية، الأمر الذي يتسبب باستمرار في انتقادات حقوقية للسلطات المصرية.

مصر-السيسي-الطوارئ-الدستور-تمديد/http://www.aljazeera.net/news/politics/2019/4/25

이집트 당국은 비상사태에 따라 언론과 통신을 감시하고 몰수할 권한, 안보적 조치와 검열을 함에 있어 군경의 전권을 확대할 권한, 특별 법원으로 이관할 권한, 지역들을 소개하고 타 지역에서의 통행금지를 부과할 권한, 사법 경비대를 배치할 권한이 있다. 이는 지속적으로 이집트 당국에 대한 인권적 비판을 유발하고 있다.

** محاكم استثنائية 는 이집트에 존재하는 법원 종류 중 하나이며, 보통 정치인이나 쿠데타 등을 판결할 때 사용되며 정상적인 절차를 무시한 채 속전속결로 재판을 진행시키는 특별한 성격을 지니고 있다.

● 한편, 관계 대명사는 흔히 사용되지는 않지만, 자체적으로 선행사 없이 명사로 쓰일 경우도 있으며 이때 해석은 '~한 사람/것'으로 하면 된다.

(230) قال مسؤول في الشرطة لوكالة أنباء فرانس برس إن الشرطة تلقت بلاغا بوقوع إطلاق نار

صباح الجمعة طال سبعة أشخاص. وأضاف المسؤول أن جميع الذين طالهم الحادث رجال.

وقال شهود عيان لصحيفة لوس أنجيليس تايمز إن عراكا نشب في صالة الألعاب.

http://www.bbc.com/arabic/world-46769300

경찰 관계자는 AFP에 경찰은 금요일 아침에 7명의 사상자를 낸 총격 사건이 발생했다는 신고를 받았다고 말했으며, 그 사건에 휩싸인 사람 모두는 남성이라고 덧붙였다. 목격자는 LA타임즈에 게임장에서 다툼이 있었다고 말했다.

3장. 관계 대명사의 생략

● 형용사로 비한정 명사를 수식할 때 형용사에 관사를 붙이지 않는 것과 마찬가지로 **관계 대명사도 선행사가 비한정일 경우 생략되어야 한다.** 다만, 간혹이긴 하지만 비한정 선행사와 관계절이 바로 붙어있지 않을 경우에 관계사 앞에 و 를 추가한 형태로 생략하지 않는 것도 가능하다.

(231) يرى بعض المحللين أنه ومع الأخذ بهذه الأوضاع الشتوية القاسية في الاعتبار، فإن الطلب

على المركبات التي تحوي مقاعد بها أجهزة تدفئة بدأ يتزايد.

http://www.bbc.com/arabic/business/2014/01/140131_toyota_halts_us_models_sales

몇몇 분석가들은 극심한 겨울 상황을 생각해서 온열장치가 내장된 좌석을 구비한 차량에 대한 수요가 증가하기 시작했다고 보고 있다.

(232) وافق الأسد على التخلي عن أسلحته الكيمياوية مما جنب سوريا هجوما صاروخيا هددت

الولايات المتحدة بأن تقوده بعد هجوم بالغاز السام في 21 اغسطس آب خارج دمشق أودى

بحياة المئات.

http://www.bbc.com/arabic/middleeast/2014/02/140214_syria_un_humanitarian_crisis

아사드는 화학무기 포기를 합의하였고 이는 시리아를 미사일 공격에서 벗어나게 만들었다. 이 미
사일 공격은 8월 21일 다마스커스 밖에서 수 백 명의 사망자를 낸 독성가스 공격 이후 미국이
주도하고 있다.

---

(233) أضاف المتحدث أن قذيفة هاون أطلقتها "مجموعة مسلحة مجهولة الهوية" أصابت

أيضا مستودعا تابعا للبرنامج في مدينة الحديدة يسع لكمية من الطعام تكفي لمساعدة أكثر من 19

ألف شخص من المحتاجين.

https://news.un.org/ar/audio/2018/09/1016852

대변인은 신원불명의 무장단체가 발사한 박격포는 호데이다 지역에 위치한 유엔세계식량계획
(=World Food Programme) 소속의 창고에 피해를 입혔으며, 이 창고는 만 9천 명 이상의 도움을 필요
로 하는 사람들을 지원하기 충분한 음식의 양을 보관하고 있다고 덧붙였다.

---

(234) يحكم البشير البلاد منذ 1989، وإذا لم يتغير الدستور فلن يكون بإمكانه الترشح مرة

أخرى، بعد الفوز بفترتين رئاسيتين متعاقبتين. وينص التعديل الدستوري الذي دخل حيز التنفيذ

في 2005 على أن الرئيس لا يجوز له الترشح بعد الفوز بمدتين رئاسيتين متعاقبتين، واللتين

ستنتهيان في 2020.

http://www.bbc.com/arabic/middleeast-46449787

바시르는 1989년부터 수단을 통치하고 있다. 헌법이 바뀌지 않는다면 그는 연속 두 차례의 대선
승리 이후 재차 입후보할 수 없을 것이다. 2005년 시행된 헌법 개정안은 대통령은 두 차례 연속
재임한 후 입후보할 수 없다고 규정하고 있으며, 이 임기는 2020년에 끝날 예정이다.

---

(235) أضاف "في عدن رأيت أطفالا يعانون من سوء التغذية، وبالكاد يستطيعون فتح عيونهم".

يذكر أن الضغوط الدولية دفعت السعودية لتعليق عملياتها العسكرية في اليمن، لكن اشتباكات

متفرقة وقعت منذ الإعلان عن هدنة هشة في 13 نوفمبر/تشرين ثاني.

http://www.bc.com/arabc/middleeast-46412560

그는 "나는 아덴에서 영양실조에 고통받고, 간신히 눈을 뜰 수 있는 아이들을 보았다"고 덧붙였
다. 국제 압박은 사우디가 예멘에서의 군사 작전을 중단하도록 만들었다라고 전해진다. 하지만
11월 13일 부숴지기 쉬운 휴전선언 이후 산발적인 교전이 발생했다.

(236) كانت المريضة التي نفذت عليها التجربة امرأة من اليونان، تبلغ من العمر 32 عاما،
وأجرت عملية التلقيح الصناعي أربع مرات دون جدوى.

http://www.bbc.com/arabic/science-and-tech-47896562

실험이 실시된 환자는 32세이며 4차례의 무의미한 인공수정을 시도했던 그리스 출신 여성이었다.

---

(237) أقر البرلمان المصري تعديلات دستورية تشمل تمديد فترة ولاية الرئيس عبد الفتاح
السيسي الحالية إلى ست سنوات، والسماح له بالترشح بعدها لفترة جديدة مدتها ست سنوات
أخرى تنتهي في 2030.

http://www.bbc.com/arabic/middleeast-47946885

이집트 의회는 압둘 파타흐 시시 현 대통령의 임기를 6년으로 연장하는 것과 현 임기 이후 2030
년에 끝나는 새로운 6년 임기를 위해 입후보하도록 허락하는 것을 포함하는 헌법 개정안을 의결
했다.

---

(238) جاء إقرار مجلس النواب للتعديلات الدستورية المقترحة في نهاية جلسته العامة اليوم
الثلاثاء بموافقة 531 عضوا من إجمالي 554 عضوا حضروا جلسة التصويت النهائية الثلاثاء،
بينما رفضها 22 عضوا وامتنع عضو واحد فقط عن التصويت.

http://www.bbc.com/arabic/middleeast-47946885

국회가 발의된 헌법 개정안을 의결한 것은 오늘 화요일 총회 막바지에 최종 표결에 참석한 총
554명의 의원 중 531명이 동의하면서 진행되었다. 반면, 22명은 이에 반대하였고 단 한 명만이
투표를 기권했다.

---

(239) في مطلع فبراير/شباط الماضي، اقترح 155 نائبا، معظمهم ينتمي إلى ائتلاف "دعم مصر"
البرلماني المؤيد للسيسي، تلك التعديلات. ومر المقترح بعدة مراحل من بينها حوار مجتمعي شمل
ممثلين عن أحزاب سياسية معارضة.

http://www.bbc.com/arabic/middleeast-47946885

지난 2월 초, 155명의 의원이 저 개정안을 제안했으며, 이들 중 대부분은 시시를 지지하는 '이집
트 지지'의원 연합에 소속되어있다. 그 제안은 야당 대표들을 포함하는 사회적 대화를 비롯한 여
러 단계를 거쳤다.

---

(240) من نتائج قرارات الإغلاق، تكبدت مجموعة فنادق "أكور" الفرنسية خسارة صافية قدرها
ملياري يورو تقريبا العام الماضي، وشهدت تراجعًا في نشاطها بنسبة 60%.

www.aljazeera.net/news/politics/2021/2/24/كورونا-الوفيات-تتجاوز-عالميا

폐쇄 결정의 결과로 프랑스의 오쿠르 호텔 그룹은 작년에 약 20억 유로의 순손실을 입었으며, 운
영이 60% 정도 하락했다.

2과. 선행사를 포함하는 관계 대명사

1장. مَنْ 과 مَا 의 용법

● 선행사를 포함한다는 것의 의미를 보면, مَنْ 은 ٱلشَّخْص ٱلَّذِي 와 그 의미와 기능이 똑같고 مَا 는 ٱلشَّيْء ٱلَّذِي 와 그 의미와 기능이 똑같다. 즉, مَا 과 مَنْ 는 그 안에 각각 선행사에 해당하는 ٱلشَّيء 와 ٱلشخص 를 포함한다는 것을 의미한다.

그리고 مَنْ 은 관계절 동사의 성과 수를 상황에 맞게 변화시킬 수 있지만, ما 는 남성 단수로만 쓰일 수 있다.

한편, مَا 와 مَنْ 의 경우 관계절 내에 숨어있는 선행사에 해당하는 대명사를 반드시 표기할 필요는 없지만 표기하는 것이 일반적이다. 다만, 의미상 목적어를 표기하기 위해 **전치사의 도움을 받아야 하는 동사가 관계절에 나오고 숨어있는 선행사가 의미상 목적어에 해당할 경우 전치사 뒤에 대명사를 반드시 써줘야 한다.**

---

(241) قالت السلطات المسؤولة عن شؤون اللاجئين في وزارة الداخلية الجزائرية الأربعاء إن السوريين الذين وصلوا من جهة الجنوب مؤخراً يشتبه أنهم ينتمون لجماعات مسلحة هزمت في الحرب الأهلية في سوريا، وهو مَا يشكل تهديداً أمنياً على البلاد، وهو مَا نفته المنظمة الدولية. وانتقدت المفوضية العليا لشؤون اللاجئين التابعة للأمم المتحدة قرار المنع، قائلةً إن مَن أعيدوا إلى عرض الصحراء هم لاجئون مسجلون وليسوا مسلحين مشتبه بهم كما تقول الجهات الجزائرية.

http://www.bbc.com/arabic/middleeast-46757380

수요일 알제리 내무부 난민 사안 담당 부처는 최근 남쪽에서 들어온 시리아인들은 시리아 내전에서 패한 무장단체 소속되어 있는 것으로 의심받고 있으며, 이는 국가 안보를 위협한다고 말했으나 국제기구는 이를 부인하였다. 유엔난민고등판무관은 사막 한 복판으로 돌아온 사람들은 등록된 난민들이며, 알제리 당국이 말하는 바와 같이 무장이 의심되는 자들이 아니라고 말하며 금지 처분을 비난하였다.

---

(242) تدرس الرياض بناء قدرة توليد كهرباء من الطاقة النووية تبلغ 17.6 غيغاواط بحلول 2032، وهو مَا يعادل إنتاج نحو 17 مفاعلا، مما يجعله أحد أكبر المشروعات المحتملة في القطاع الذي تنقسم الآراء بشأنه منذ الكارثة النووية في اليابان عام 2011.

https://alarab.co.uk/ https://alarab.co.uk/السعودية-تبدأ-رحلة-توليد-الكهرباء-من-الطاقة-النووية

사우디는 2032년까지 핵 에너지로부터 17.6 기가와트에 달하는 전기 생산 능력을 키우는 것에 대해 연구하고 있다. 이 수치는 약 17기의 원자로의 생산과 비슷한 것이다. 이는 2011년 일본 핵 재난 이후 의견이 나뉜 부문에서 잠재력 있는 가장 큰 프로젝트 중 하나로 만든다.

(243) هدفنا هو تشجيع النساء على تمرير ما تعلمنه هنا إلى عائلاتهن وقراهن ومناطقهن،
وتوعيتهم حول آثار التطرف العنيف من أجل تحقيق السلام الكامل في البلاد.

https://news.un.org/ar/story/2018/08/1014212

우리의 목표는 우리가 여기서 배운 것을 여성들이 가족과 마을 및 지역에 전달하는 것을 독려하고, 국가 내 완전한 평화를 달성하기 위해 폭력적인 극단주의의 영향에 대한 의식을 제고하는 것이다.

(244) دعت الأمم المتحدة كل أطراف الصراع، ومن يتمتع بنفوذ لديها، إلى حماية المدنيين
وبنيتهم الأساسية، وضمان حرية الحركة، والسماح لعمال الإغاثة بالوصول الآمن والدائم وبدون
عوائق للمحتاجين.

https://news.un.org/ar/audio/2018/05/1007572

유엔은 모든 분쟁 당사국들과 이들에게 영향력을 가지는 자들에게 민간인과 사회기반시설을 보호하고, 활동의 자유를 보장하고, 구호인력이 방해 없이 안전하고 항구적으로 도움을 필요로 하는 사람들에게 도달할 수 있도록 허용하라고 촉구했다.

(245) تطرق جون غينغ إلى زيارة مارك لوكوك منسق الأمم المتحدة للشؤون الإنسانية إلى
دمشق اليوم للتباحث مع الحكومة حول أفضل السبل لتوسيع نطاق الاستجابة الإنسانية
الجماعية في جميع أنحاء سوريا، وكيفية ضمان مساعدة وحماية من هم في أمس الحاجة إليها.

https://news.un.org/ar/story/2018/08/1015582

존 깅은 마크 루쿠크 유엔 인도적 사안 조정관이 시리아 전역에서 인도적이고 집단적인 대응의 범위를 넓히기 위한 최선의 방법과, 이를 시급히 필요로 하는 사람들을 지원하고 보호하는 것을 보장하는 방법에 대해 정부와 논의하기 위해 오늘 다마스커스를 방문한 것에 대해 언급하였다.

(246) قد ذكر الأمين العام الجميع مرارا بأن الاستخدام المنهجي للأسلحة العشوائية في المناطق
المأهولة بالسكان قد يصل إلى درجة جرائم الحرب. فيما لا يشكك أحد في الحق في محاربة من
تصنفهم الأمم المتحدة بأنهم إرهابيون، مثل النصرة والقاعدة، وحق سوريا في استعادة سلامتها
الإقليمية في النهاية.

https://news.un.org/ar/story/2018/08/1015702

사무총장은 주민들이 거주하는 지역에서 무차별적인 무기를 조직적으로 사용하는 것은 전쟁 범죄로 나아갈 수 있다고 모두에게 반복해서 상기시켰다. 알누스라 전선이나 알카에다와 같은 유엔이 테러리스트라고 분류해놓은 자들과 싸울 권리에 대해서는 아무도 의심하지 않고, 시리아가 결국엔 지역적 안정을 회복할 권리에 대해서도 의심의 여지가 없다.

[+α] 구문 مَا / مَنْ ~ مِنْ...

● 이 구조는 주로 **선행사가 구**를 이루거나 **둘 이상의 선행사가 하나의 관계절**을 가질 때 사용되며, 아래와 같은 구조를 갖는다.[1]

관계절	관계 대명사	선행사
شَاهَدْتُهَا	اَلَّتِي	اَلْبَرَامِجُ الْوَثَائِقِيَّةُ

⬇

선행사	مِنْ	관계절	مَا / مَنْ
اَلْبَرَامِجِ الْوَثَائِقِيَّةِ	مِنْ	شَاهَدْتُهُ	مَا

내가 시청한 다큐멘터리

관계절	관계 대명사	선행사
حَدَثَ عَلَى الطَّرِيقِ السَّرِيعِ أَمْسِ	اَلَّذِي	حَادِثُ الْمُرُورِ

⬇

선행사	مِنْ	관계절	مَا / مَنْ
حَادِثُ الْمُرُورِ	مِنْ	حَدَثَ عَلَى الطَّرِيقِ السَّرِيعِ أَمْسِ	مَا

어제 고속도로에서 발생한 교통사고

관계절	관계 대명사	선행사
(هِيَ) لِهَاتَيْنِ الدَّوْلَتَيْنِ	اَلَّتِي	اَلْعَلَاقَةُ الْعَمِيقَةُ وَالثِّقَةُ وَالصَّدَاقَةُ

⬇

선행사	مِنْ	관계절	مَا / مَنْ
اَلْعَلَاقَةُ الْعَمِيقَةُ وَالثِّقَةُ وَالصَّدَاقَةُ	مِنْ	(هِيَ) لِهَاتَيْنِ الدَّوْلَتَيْنِ	مَا

이 두 국가가 가진 깊은 유대와 신뢰 그리고 믿음

---

[1] 이 구문과 관계대명사 문장은 1:1로 치환이 가능한 문장이 아니며, 이 구문을 쓰기 위해서는 약간의 제약이 있다. 전치사 مِنْ 뒤에 추상명사(동명사도 추상명사에 포함된다.) 혹은 종류명사가 나오면 단수형과 복수형 모두 나올 수 있는 반면, 일반명사가 나올 경우 단수형이 나올 수 없고 복수형만 나올 수 있다.

(247) قالت وزارة المالية السعودية اليوم الثلاثاء إن الحكومة باعت <mark>ما</mark> قيمته 4.78 مليار
ريال (1.27 مليار دولار) <mark>من</mark> السندات الإسلامية بالعملة المحلية في عطائها الأسبوعي.

https://www.alarabiya.net/ar/aswaq/financial-markets/2018/10/02/السعودية-المالية-تبيع-صكوكا-محلية-به-4-78-مليار-ريال.html

오늘 화요일 사우디 재무부는 정부가 47억 8천만 리얄(12억 7천만 달러) 가치의 이슬람 채권을 주간 입찰에서 국내 화폐로 매도하였다.

---

(248) يعد الصراع، وخاصة <mark>ما</mark> نجم عنه <mark>من</mark> أزمة اقتصادية، دافعا قويا للزيادة في معدلات
الجوع وسوء التغذية.

http://www.bbc.com/arabic/business/2014/01/140131_toyota_halts_us_models_sales

그 분쟁과 이로 인한 경제적 위기는 기근과 영양실조의 평균을 높이는 주요 원인으로 여겨진다.

---

(249) جاء في مطلع الرسالة أنه بالنظر "<mark>لما</mark> شهده العالم مؤخرا <mark>من</mark> اغتيال للصحفي
السعودي داخل قنصلية بلاده بإسطنبول، يظهر أن السعودية لا تعير اهتماما لقيم حقوق
الإنسان وحرية الرأي وحرية الصحافة".

http://www.aljazeera.net/news/arabic/2018/11/2/40-منظمة-ألمانية-تدعو-ميركل-لتجريم-تصدير-السلاح-للسعودية

편지 앞부분에 "최근 세계가 목도하고 있는 이스탄불 사우디 영사관 내 사우디 기자 암살 사건을 고려할 때, 사우디는 인권의 가치와 생각의 자유 그리고 언론의 자유에 관심이 없다는 것이 보여진다."라는 내용이 나온다.

---

(250) أكد صاحب السمو الشيخ محمد بن زايد آل نهيان، ولي عهد أبوظبي نائب القائد
الأعلى للقوات المسلحة، أن استقرار العراق جزء أساسي من استقرار المنطقة كلها، وأن تحقيق
التقدم والازدهار فيه يمثل مصلحة عربية وإقليمية ودولية، بالنظر إلى <mark>ما</mark> له <mark>من</mark> أهمية
استراتيجية كبيرة على المستويات الخليجية والعربية والإقليمية، مؤكداً سموه وقوف دولة
الإمارات إلى جانب الأشقاء، ودعمهم، ومد يد العون والمساعدة إليهم.

https://www.emaratalyoum.com/local-section/other/2018-11-13-1.1153812

무함마드 빈 자이드 알 나흐얀 아부다비 왕세제이자 군 부총사령관은 UAE는 형제국과 같은 편이고 형제들을 지지하고 그들에게 도움과 원조의 손길을 내미는 것을 강조하면서, 이라크의 안정은 지역 전체의 안정 중 기본적인 부분이고, 걸프와 아랍 그리고 중동지역 차원에서 이라크가 가진 큰 전략적 중요성을 감안할 때 이라크의 진전과 번영은 아랍과 중동 그리고 국제적 이익이라고 강조했다.

(251) بالتزامن، أطلق النشطاء الألمان موقعا على الإنترنت لجمع توقيعات أكبر عدد من المنظمات والأفراد لإظهار رفض المجتمع الألماني بكل شرائحه <mark>ما</mark> ترتكبه السعودية <mark>من</mark> جرائم.

منظمة-ألمانية-تدعو-ميركل-لتجريم-تصدير-السلاح-للسعودية-http://www.aljazeera.net/news/arabic/2018/11/2/40-

동시에, 독일 활동가들은 독일 각계각층의 사회가 사우디가 자행한 범죄를 거부한다는 것을 보여주기 위해 최대한 많은 수의 단체와 개개인의 서명을 모으기 위한 인터넷 사이트를 열었다.

---

(252) معظم أبناء جيل الألفية الذين يشعرون أن عملهم يتعارض مع قيمهم ومبادئهم يدركون أن "ترك بصمة في المجتمع" و"اتباع حدسهم" هي في النهاية قرارات مكلفة، لا يقدر على اتخاذها إلا من كان ذهنه خاليا من الهموم ولديه <mark>من</mark> المال <mark>ما</mark> يكفيه.[1]

http://www.bbc.com/arabic/vert-cap-45973597

본인들의 직업이 자신의 가치와 원칙에 반한다고 느끼고 있는 밀레니엄 세대의 대부분은 '사회에 업적을 남기는 것', '자신의 육감을 따르는 것'은 결국 값비싼 결정이며, 아무런 걱정이 없고 충분한 돈이 있는 사람만이 이를 선택할 능력이 있다는 걸 알고 있다.

구문 بِمَا ~ / بِمَنْ ~ [+α]

● 관계사 مَا 와 مَنْ 은 문장을 '구'로 묶으면서 전치사 بِ 의 도움을 받아 문장 자체를 부사처럼 쓸수 있게 된다. 이 용법은 자주 쓰이는 형태가 정해져 있다.

بِمَا فِيهِ ~ / بِمَا فِي ذَلِكَ ~	بِمَنْ فِيهِ ~	بِمَا يُعَادِلُ ~	بِمَا يَتَعَلَّقُ بِـ ~
~(사물)을 포함해서	~(사람)을 포함해서	~에 상응하는	~와 관련해서

---

(253) أضاف: "المدارس ضرورية لإشراك الأطفال ومجتمعاتهم في مكافحة الإيبولا. لهذا السبب، تضع اليونيسف تدابير لتقليل خطر انتقال العدوى في المدارس، <mark>بما في ذلك</mark> أخذ درجة الحرارة وغسل اليدين ".

https://news.un.org/ar/audio/2018/05/1009381

그는 "학교는 아이들과 그들의 사회를 에볼라 퇴치에 참여시키는 데 필수적이다. 이런 이유로, 유니세프는 교내 전염병 전파 위험을 줄이기 위해 온도를 체크하고 양손을 씻는 등 대책을 세웠다"고 덧붙였다.

---

[1] 간혹 مَا 와 مِنْ 의 위치를 바꾸는 경우도 있다.

(254) شدد تقرير دولي على ضرورة مقاضاة كبار الجنرالات في ميانمار، بمن فيهم القائد الأعلى مين أونغ هلينغ، باتهامات ارتكاب الإبادة الجماعية في شمال ولاية راخين، والجرائم ضد الإنسانية وجرائم حرب في ولايات راخين وكاتشين وشان.

https://news.un.org/ar/story/2018/08/1015502

국제 보고서는 민 아웅 흘라잉 최고사령관을 포함한 미얀마 고위 장성들을 라킨 주 북부에서 집단 학살을 자행했다는 것과 라킨, 카친, 샨 주에서 반 인도적 범죄와 전쟁 범죄를 일으켰다는 혐의로 기소할 필요성에 대해 강조했다.

(255) أشارت السعودية إلى رغبتها في أن تخفض أوبك وحلفاؤها الإنتاج بما لا يقل عن 1.3 مليون برميل يوميا بما يعادل 1.3 في المئة من الإنتاج العالمي. وتتوقع المؤسسة الوطنية الليبية للنفط خفض الإنتاج في حقل الشرارة النفطي بمقدار النصف بما يعادل 150 ألف برميل اعتبارا من التاسعة صباح الخميس.

اقتصاد/طاقة/ترجيح-توصل-أوبك-وحلفائها-إلى-اتفاق-خفض-الإنتاج/http://www.alhayat.com/article/4614371

사우디는 OPEC과 동맹국들이 매일 세계 생산량의 1.3%에 해당하는 130만 배럴 이상 수준으로 생산을 감축하기를 바란다고 표했다. 리비아 국영 석유 기관은 9일 목요일 아침부터 알 샤라라 유전 생산량을 절반 즉 15만 배럴 정도를 감축할 것으로 예상하고 있다.

(256) قدم بلينكين تعازيه لنظيره التركي إثر استشهاد الرهائن الأتراك شمالي العراق، وقال إن "إرهابيي تنظيم بي كي كي الإرهابي يتحملون المسؤولية". وأضافت (وزارة الخارجية الأميركية) أن "الجانبين تعهدا بزيادة دعمهما وتعاونهما من أجل إيجاد حل سياسي للحرب في سوريا". وتمنى الوزير بلينكن على تركيا عدم الاحتفاظ بمنظومة صواريخ "إس- 400" الروسية، معبرا عن دعمه للمحادثات بين عضوي ال"ناتو" تركيا واليونان بما يتعلق بقضية شرقي المتوسط.

tr.agency/news-129920

블링컨(=미 국무장관)은 터키 외무장관에게 이라크 북부에서 터키 인질이 순직한 것에 대해 조의를 표했으며, PKK 테러단체의 테러리스트들이 책임을 져야한다고 말했다. 그리고 미 국무부는 "양측이 시리아 전쟁의 정치적 해법을 도출하기 위한 지지와 협력을 강화하기로 약속했다" 라고 덧붙였다. 그리고 블링컨 장관은 동 지중해 사안과 관련한 나토 회원국인 터키와 그리스간의 회담을 지지한다고 표명하며, 터키가 러시아제 S-400 미사일 체계를 유지하지 않기를 바랐다.

[+α] 부사구를 받는 ما

● 관계사 ما 는 بَعْدَ، قَبْلَ، بَيْنَ 등 부사 앞에 쓰여서 부사구를 명사화시키는 역할을한다. 이 ما 는 앞의 명사와 대용어 관계를 갖거나 연결형 구조를 갖는다.

---

(257) كانت الأطراف قد التزمت بالحد من الاحترار العالمي إلى أقل من درجتين مئويتين، وأقرب بقدر الإمكان إلى حد الـ1.5 درجة مئوية، مقارنة بمستويات ما قبل الصناعة.

https://news.un.org/ar/story/2018/12/1023061

당사자들은 지구 온난화를 산업화 이전 수준과 비교해서 섭씨 2도 이하로 그리고 가능한 한 1.5 도까지 더 가까이 제한할 의무가 있다.

---

(258) تشير تقديرات حديثة لمنظمة العمل الدولية إلى وجود 164 مليون عامل مهاجر حول العالم، بزيادة قدرها 9% عن عام 2013، حيث كان يبلغ العدد حينها 150 مليون شخص.

ووفقا لتقديرات المنظمة فإن غالبية العمال المهاجرين في الفترة ما بين 2013-إلى-2017 كانوا من الرجال الذين بلغت أعدادهم 96 مليونا مقابل 68 مليونا من النساء.

https://news.un.org/ar/story/2018/12/1023001

국제노동기구의 최신 통계는 전 세계 이주 노동자의 수가 1억 5천만 명에 달했던 2013년에 비해 9% 증가하여 1억 6400만 명의 이주 노동자가 전 세계에 존재한다고 지적한다.

국제노동기구 통계에 의하면, 2013년-2017년 이주 노동자의 과반은 남성들이며, 여성들의 수가 6800만 명이고 남성들의 수는 9600만 명이다.

---

(259) دعت الأمم المتحدة بعد صدور النتائج جميع الأطراف إلى "ممارسة ضبط النفس" و "ضمان بيئة سلمية لمرحلة ما بعد الانتخابات" تتيح للجميع حقهم في التجمع السلمي وحرية التعبير.

https://news.un.org/ar/story/2019/01/1024742

결과가 발표된 뒤 유엔은 모두에게 평화 집회에 대한 권리와 표현의 자유를 제공하는 "자기 절제"와 "선거 이후의 평화적인 환경 보장"을 모든 당사자들에게 촉구했다.

7단원. 부정사

1과. 문장 부정

1장. 동사문 부정

● لَا는 현재상태를 부정하며 **미완료 직설법 동사**와 함께 쓰인다.

---

(260) بحسب لوائح البرلمان السوداني، يمكن تعديل الدستور من خلال طلب يتقدم به الرئيس أو مذكرة يوقع عليها ما لَا يقل عن ثلث أعضاء البرلمان البالغ عددهم 581.

http://www.bbc.com/arabic/middleeast-46449787

수단 의회 법령에 따르면, 대통령이 제시하는 요청 혹은 581명에 달하는 국회의원의 1/3 이상이 서명한 서한을 통해 헌법을 개정할 수 있다.

---

(261) قال خوزيه مِنديز الذي يرأس تحالف وسائل النقل لمكافحة الكربون، الذي يضم عشرين دولة ومدينة، بالإضافة إلى شركات من القطاع الخاص، إن هذا الوضع "غير قابل للاستمرار وغير مقبول ولَا يتوافق مع أهداف اتفاق باريس".

https://news.un.org/ar/story/2018/12/1023061

사기업 이외에 20개의 국가와 도시가 참여하고 있는 '탄소퇴출을위한운송수단동맹'을 이끄는 호세 멘데스는 이 상황은 "지속될 수 없고, 받아들일 수 없으며, 파리 기후협약의 목표와 부합하지 않는다"고 말했다.

● مَا는 과거 상태를 부정하며 **완료동사**와 함께 쓰인다.

---

(262) قال ناشطون سعوديون إنه "لولا تدخل الملك فهد لمَا قدمت القوات الأمريكية إلى تحرير الكويت". واستهجن ناشطون وضع صور بوش الأب على أبراج الكويت، مقابل عدم وضعها عند وفاة الملك فهد بن عبد العزيز.

أخبار/إضاءة-أبراج-الكويت-بصورة-بوش-الأب-تغضب-رواد-مواقع-التواصل https://www.albawaba.com/ar/1220932

사우디 활동가들은 "파흐드 왕의 개입이 없었다면, 미군은 쿠웨이트 해방으로 나아갈 수 없었을 것"이라고 말했다. 활동가들은 파흐느 빈 압둘 아지즈 왕이 사망했을 당시 그의 사진을 쿠웨이트 타워에 게시하지 않은 것과 달리, 아버지 부시의 사진을 쿠웨이트 타워에 게시한 것을 비난했다.

● لَمْ 도 مَا 와 같이 과거상태를 부정하며 **미완료 단축법 동사**와 함께 쓰인다.

---

(263) أضافت إنه يواجه الآن تهمة التجسس، بيد أن السلطات المصرية لم تؤكد أية معلومات بهذا الشأن بعد.

http://www.bbc.com/arabic/middleeast-46394949

(아부 까심의 가족)은 그는 현재 간첩 혐의를 받고 있지만, 이집트 당국은 이와 관련한 어떠한 정보도 확인하지 않았다고 덧붙였다.

---

(264) كانت وكالة الأنباء الإيطالية أنسا قد قالت يوم الأربعاء إن السلطات الإيطالية ستوجه قريبًا لائحة اتهام في قضية تعذيب وقتل ريجيني في مصر، دون أن تحدد أسماء أو أعداد. ولم يعلق النائب العام المصري أو وزارة الداخلية على التقارير الصحفية الإيطالية.

http://www.bbc.com/arabic/middleeast-46390863

수요일 이탈리아 언론 안사는 이탈리아 당국은 이름과 숫자를 특정하지 않고 이집트에서의 레지니 고문 및 살해 사건에 대한 고소장을 곧 제출할 것이라고 말했다. 이집트 검사 혹은 내무부는 이탈리아 언론 보고서에 대해 언급하지 않았다.

● لَنْ은 미래상태를 부정하며 **미완료 접속법 동사**와 함께 쓰인다.

---

(265) قال مسؤول في إدارة الرئيس الأمريكي دونالد ترامب، إن أمريكا لن تمنح استثناءات للصين بشأن استيراد النفط الإيراني، وذلك حسبما أفادت قناة "سكاي نيوز عربية" في نبأ عاجل لها.

http://www.alderaah-news.net/world/4691778/مسؤول-أمريكي-لن-نعطي-استثناء-للصين-لشراء-النفط-الإيراني

'스카이뉴스아랍' 채널의 긴급 속보에 의하면, 도널드 트럼프 대통령 행정부 관계자는 미국이 이란산 석유 수입과 관련하여 중국에게 예외를 두지 않을 것이라고 말했다.

---

(266) رحبت منظمة اليونيسف اليوم الجمعة بتأكيد السلطات في بنغلاديش أن اللاجئين الروهينجا لن يعادوا إلى ميانمار ضد إرادتهم، على خلفية الانتهاكات المستمرة لهم وحقوقهم هناك.

https://news.un.org/ar/story/2018/11/1021451

오늘 금요일 유니세프는 방글라데시 당국이 로힝야 난민들은 미얀마에서의 지속적인 침해와 권리를 근거로 자신들의 의지에 반하여 미얀마로 돌려보내지지 않을 것이라고 확인한 것을 환영하였다.

2장. 명사문 부정

● لَيْسَ 는 명사문을 부정하는 동사이며 كان 의 자매어 중 하나이다. 그래서 명사문의 **술어를 목적격으로 변화**시킨다.

한편, لَيْسَ 는 **완료형만 존재하지만 그 의미는 현재만을 부정**한다. 따라서 명사문의 과거나 미래를 부정하기 위해서는 لَمْ يَكُنْ **(과거부정)이나** لَنْ يَكُونَ **(미래부정)** 형태로 쓰여야 한다.

---

(267) لكن أحزاب المعارضة ليست متحدة وما زالت تتسم بالضعف، بحسب مراقبين.

http://www.bbc.com/arabic/middleeast/2014/03/140321_algeria_election_protest

관측관들에 의하면 야당들은 통합되지 않고 여전히 약함을 특징으로 한다.

---

(268) لم يكن عام 2018 سهلاً على الرئيس الأمريكي دونالد ترامب، إذ انتشرت الفوضى في كل مكان و تأججت الصراعات داخل وخارج الولايات المتحدة، لاسيما خلال الشهرين الأخيرين في السنة فكانا مليئان بالأحداث الهامة والمحورية على الصعيدين الداخلي والخارجي.

https://www.masrawy.com/news/news_publicaffairs/details/2018/12/28/1486929/2018-في-ترامب-عانى-كيف-ا-هادئ-ا-عام-يكن-لم-

2018년은 트럼프 미 대통령에게 쉽지 않았다. 혼돈이 도처에 퍼져 나갔고, 미국 대내외 분쟁이 특히 최근 두 달 동안 격화되었으며, 이 두 달은 대내외적으로 중요하고 축이 되는 사건들로 가득 차 있었기 때문이다.

---

(269) لكن المسؤول الذي رفض الإفصاح عن هويته أكد أن الإجراء الأمريكي "لن يكون له أي وقع على مفاوضاتنا مع مجموعة 5+1."

http://www.bbc.com/arabic/worldnews/2014/04/140411_us_iran_no_visa

신원공개를 거부한 관계자는 미국의 조치는 5+1 단체와의 협상에서 어떠한 지위도 갖지 않을 것이라고 강조했다.

2과. 단어 부정

1장. 형용사 부정 (غَيْرٌ)

● 일반적으로 아랍어 단어는 그 단어 자체만으로 성/수/격/한정여부를 파악할 수 있다. 예컨대, جَمِيلَةً 이라는 형용사가 있다면 이는 여성/단수/목적격/비한정이라고 알 수 있다.

하지만 이런 형용사를 부정하기 위해서는 غَيْرٌ 와 결합되어 "하나의 형용사"처럼 묶이게 된다. 즉 이제 **두 개의 단어로 성/수/격/한정여부를 표시해야 하기 때문에 역할을 나누게 된다.**

아래 표를 보면, غَيْرٌ 가 구의 격을 결정하고 그 외 나머지는 전부 형용사가 하게 된다.

형용사	غَيْرٌ
성/수/한정여부 결정 소유격 고정	격 결정

결과적으로, 이제 غَيْرَ جَمِيلَةٍ 이라고 하면 **두 단어가 하나의 형용사로 인식**되어 이 구의 성격을 말할 때 "여성/단수/목적격/비한정" 이라고 말할 수 있고 غَيْرِ الْجَمِيلَةِ 라고 하면 "여성/단수/소유격/한정" 을 의미한다고 파악할 수 있다.

---

(270) أضاف أن "إدلب هي آخر ما يعرف بمناطق التهدئة في سوريا. ويجب ألا تتحول إلى حمام دم، مشيرا إلى أن الوضع الحالي في إدلب غير مستدام ولا يمكن تحمل وجود الجماعات الإرهابية، لكن محاربة الإرهاب لا تعفي الأطراف المتحاربة من التزاماتها الأساسية بموجب القانون الدولي."

https://news.un.org/ar/audio/2018/09/1016632

그는 "이들립의 현재 상황은 안정화되지 않았고 테러단체의 존재를 감당할 수 없다고 지적하면서, 이들립은 시리아 내 안전지대로 알려진 마지막 지역이다. 이 지역은 피바다로 바뀌어선 안 된다. 하지만 테러와의 전쟁이 국제법에 의거한 기본적인 의무로부터 전쟁 당사자들을 면제시키지는 않는다."고 덧붙였다.

** مناطق التهدئة 는 시리아 평화협상에서 도출된 지역으로, 무기사용이 금지되고 인도적 활동이 보장되는 지역이다. '시리아 안전지대' 혹은 '시리아 긴장완화지대' 라고 표현된다.

---

(271) رفض موسى في لقاء تشاوري مع قادة الأجهزة الإعلامية السودانية أمس السبت، "استخدام القوة والعنف ونشر الكراهية في العمل السياسي"، ووصف ذلك بأنه "عمل غير أخلاقي".

السودان-التظاهر-التخريب/https://www.aljazeera.net/news/politics/2019/1/6

무사는 어제 토요일 수단 언론 기관 수장들과의 회의에서 무력 사용과 폭력 그리고 정치에 대한 혐오를 거부하였고, 이를 비 윤리적 행위라고 묘사하였다.

(272) أغلقت المطارات أو أصبحت غير صالحة للاستخدام، بينما ألغت شركات الخطوط
البحرية جميع رحلاتها.

http://www.bbc.com/arabic/business-41216697

공항들은 폐쇄되거나 사용에 적합하지 않게 되었다. 한편 해운회사는 모든 운항을 취소하였다.

---

(273)"بوابة الأهرام"، تحقق في سبب كتابة الطبيب دواء غير موجود بالسوق، وسبب إصراره
على علامة تجارية معينة، لتكتشف أن وراء هذا الإصرار صفقات غير مشروعة لبيع نوع معين من
الدواء لتحقيق مكاسب لشركات الأدوية وللطبيب.

http://gate.ahram.org.eg/News/2063153.aspx

알 아흐람 게이트는 의사가 시장에서 구할 수 없는 약을 (처방전에) 적어주고 특정 상표를 고집하는
배후에는 제약회사와 의사들의 이익을 위해 특정 약의 종류를 판매하기 위한 불법 계약이 있다
는 것을 밝혀내기 위해 그 이유를 조사하고 있다.

● غَيْرٌ가 후 연결어로 형용사가 아닌 명사를 취하게 되면 غَيْرٌ가 예외사로 사용되어 '~를 제
외하고' 의 의미를 갖게 된다. 그래서 '그 외, 기타 등등' 과 같은 표현으로도 쓰일 수 있다.

---

(274) حث أعضاء مجلس الأمن جميع أطراف النزاع على ضمان وصول العاملين في المجالين
الإنساني والطبي للمرضى وغيرهم من المحتاجين بشكل آمن وبدون عوائق، وشددوا أيضا على أن
فرق الاستجابة يجب ألا تكون هدفا للاعتداءات على الإطلاق.

https://news.un.org/ar/story/2018/08/1015622

안보리 회원국들은 모든 분쟁 당사자들에게 인도적 분야와 의료 분야 종사자들이 환자들과 그
외 도움을 필요로 하는 사람들에게 안전하고 장애물 없이 도달하는 것을 보장하라고 촉구했다.
또한 대응팀은 절대로 공격의 대상이 되어서는 언 된다고 강조했다.

2 장. 형용사 부정 (لا)

● 일부 형용사는 부정사 لاَ 와 완전히 결합되어 마치 한 단어처럼 붙어서 사용되며, 관사를 붙일 때에도 لاَ 앞에 붙이게 된다. 대부분의 형용사는 위에서 학습한 غَيْر 로 부정이 되며, لاَ 가 결합되는 일부 특정 형용사는 종류가 아래와 같이 정해져있다.

لاَسِلْكِيٌّ	لاَشُعُورِيٌّ	لاَإِرَادِيٌّ	لاَنِهَائِيٌّ	لاَإِنْسَانِيٌّ	لاَمُبَالٍ بِ~
무선의	무의식적인	무의식적인	무한한	비인격적인	~에 무관심한

---

(275) وضعت الشركة أمام المستخدمين خياري الشاحن السلكي المعتاد (تطرحه للبيع مقابل 20 دولارا)، وشاحن **لاسلكي** جديد يحمل اسم "ماغ سيف" طرحته للبيع مقابل 39 دولارا. فكيف كان أداء هذا الشاحن **اللاسلكي** مقارنة مع نظيره السلكي؟

ماغ-سيف-شاحن-هواتف-آبل-اللاسلكي-هل/www.aljazeera.net/news/scienceandtechnology/2020/10/24

그 회사(애플)는 20달러에 판매하는 기존의 유선 충전기 옵션과 39달러에 판매하는 '맥세이프'라는 이름의 새로운 무선 충전기 옵션을 소비자들에게 제시했다. 자, 이 무선 충전기 성능은 유선 충전기와 비교해서 어땠을까?

---

(276) قالت الجمعية الألمانية لعلاج سلس البول إن عودة الطفل في سن المدرسة للتبول **اللاإرادي** ترجع إلى أسباب عدة، على رأسها التغيرات الطارئة على مسار اليوم، إذ ربما ينسى الطفل شرب الماء أثناء فترة المدرسة، فيشرب كمية كبيرة من الماء في المساء.

www.aljazeera.net/news/healthmedicine/2016/6/30/لماذا-يتبول-الأطفال-لاإراديا-في-سن

독일 요실금 치료협회는 취학연령의 아이가 다시 자기도 모르게 소변을 보는 이유에는 여러 원인이 있는데, 그 중 가장 주요 원인은 갑잡스러운 생활패턴의 변화, 즉 아마 아이가 학교에 있는 동안 물을 마시는 것을 잊어서 저녁에 많은 양의 물을 마시는 것이 원인일 수 있다고 말했다.

---

(277) قال الخبراء: "قد ترسل جهة اتصال ما رسالة تحتوي على العديد من الرموز والأحرف الغريبة. إذا قرأتها بالكامل فلا معنى لها، ولكن "واتساب" قد يفسر الرسالة بطريقة خاطئة، وأحيانا يتعذر على "واتساب" أيضا عرض الرسالة تماما، لأن هيكلها غريب جدا: يؤدي الجمع بين هذه الأحرف إلى خلق حالة يتعذر فيها على التطبيق معالجة الرسالة، ما يؤدي إلى حدوث عطل **لانهائي**. والتعطل **اللانهائي** يعني أنه عند فتح "واتساب" سيتعرض لخلل، وإذا حاولت فتح التطبيق مرة أخرى، فسيظل يتعطل".

www.aljazeera.net/news/scienceandtechnology/2020/9/9/احذر-من-قراءة-هذه-الرسالة-على-واتس-آب

전문가들은 (다음과같이) 말했다. "어떤 한 연락처가 다수의 이상한 기호와 문자를 포함하는 문자를 보낼 수 있다. 만약 당신이 그것을 다 읽으면 그것에 아무런 의미가 없을 것이다, 하지만 왓츠앱은 앱의 구조가 너무 이상해서 그 문자들을 잘못된 방식으로 해석하거나 간혹 문자를 온전히 보여주지 못할 수 있다. 이런 문자들끼리 조합하는 것은 앱이 문자를 처리하기 힘든 상황을 유발하게 되며, 이는 끝없는 오류를 초래하게 된다. 그리고 그 끝없는 오류는 왓츠앱을 실행할 때 와츠앱이 마비에 노출될 것이라는 것을 의미하며, 만약 당신이 다시 앱을 열려고 하면 계속해서 고장난 상태가 될 것이다."

(278) واقع يتم فيه تجريد الناس من إنسانيتهم، ويتم اضطهادهم بسبب هويتهم، أو الدين الذي يعتنقونه، أو الثقافة التي نشأوا فيها، أو بسبب خصائصهم الجسدية المميزة. واقع مملوء بمعاناة كبيرة وقسوة وأعمال لا إنسانية لها دوافع غير مقبولة أساسا، مثل التعطش للسلطة أو الموارد، ووجهات نظر مشوهة لتفوق الهوية، وإيديولوجيات متطرفة، ومصالح أنانية.

https://news.un.org/ar/audio/2018/09/1016742

신원과 개종한 종교, 그들이 자라온 문화 그리고 독특한 신체적 특징으로 인한 인격 말살과 박해가 벌어지는 현실. 큰 고통, 잔혹함 그리고 권력과 부에 대한 갈증, 신원을 올리기 위한 왜곡된 견해, 극단적 이데올로기, 이 기적인 사리사욕과 같은 애초에 용납될 수 없는 동기를 품은 비 인도적 행위들로 가득 찬 현실.

3장 명사 부정 (عَدِيمٌ)

● عَدِيمٌ 은 기본적으로 '~이 없는(사람), ~이 부족한(사람)'의 의미로 사용되는 형용사/명사이 지만 단순 형용사의 활용보다는 **형용사 연결형으로서만 활용되어 항상 그 뒤에 명사를 후 연 결어로 취하게 된다.**

(279) قالت المفوضية السامية للأمم المتحدة لشؤون اللاجئين، إن «العالم يشهد ولادة طفل عديم الجنسية كل عشر دقائق». وأضافت مفوضية اللاجئين، عبر حسابها الرسمي على موقع «تويتر»، صباح الثلاثاء، أن «انعدام الجنسية قد يحرم الأطفال من الحصول على شهادة ميلاد، والالتحاق بالمدرسة أو الحصول على الرعاية الصحية».

https://www3.shorouknews.com/news/view.aspx?cdate=09042019&id=3d7e7a2b-3aeb-45ec-a3f1-5f9e07a0af10

유엔난민고등판무관은 "세계는 10분마다 무국적아이들의 출생을 목격하고 있다"고 전했다. 그리고 화요일 오전 공식 트위터 계정에 "국적이 없다는 것은 아이들로 하여금 출생증명서를 얻고 학교에 가거나 건강한 관리를 받 는 것을 박탈한다"고 덧붙였다.

(280) ناقشت لجنة الإتلاف في الأرشيف الوطني أربعة عشر طلباً موجهاً من الجهات الحكومية بشأن التخلص من الوثائق عديمة القيمة.

https://www.na.ae/ar/mediacenter/news/news.aspx?ID=11697

국립 문서 보관소의 폐기 위원회는 14건의 무가치 서류를 제거하는 것에 대한 정부기관의 요청에 대해 논의하 였다.

** 피수식명사가 한정이라서 العديمة القيمة 가 되어야 문법적으로 올바른 문장이 된다.

(281) كما أن حمض الهيدروفلوريك سائل عديم اللون ذو رائحة مهيجة، ويتبخر عند تعرضه للهواء.

https://www.al-sharq.com/article/08/11/2018/حمض-الهيدروفلوريك-الذي-أذاب-جثة-خاشقجي-إليك-أبرز-المعلومات-عن-يذيب-الزجاج-والسيراميك

또한 플루오린화 수소산은 악취가 나는 무색의 액체이며 공기에 노출될 때 기화한다.

[+α] خَالٍ مِنْ 과 عَدِيمٌ 의 용법상 차이

● خَالٍ مِنْ 과 عَدِيمٌ 은 둘 다 한국말로 "~이 없는" 의 뜻을 갖지만 어감 상 구분해서 사용해야 한다. 우선 خَالٍ مِنْ 의 경우, 임의로 해당 물질을 첨가하거나 뺄 수 있는 물질명사를 주로 취한다.

반면, 둘 다 추상명사를 취할 수 있는데, 이 때 عَدِيمٌ 은 긍정적인 개념을 주로 취하는 반면, خَالٍ مِنْ 은 없으면 좋을 것 같다고 생각되는 부정의 의미를 지닌 추상명사를 주로 가진다.

خَالٍ مِنَ الْكَافِيِين	디카페인의	خَالٍ مِنَ الْأَمْرَاض	병이 없는
خَالٍ مِنَ الدَّسَم	무지방의	خَالٍ مِنَ الْجَرَاثِيم	무균인
خَالٍ مِنَ الْجُلُوتِين	글루틴프리인	خَالٍ مِنَ السُّكَّر	무과당의
خَالٍ مِنَ الْعُيُوب	무결점의	خَالٍ مِنَ الشَّوَائِب	잡티 없는

---

(282) تذوق زوار معرض الشارقة الدولي للكتاب، مأكولات صحية خالية من الجلوتين،

قدمتها الطاهية البريطانية المتخصصة بالأطعمة الصحية، والفائزة بمسابقة "ماستر شيف"

عام 2016.

https://www.sharjah24.ae/ar/arts/368362-زوار-الشارقة-للكتاب-يذوقون-مأكولات-خالية-من-الجلوتين-

샤르자 국제 도서 박람회 방문자들은 2016 마스터쉐프 우승자이자 건강식 전문 영국 쉐프가 선사하는 글루텐 프리 음식들을 맛본다.

---

(283) الأطعمة العضوية الخالية من المبيدات تقلل خطر الإصابة بسرطان الدم بنسبة 86%.

https://www.youm7.com/story/2018/10/23/4001802/الأطعمة-العضوية-الخالية-من-المبيدات-تقلل-خطر-للإصابة-بسرطان-الدم

살충제 없는 유기농 식품은 혈액 암 발병 위험을 86% 정도 낮춰준다.

---

(284) أصبحت المنطقة المحيطة بأحد مراكز الرعاية الصحية في جنوب السودان خالية من الألغام والذخائر غير المنفجرة، ليستأنف المركز تقديم خدماته للسكان.

https://news.un.org/ar/story/2018/04/1005551

남수단 내 의료센터들 중 한 곳을 둘러싼 지역은 지뢰와 불발탄이 제거되어 그 의료센터는 주민들에게 서비스를 재개하였다.

(285) قد شهد مؤتمر الأمم المتحدة لتغير المناخ اعتماد العديد من أصحاب المصلحة اقتراحا قدمته المملكة المتحدة وبولندا باسم "قيادة التغيير معا" والذي وصفه الأمين العام بأنه "خطوة أساسية نحو نظم النقل الخالية من الكربون" وحث جميع الجهات الفاعلة على دعمه بالقول، "إذا نجحنا في الوصول إلى مرحلة محركات النقل الكهربية فإن وسائل النقل والمواصلات الخالية من الكربون ستكون جزءا من الحل" لمعضلة تغير المناخ.

https://news.un.org/ar/story/2018/12/1023061

유엔 기후변화 회의는 다수의 이해당사자들이 영국과 폴란드가 "함께하는 변화 드라이브"라는 이름으로 제안한 것을 채택하는 것을 보았다. 사무총장은 이를 탄소가 없는 운송 체계로 나아가는 중요한 발걸음이라고 묘사했다. 그리고 그는 "만약 우리가 전기로 움직이는 운송 단계로 도달하는 것에 성공한다면, 탄소가 없는 운송수단과 교통은 기후변화 문제의 해법 중 일부분이 될 것이다"고 말하면서, 모든 실무기관에게 이 채택을 지지해달라고 촉구했다.

4장. 명사 부정 (لا)

● 일부 형용사가 لا 로 부정된 것과 마찬가지로, 부정사 لا 는 그 뒤에 명사와 한 단어로 결합된 형태로도 간혹 사용된다. 이 경우도 결합되는 특정 명사가 정해져있으며, 아래 형태가 그 중 빈번하게 사용되는 경우이니 우선 이 형태 먼저 암기하자.

لَامُبَالَاةٌ بِ~	لَافَقْرِيَّاتٌ	لَامَرْكَزِيَّةٌ	لَاشُعُورٌ / لَاوَعْيٌ
~에 대한 무관심	무척추(동물)	지방자치(분권)	무의식

(286) قال رئيس هيومن رايتس ووتش، كينيث روث، في مقالته الافتتاحية بمناسبة إصدار المنظمة التقرير العالمي 2021 "إنه بعد 4 أعوام من لامبالاة (الرئيس الأميركي المنتهية ولايته) دونالد ترامب بحقوق الإنسان وتصرّفه العدائي غالبا تجاهها، بما في ذلك تحريضه على اعتداء غوغائي على مبنى الكابيتول، يوفر تولي بايدن الرئاسة فرصة للتغيير الجذري".

www.aljazeera.net/news/humanrights/2021/1/13/جهود-دعم-بايدن-على-ووتش-رايتس-هيومن

케네스 로스 휴먼라이츠워치(HRW) 사무총장은 휴먼라이츠워치가 2021년 세계보고서를 발간한 것을 맞이하여 그의 사설에서 (임기가 끝나는 미국 대통령인) 도널드 트럼프의 인권에 대한 무관심 그리고 국회 의사당 건물에 대한 선동적인 공격을 부추기는 것을 포함해서 인권을 해하는 그의 적대적인 행위에 대한 무관심으로 점철된 4년 이후, 바이든의 취임은 근본적인 변화에 대한 기회를 제공한다고 말했다.

5장. 동명사 부정 (عَدَمُ)

● عَدَمُ 는 뒤에 동명사를 후 연결형로 받아서 그 동명사를 부정한다. 다른 일반 명사는 부정할 수 없으니 유의하자. 해석은 "~하지 않는 것"이라고 하면 된다.

---

(287) أضاف أن عدم السماح للمدنيين بالمغادرة يصل إلى حد "الانتهاكات الخطيرة" للقانون الإنساني الدولي من قبل دمشق.

http://www.bbc.com/arabic/middleeast/2014/02/140214_syria_un_humanitarian_crisis

그는 시리아가 민간인들로 하여금 떠나는 것을 허락하지 않는 것은 국제인권법을 심각하게 위반하는 정도에 달한다고 덧붙였다.

---

(288) ناشد الأمين العام للأمم المتحدة أنطونيو غوتيريش جميع الأطراف المعنية بشكل مباشر وغير مباشر في سوريا، لا سيما الضامنين الثلاثة لعملية أستانة إيران وروسيا وتركيا، "عدم ادخار أي جهد لإيجاد حلول تحمي المدنيين، والحفاظ على الخدمات الأساسية مثل المستشفيات، وضمان الاحترام التام للقانون الإنساني الدولي."

https://news.un.org/ar/audio/2018/09/1016632

안토니오 구테흐스 유엔 사무총장은 시리아에 직간접적으로 관계 있는 모든 당사자들 특히 아스타나 회담 보장 3국 이란, 러시아, 터키에게 민간인 보호 해법 강구 노력을 아끼지 않을 것과 병원과 같은 기본적인 서비스를 보호할 것 그리고 국제인권법의 완전한 준수 보장을 호소하였다.

---

(289) أعلن رئيس اللجنة الأولمبية النمساوية كارل شتوس الجمعة أن بلاده لا تستبعد عدم المشاركة في الألعاب الشتوية بسبب ارتفاع حدة التوتر.

http://sport.aljazeera.net/othersports/2017/9/22/الشتوي-2018-أولمبياد-تهدد-السياسة

금요일 카를 쉬투스 오스트리아 올림픽 위원장은 오스트리아는 첨예한 긴장 고조로 인해 동계 올림픽 불참 가능성을 배제하지 않는다고 알렸다.

---

(290) اتفق البلدان على عدم إصدار بيان مشترك يشمل ما سيتوصلان إليه من اتفاقات، نظرا للمواقف المتباينة حول قضية نشر منظومة "ثاد" في كوريا الجنوبية، ومن المقرر أن يوضح كل منهما موقفه في بيان كل على حدة، حسب يونهاب.

http://www.aljazeera.net/news/international/2017/12/14/العلاقات-لإصلاح-بكين-في-الجنوبية-كوريا-رئيس

남북은 한국의 싸드 배치 사안에 대한 여러 입장을 고려해서 앞으로 도달할 합의점들을 포함하는 공동 성명서를 발표하지 않기로 합의하였다. 그리고 연합뉴스에 의하면 남북 모두 각각의 성명서에서 자신의 입장을 밝힐 예정이다.

3과. 부정사의 기타 용법

1장. 절대 부정의 لَا

● لَا 는 뒤에 명사를 **탄윈없는 목적격으로 놓아** '결코 ~않다', '전혀 ~가 없다' 이라는 뜻으로 나타낸다.

하지만 그 명사를 수식하는 형용사는 주격 탄윈을 취하는 것을 유의해야 한다.

لَا أَحَدَ	لَا شَيْءَ	لَا مَثِلَ	لَا مَانِعَ
아무도 없다	아무것도 없다	예시가 없다	문제없다

لَا شَدَّ فِي ~	لَا دَاعِيَ لِ ~	لَا بُدَّ لِ~ مِنْ ...
~에 의심의 여지가 없다	~할 필요 없다	~는 ...을 피할 길이 없다. (=해야만 한다)

---

(291) خلال حديثه للصحفيين في نيويورك اليوم الثلاثاء، شدد الأمين العام على ضرورة تجنب معركة شاملة في إدلب، قائلا إن ذلك "من شأنه أن يطلق العنان لكابوس إنساني لا مثيل له في الصراع السوري الدموي."

https://news.un.org/ar/audio/2018/09/1016632

오늘 화요일 뉴욕에서 기자들에게 발표하는 동안 사무총장은 이들립 내 전면전을 회피할 필요성을 강조하였고 전면전은 시리아 유혈 갈등에서 전례 없는 인도적 악몽을 날뛰게 만든다고 말하였다.

---

(292) أكد البرنامج أنه حتى ولو لم تكن هناك مجاعة في اليمن، فإن أولئك الذين يعيشون في المناطق الأشد تضررا يعانون من مستويات مروعة من الجوع، مع القليل من الطعام، أو لا شيء لهم ولأسرهم.

https://news.un.org/ar/story/2018/12/1023071

세계식량계획(=World Food Programme)은 예멘에는 단체가 존재하지 않음에도 가장 피해가 심한 지역에서 살고 있는 이들은 식량 부족과 함께 극심한 기아에 고통받고 있거나 그들과 그들의 가족은 아무것도 가진 것이 없다고 강조했다.

2장. 부정사 + بَلْ 의 용법

● بَلْ 은 "오히려"라는 의미를 가지고 있어서 부정문과 결합되어 "~이 아니라 오히려 ~이다"
의 의미로 자주 활용되며, بَلْ 뒤에 나오는 명사의 격은 그 앞의 병렬적 지위를 가지는 명사
와 동일한 격을 취하게 된다.

---

(293) لَمْ تتمكن من ترك وظيفتها، بل إنها وقعت أيضا عقدا يلزمها بالعمل لدى الشركة دون

غيرها لمدة عامين، وحصلت في المقابل على دورة تدريبية باهظة في الخارج. فإذا تركت وظيفتها،

ستضطر لرد نفقات الدورة التدريبية للشركة.

http://www.bbc.com/arabic/vert-cap-45973597

그녀는 일을 그만둘 수 없었고 오히려 2년 동안 다른 곳이 아닌 그 회사와 노동계약에 서명했고
그 대신 외부에서 상당한 트레이닝 코스를 받았다. 그래서 만약 그녀가 퇴사를 하면 회사에 트레
이닝 비용을 돌려줄 수밖에 없을 것이다.

3장. "~뿐만 아니라 ...도 마찬가지로" 구문

● 이 구문은 لَيْسَ ~ فَقَطْ، بَلْ ... (أَيْضًا) 으로 쓸 수 있다. لَيْسَ 는 다른 부정사로 대체될
수 있고 فَقَطْ 은 فَحَسْبَ 로 대체될 수 있다.

---

(294) يجب أن نفعل كل شيء ممكن لمحاسبة المسؤولين. المساءلة مهمة، ليس فقط لأنها

توفر العدالة للضحايا والعقوبة للجناة، بل لأن القضاء على الإفلات من العقاب أساسي لإنهاء

الإبادة الجماعية.

https://news.un.org/ar/audio/2018/09/1016742

우리는 책임자 조사를 위해 가능한 모든 것을 해야 한다. 심문은 피해자에게 정의를 제공하고 범
죄자들에게 처벌을 제공할 뿐만 아니라 대량학살을 끝내기 위해서 처벌 회피 가능성을 제거하는
것은 기본이기 때문이기도해서 중요하다.

---

(295) أضافت أن "ولاية مينيسوتا باردة جدا لكن قلوب سكانها حافلة بالدفء والحنان. إنهم لا

يفتحون أبوابهم للاجئين فحسب بل يرسلون هؤلاء اللاجئين إلى أعلى المناصب في واشنطن".

http://www.aljazeera.net/news/reportsandinterviews/2018/11/7/إلهان-عمر-من-لاجئة-صومالية-إلى-أول-محجبة-بالكونغرس

그녀는 "미네소타 주는 매우 춥지만 주민들의 마음은 따뜻함과 애정이 가득하다. 그들은 난민에
게 문을 열어줄 뿐 아니라 워싱턴에서 가장 높은 직위로 이 난민들을 보내준다"고 덧붙였다.

8단원. 우선급

1과. 우선급 기초

● 우선급의 가장 기본적인 형태는 أَفْعَلُ (남성) , فُعْلَى (여성) 이며, **우선급은 2격 명사 이므로 탄원을 쓰지 않는다.** 그리고 이 통일된 우선급 형태가 문맥에 따라 비교급이나 최상급의 의미를 가진다.

남성형과 여성형 모두 불규칙 복수형과 규칙 복수형을 혼용해서 사용한다. 하지만 일반적으로 남성의 경우 불규칙 복수 형태를 더 많이 쓰며, 여성의 경우 규칙복수를 더 많이 쓰는 경향이 있다.

	규칙복수	불규칙복수
남성	أَفْعَلُونَ	أَفَاعِلُ
여성	فُعْلَيَاتٌ	فُعَلٌ

한편, 위의 표와 같은 변형이 모든 어근에서 가능한 것이 아니며, **여성형과 복수형의 사용이 가능한 어근은 극히 제한적**이다. 그 **허용되는 어근 외에는 남성 단수 형태로만 써야한다.**[1]

كَبِيرٌ / أَكْبَرُ / كُبْرَى	큰 / 더 큰(남성) / 더 큰(여성)

두 번째 어근과 세 번째 어근이 같을 경우는 أَفَعُّ 로 쓰이며, 이 형태는 여성형이 허용되는 어근이 없으므로 남성형만 표기하였다.

جَدِيدٌ / أَجَدُّ	새로운 / 더 새로운

세 번째 어근이 약어근(و ,ي)일 경우는 أَفْعَى (남성), فُعْلَيا (여성)으로 쓰인다.

عَالٍ / أَعْلَى / عُلْيَا	높은 / 더 높은(남성) / 더 높은(여성)

---

[1] 우선급의 여성형과 복수형은 최상급에서만 사용이 되므로 성/수 변화가 허용되는 형태의 종류는 최상급을 학습할 때 자세하게 다룰 것이다.

2과. 비교급

● 비교급은 '더 ~한'의 의미를 지닌 형용사이며, **항상 '남성 단수' 형태만**을 쓰며, 격과 한정여부는 상황에 따라 자유롭게 사용하면 된다.

우선급이 **명사를 수식할 때**에는 피수식명사의 한정여부에 따라 **자유롭게 관사여부를 결정**할 수 있으며, 문맥과 상황에 따라 비교급으로 해석하거나 최상급으로 해석한다.[1]

한편, 비교 대상을 표현할 때 '~보다' 라는 비교사는 전치사 مِنْ 을 써서 나타낸다.

---

(296) تظهر أحدث البيانات الصادرة عن أكثر من 130 بلدا أن الأعمال التجارية الصغيرة والمتوسطة حققت نموا أسرع في الوظائف مقارنة بالشركات الكبيرة قبل الركود المالي العالمي في عام 2008.

http://assabah.ma/254838.html

130개국 이상에서 발행된 최신 데이터는 2008년 세계금융위기 전 대기업들과 비교해서 중소 무역업은 더 빠르게 일자리 성장을 달성하였다고 보여준다.

---

(297) أشارت اليونيسف إلى تقديرات تشير إلى مقتل 74 طفلا وإصابة 44 بتشوهات منذ بداية تصعيد الصراع. وقالت، في ذلك الوقت، إن الأرقام الحقيقية أعلى بكثير، محذرة من أن الأطفال يدفعون ثمنا باهظا للصراع. وحذرت من انعدام الأمن الغذائي وتأثيره على الأطفال.

https://news.un.org/ar/story/2018/12/1023021

유니세프는 아이들이 분쟁의 막대한 비용을 부담하고 있다(=분쟁의 대가를 치르고 있다)고 경고하면서, 분쟁 악화 시작부터 74명 유아사망과 44명의 기형아를 지적하는 평가를 언급했다. 동시에 실제 수치는 훨씬 더 높다고 말했다. 그리고 식량 안보의 부재와 이것이 아이들에게 미치는 영향을 경고하였다.

---

(298) أضافت: "انتشار سلالة أسوأ من الفيروس بين مجموعة ضعيفة من السكان يؤدي إلى تفشي الفيروس بصورة أكثر شدة."

http://www.bbc.com/arabic/science-and-tech-45965615

바이러스보다 더 악성인 종이 (감염)취약 집단 사이에서 전파되는 것은 바이러스 확산을 더 심각하게 유발한다.

---

[1] 간혹 교재에 따라 비교급은 비한정 명사만 수식할 수 있고 우선급에 관사를 넣어 한정 명사를 수식하게 되면 최상급이 된다고 서술되어 있는 경우가 있다. 하지만 **수식으로 활용된 우선급의 관사 여부는 비교급과 최상급을 판단하는 기준이 되지 못 하며,** 이 경우 문맥상 비교대상을 특정할 수 있는지 없는지를 보고 판단하게 된다.

● 비교급은 **동사의 의미를 확장해주는 부사의 역할**도 할 수 있다. 이때, 부사의 역할을 하기 때문에 **목적격으로 써야 한다.**

---

(299) بدأت الهجرة العكسية للفلسطينيين إلى أنحاء العالم كافة، بعد أن توسعت إسرائيل **أكثر** في سيطرتها على الأراضي الفلسطينية.

http://www.bbc.com/arabic/middleeast-46388277

이스라엘이 팔레스타인 영토 지배력을 더욱 확대한 이후 팔레스타인인들이 전 세계로 역 이주를 시작하였다.

● اَكْثَرُ مِنْ ~ 는 ~초과를 의미하고 اَقَلُّ مِنْ ~ 는 ~미만을 의미한다.

---

(300) أشارت إلى أن إجمالي عدد المهاجرين واللاجئين الذين دخلوا أوروبا عبر البحر الأبيض المتوسط بلغ **أكثر من** 60 ألفا منذ بداية العام 2018 وحتى أغسطس/آب الحالي. ويمثل هذا العدد حوالي نصف عدد المهاجرين الذين دخلوا أوربا في هذا الوقت من العام الماضي.

https://news.un.org/ar/story/2018/08/1014782

그녀는 지중해를 건너 유럽에 들어간 이주민과 난민 수의 총 합계는 2018년 초부터 현재 8월까지 6만 명 이상에 달했다고 지적했다. 그리고 이 수치는 지난해 같은 기간에 유럽에 들어간 이민자 수의 약 절반에 해당한다.

---

(301) قال لاركيه إنه وفي غضون **أقل من** أسبوع، تم ضرب أربعة مستشفيات في جنوب إدلب وفي محافظة حماة المجاورة، وهو ما يتعارض مع القانون الإنساني الدولي.

https://news.un.org/ar/audio/2018/09/1016562

라르키는 1주일도 안 되는 기간 내에 이들립 남쪽과 인근의 하마 주의 4개의 병원이 공격받았고 이는 국제인권법에 반하는 것이라고 말했다.

3과. 최상급

1장. 명사를 후치 수식하는 방법[1]

● 우선급이 명사를 후치 수식하는 방식으로 최상급을 표현하기 위해서는 남성 단수 형태만 사용했던 비교급과 달리 **피수식 명사와 성/수 일치**를 시켜야 한다.

하지만 문제는 **우선급의 성/수 변화가 가능한 어근이 극히 제한적**이라는 점이다. 즉, 이런 성/수 변화가 가능한 경우 외에 모든 어근은 최상급도 전부 남성/단수형을 써야 한다.

아래 예시는 여성과 복수형의 사용이 허용되는 형태 중 가장 많이 쓰이는 것들이다.[2]

أَكْبَرُ _ كُبْرَى	أَصْغَرُ _ صُغْرَى	أَعْلَى _ عُلْيَا	أَمْثَلُ _ مُثْلَى	أَفْصَحُ _ فُصْحَى
더/가장 큰	더/가장 작은	더/가장 높은	더/가장 모범적인	더/가장 표준인

أَعْظَمُ _ عُظْمَى	أَدْنَى _ دُنْيَا	أَوْسَطُ _ وُسْطَى	أَفْضَلُ _ فُضْلَى	أَقْصَى _ قُصْوَى
더/가장 위대한	더/가장 낮은	더/가장 중앙인	더/가장 선호되는	더/가장 먼

(302) استجابت الكثير من المؤسسات الكبرى لهذه المطالب من خلال زيادة الانخراط في العمل التطوعي والخيري، ووضع سياسات المسؤولية الاجتماعية للاضطلاع بدور إيجابي في المجتمع.

http://www.bbc.com/arabic/vert-cap-45973597

많은 대형 기관들은 자발적이고 자선적인 활동의 참여를 늘리는 방식과 사회에 긍정적인 역할을 수행하기 위한 사회적 책임 정책을 수립함으로써 이러한 요구에 부응했다.

(303) سينتهز المبعوث الدولي تلك الفرصة ليبحث مع كبار ممثلي هذه الدول سبل التحرك قدما على مسار العملية السياسية ، بموجب قرار مجلس الأمن 2254، بما يتضمن جهود الأمم المتحدة لتيسير إنشاء لجنة دستورية والأبعاد الأوسع لهذا الجهد.

https://news.un.org/ar/story/2018/08/1015582

유엔특사는 이 국가들 고위 책임자들과 유엔 결의안 2254에 의거해서 앞으로의 정치적 활동 방법에 대해 논의할 기회로 삼을 것이다. 결의안 2254는 유엔이 헌법 위원회 설립을 원활하게 만들기 위한 유엔의 노력과 이 노력의 가장 넓은 차원을 담고 있다.

---

[1] 다시 한 번 강조하지만 관사 여부는 비교급과 최상급을 구분하는 기준이 되지 못한다. 즉, 관사가 붙어서 최상급이 되고, 관사가 없어서 비교급이 되는 것이 아니다. 이것은 문맥상 비교대상의 존재 여부로 판단되어 비교대상이 있으면 비교급으로 해석되고, 그렇지 않으면 최상급으로 해석된다.

[2] 이 이외의 어근은 확실하지 않으면 그냥 أَفْعَل 형태로 고정시켜서 사용하길 권장하며, 특히 작문 등의 시험을 볼 경우에는 가급적 다음 장에 나오는 연결형 방식을 이용하여 안전하게 사용하길 권장한다.

(304) يحاول رجال الإطفاء إنقاذ ما يمكن إنقاذه من الهيكل الرئيسي لكاتدرائية نوتردام الأثرية في العاصمة الفرنسية. واندلع حريق في كاتدرائية نوتردام أحد أشهر الصروح الدينية والسياحية في باريس والعالم. ولم يتضح بعد سبب الحريق.

لكن المسؤولين يقولون إنه قد يكون مرتبطا بأعمال التجديد الحاصلة في المبنى. وتجري <mark>عملية كبرى</mark> لإخماد واحتواء الحريق في المبنى ذي الطراز القوطي الذي يعود تاريخه إلى 850 عاما، والذي ارتبط اسمه برواية الكاتب الفرنسي الشهير فيكتور هوغو. لكن برج الكاتدرائية وسقفها قد انهارا.

https://www.bbc.com/arabic/amp/world-47939079

소방관들은 프랑스 수도의 유적지인 노트르담 대성당의 살릴 수 있는 주요 구조물을 구하려고 시도하고 있다. 프랑스와 전 세계에서 가장 유명한 종교적 기념물이자 관광지들 중 하나인 노트르담 대성당에서 화재가 발생했다.

하지만 관계자들은 건축물 안에서 진행 중이던 개보수 작업과 관련될 수 있다고 말하고 있다. 그리고 850년 세월을 거슬러 올라가는 고딕양식건물에 있는 불을 진압하기 위해 최대규모의 작업이 진행 중이다. 이 건축물의 이름은 유명 작가인 빅토르 위고의 소설과 관련 있기도 하다. 하지만 대성당의 첨탑과 천장은 이미 무너져 내렸다.

2장. 후 연결어를 가지는 방법

● 최상급의 의미를 표현할 때 **우선급 뒤에 후 연결어를 결합하는 방법**이 가장 흔하게 사용되는데, 이 방식의 가장 큰 특징은 **우선급의 형태를 남성 단수로 고정**한다는 것이다.

한 편, 후 연결어로 나오는 명사는 비한정 단수가 주로 나오지만 한정명사가 나올 수도 있다. 하지만 이 경우엔 우선급의 성/수는 가능할 경우[1] 후 연결어에 일치되어야 한다.

만약 후 연결어에 **한정 복수명사가 나오게 되면, "가장 ~한 것들 중 하나"의 뜻**이 되는데, 이때 전치사 مِنْ 을 우선급 앞에 써주기도 한다. 그리고 이 경우에도 우선급의 성/수는 가능할 경우 후 연결어에 일치된다.

(305) قال الإبراهيمي، مبعوث الأمم المتحدة والجامعة العربية إلى سوريا، إنه "إذا كان هناك انتخابات، <mark>فأغلب الظن</mark> أن كل أطراف المعارضة ستفقد الاهتمام بالتفاوض مع الحكومة".

http://www.bbc.com/arabic/middleeast/2014/03/140314_syria_brahimi_election_criticism

유엔과 아랍연맹의 시리아 특사인 이브라히미는 "만약 선거가 열린다면, 아마 모든 야당이 정부와의 협상에 흥미를 잃을 가능성이 높다"라고 말했다.

---

[1] 가능할 경우라는 건, 앞에서 언급된 내용 중 성/수 변화가 가능한 어근이 제한적이라는 의미이다. 즉, 우선급의 성/수에 따른 변형이 가능할 경우를 의미힌다.

(306) قال كبير أمناء مجلس الوزراء الياباني يوشيهيدي سوجا إن خيارات فرض عقوبات على كوريا الشمالية بعد إجراء التجربة تشمل قيودا على تجارة المنتجات النفطية، مضيفا أنه يدين التجربة النووية **بأشد العبارات**. وفي وقت سابق، أعلنت إدارة الزلازل بالصين أنها رصدت زلزالا بقوة 6.3 درجات على مقياس ريختر في كوريا الشمالية.

www.aljazeera.net/news/international/2017/9/3/اليابان-كوريا-الشمالية-أجرت-تجربة

스가 요시히데 일본 내각관방장관은 핵 실험을 가장 강한 어조로 비난한다고 덧붙이며, (핵)실험 이후 북한 제재 부과 선택지는 석유제품무역 규제를 포함한다고 말했다. 그리고 일전에 중국 지진청은 북한에서 리히터 6.3 강도의 지진을 관측하였다고 발표했다.

(307) تمثل مالي **أخطر مكان** في العالم بالنسبة لحفظة السلام، حيث شهدت بعثة الأمم المتحدة المتكاملة المتعددة الأبعاد لتحقيق الاستقرار في مالي **أعلى عدد** من الضحايا في العام الماضي، حيث قُتل 21 من حفظة السلام وسبعة مدنيين.

https://news.un.org/ar/story/2018/05/1009531

말리는 평화유지군 입장에서 세계에서 가장 위험한 지역에 해당한다. 국제연합 말리 다각적 통합 안정화 임무단(MINUSMA)은 말리에서 작년 가장 높은 피해자의 수를 목도하였고 21명의 평화유지군과 7명의 민간인이 사망하였다.

4과. 우선급 심화

1장. 구별의 목적어와 우선급

● **구별의 목적어는 단어의 의미를 더 명확하게 만드는 기능을 한다.**

예컨대, "هَذَا التُّفَّاحُ أَشَدُّ احْمِرَارًا مِنْ ذَلِكَ." 의 경우를 보면, "이 사과는 저것보다 붉다는 측면에서 더 강하다." 정도로 직역된다. 즉 **우선급 뒤에 구체화시키고 싶은 특징을 비한정 목적격으로 넣어 주면 된다.** 이 때 이 구별의 목적어는 꼭 우선급의 바로 뒤가 아니어도 된다.

이런 구조의 우선급과 구별의 목적어의 결합은 파생동사의 색깔 표현에서 주로 사용된다.

우선 색깔의 경우, أَسْوَدُ 와 같은 색깔 형용사는 우선급과 형태가 같기 때문에 أَفْعَلُ 형태로 우선급을 만들 수 없다. 따라서 **أَشَدُّ** 혹은 **أَكْثَرُ** 등 과 같은 우선급이 먼저 나온 뒤 색깔 어근의 동명사가 비한정 목적격으로 나온다.

그리고 파생형도 أَفْعَلُ 형태로 우선급을 만들 수 없기 때문에[1] 색깔 형용사와 마찬가지로 **동명사로 바꾼 뒤** 구별의 목적어로 활용되어 أَشَدُّ 혹은 أَكْثَرُ 등 과 같은 단어의 뒤에 **비한정 목적격**으로 놓아서 우선급이 표현된다.

---

[1] 파생형을 비교급의 형태로 바꿀 수 없는 이유는 간단하다. 예컨대, '온건한'을 쓰기 위해서 مُعْتَدِلٌ 을 쓰고자 하는데 이 동사의 어근을 활용해서 비교급을 만들게 되면 أَعْدَلُ 가 된다. 하지만 이 형태는 '더 정의로운'의 의미일 뿐이며, '더 온건한'의 의미로 사용될 수 없다. 따라서 파생형의 의미를 그대로 유지하면서 '더~'를 의미하는 أَشَدُّ 등을 사용하여 비교급을 표시하는 것이다.

(308) قال كارل براور، أحد كبار المحللين في شركة "كيلي بلو بوك" التي تعمل في مجال تقييم السيارات، إنه "لا يوجد حاليا ما هو أسوأ من توقيت هذا القرار بالنسبة لتأثيره على أكثر موديلات سيارات شركة تويوتا انتشاراً".

http://www.bbc.com/arabic/business/2014/01/140131_toyota_halts_us_models_sales

자동차 평가분야 기업인 '켈리 블루 북'의 선임 분석가중 한 명인 카를 브라우르는 "도요타 기업의 가장 유명한 모델들에게 영향을 미치는 것과 관련해서는 현재 이 결정 시기보다 더 안 좋은 것은 없다"고 말했다.

---

(309) على الرغم من أن حكة الصدر ليست من الأعراض الأكثر شيوعا له، فإنه من المعروف أن الجلد حول منطقة الورم السرطاني تصبح أكثر احمراراً، ما يسبب الحكة مع مرور الوقت.

https://www.foochia.com/health-fitness/262740

흉부의 가려움증은 가장 흔한 증상은 아님에도 불구하고, 암 종양 주변 피부는 더 붉어지고 이는 시간이 지나면서 가려움증을 유발한다고 알려져 있다.

---

(310) تلقت البلدان الأشد فقرا أقسى الضرائب، لاعتمادها الكبير على الواردات الغذائية؛ حيث تحصل البلدان النامية على 80% في المتوسط من وارداتها الغذائية من ثلاثة بلدان مصدرة فقط، وترتفع هذه النسبة، في البلدان التي تعاني من الهشاشة والصراع، إلى أكثر من 90%، ما يجعلها أكثر تضررا من التغيير في سياسات البلدان المصدرة.

blogs.worldbank.org/ar/voices/poorest-countries-full-danger-coronavirus-only-just-coming-view

최빈국들은 식료품 수입에 크게 의존하기 때문에 최대 피해를 받았다. 개발도상국은 단 3개국으로부터 평균적으로 식량 수입품의 80%를 얻는다. 그리고 취약함과 분쟁을 겪고 있는 국가들에서 이 비율은 90%이상까지 오르고 있으며, 이는 이 국가들을 수출국가들의 정책 변화에 더 피해를 입게 만들고 있다.

---

(311) قد بينت التقديرات أن حوالي 87% من العمال المهاجرين تتراوح أعمارهم بين 25 و64 سنة، وهو ما يعني أن بعض البلدان التي يأتي منها المهاجرون تفقد جزءا مقدرا من قوتها العاملة الأكثر إنتاجية وشبابا، مما يؤثر سلبا على النمو الاقتصادي في تلك البلدان، حسب التقرير.

https://news.un.org/ar/story/2018/12/1023001

보고서에 의하면 추산치는 약 87%의 이주 노동자들의 연령은 25세에서 64세 사이라고 밝혔다. 이는 이주 노동자들의 자국은 가장 높은 생산성과 젊음을 가진 노동력의 상당부분을 잃는다는 것을 의미하고 이로 인해 그 국가 경제 성장에 부정적인 영향을 미치게 된다.

(312) حذر مدير الأغذية بمنظمة الصحة العالمية في الوقت نفسه من أن المناطق الأكثر فقرا في العالم مثل بعض الدول في أوربا الشرقية وأفريقيا ومناطق في الهند وإيران وباكستان والأرجنتين ما زالت تواجه تحديات كبيرة في التعامل مع هذه المشكلة.

https://news.un.org/ar/story/2018/05/1007592

동시에 세계보건기구 식품국장은 동유럽과 아프리카에 있는 일부 국가들, 인도, 이란, 파키스탄, 아르헨티나와 같이 세계에서 가장 빈곤한 지역들은 여전히 이 문제에 대응하는 데 큰 어려움을 겪고 있다고 경고했다.

---

(313) اختر البطيخة الدائرية : البطيخة الدائرية ألذ وأكثر حلاوة ولونها أشد احمرارا من البطيخة البيضاوية.

https://twasul.info/1105795/

둥근 수박을 고르시오 : 둥근 수박은 더 맛있고 더 달다. 둥근 수박의 색은 타원형의 수박보다 더 붉다.

---

(314) قالت منسقة السياسة الخارجية في الاتحاد الأوروبي، فيديريكا موغيريني، الخميس، إن قرار الرئيس الأميركي، دونالد ترامب، القاضي بالاعتراف بالقدس عاصمة لإسرائيل "سيأخذنا إلى أوقات أكثر سوادا."

موغيريني-قرار-ترامب-يقودنا-لأوقات-https://www.skynewsarabia.com/world/1002736

목요일 피디리카 무기리니 EU의 대외 정책 조정관은 도널드 트럼프 미 대통령이 예루살렘을 이스라엘의 수도로 인정하기로 한 결정은 우리를 더 검은 시간으로 이끌 것이라고 말했다.

---

(315) توفر شركة "أوسرام" ما يعرف بمصابيح الأداء الفائق لزيادة فاعلية الإضاءة، ومن المفترض أن يولد مصباح الهالوجين الساطع من أوسرام مقارنة بمصباح تقليدي ما يصل إلى 130% من الضوء الإضافي وشعاع طوله 40 مترا، وتضمن حوالي 20% ضوء أكثر بياضا لتوفير رؤية أفضل.

https://www.masrawy.com/autos/tips/details/2018/11/10/1459919/ال-إضاءات-تعديل-يمكن-وهل-السيارة-كشافات-تحديث-اشروطled والزينون

오스람 기업은 빛의 효율을 높인 고성능 램프로 알려진 것을 공급하며, 오스람의 밝은 할로겐 전구는 기존 전구와 비교하여 130%에 달하는 추가적인 빛과 길이가 40미터에 이르는 광선빔을 생산한다고 추정된다. 그리고 그 할로겐 전구는 더 나은 시야를 공급하기 위해 약 20%정도 더 하얀 빛을 보장한다.

(316) أوضح أحدث إحصاء لمؤسسة "بيو" للأبحاث في الولايات المتحدة، أن أبناء جيل الألفية ليسوا أقل تمسكا بوظائفهم من أبناء الجيل الذي يسبقهم، عندما كانوا في نفس الفئة العمرية.

http://www.bbc.com/arabic/vert-cap-45973597

미국의 '퓨' 연구센터의 최신 통계는 밀레니엄 시대는 동일한 나이 대에 있었을 때 이전 세대보다 그들의 직업을 덜 고수하는 것은 아니라고 밝혔다.

---

(317) قال الممثل الخاص للأمين العام في ليبيا غسان سلامة إن هناك رغبة قوية في تجديد المشهد السياسي الليبي وتأكيد السلطة المحلية والعودة إلى حياة أكثر طبيعية مع مؤسسات أكثر انتظاما.

https://news.un.org/ar/story/2018/05/1008972

가산 살라마 사무총장의 리비아 특사는 리비아 정치적 상황을 새롭게 만들고 싶고, 국내 정권을 공고히 만들고 싶고, 더욱 체계적인 기관과 함께 더 정상적인 삶으로 돌아가고자 하는 강한 열망이 있다고 말했다.

---

(318) كلنا نعلم أن النصرة والحكومة لديهما القدرة على استخدام الكلورين وتحويله إلى سلاح، بما يزيد شعورنا بالقلق.

لا يوجد سبيل سهل لإيجاد حل عادل لأسوأ الاحتمالات الممكنة في إدلب، ولكن يتعين علينا مواصلة الضغط المعنوي لضمان عدم التسرع بالقيام بالخيار العسكري وخاصة ما قد يؤدي إلى أسوأ السيناريوهات، وإتاحة مزيد من الوقت للتوصل إلى صيغة أكثر استدامة لمحاربة الإرهابيين ونفس الوقت حماية السكان.

https://news.un.org/ar/story/2018/08/1015702

우리 모두는 알누스라 전선과 정부는 염소를 사용하고 이를 무기로 변환시킬 능력이 있다는 것을 그리고 이것이 우리의 두려움을 증가시킨다는 것을 알고 있다.

이들립에서 최악의 발생 가능한 가능성에 대한 적절한 해법을 찾기 위한 쉬운 방법은 없지만 우리는 군사적 선택 특히 최악의 시나리오를 초래할 수 있는 것을 성급히 하지 않는 것을 보장하기 위해 윤리적 압박을 지속해야 하고, 주민들을 보호하는 동시에 테러리스트들과의 전쟁을 함에 있어 더 지속 가능한 형식으로 도달하기 위한 추가적인 시간을 확보해야 한다.

2장. 서수와 최상급의 결합

● 최상급은 서수인 숫자와 연결형을 이루어 몇 번째로 가장 ~한지 표현할 수 있다. 이는 **남성 서수가 우선급을 후 연결어로 취하는 형태**로 만들어진다.

---

(319) المغرب يمتلك سادس أقوى جيش على المستوى العربي وفي المرتبة 55 عالميًا.

https://www.almaghribtoday.net/314/001742-المغرب-يمتلك-سادس-سادس-على-المستوى-العربي-وفي-المرتبة-55-عالميا

모로코는 아랍 수준에서 6번째, 세계 수준에서 55번째로 강한 군대를 보유하고 있다.

---

(320) تراجع ترتيب مارك زوكربيرج، الرئيس التنفيذي لشركة فيسبوك، من كونه ثالث أغنى شخص في العالم إلى المركز السادس، وذلك وفقا لمؤشر بلومبرغ لأصحاب المليارات، حيث فقد مارك 31 مليار دولار من ثروته منذ بداية العام، ويعود السبب بذلك إلى انخفاض سعر سهم فيسبوك، حيث وصل إلى أدنى مستوى له منذ شهر أبريل/نيسان من العالم المضي، مما جعل القيمة السوقية للشركة تصل إلى 401 مليار دولار فقط.

https://akhbaar24.argaam.com/article/detail/417605

블룸버그의 억만장자 지수에 의하면, 마크 저커버그 페이스북 최고경영자의 순위는 세계 3번째 부호에서 6번째로 밀려났다. 마크는 올해 초부터 페이스북 주가 하락으로 인해 310억 달러를 잃었다. 주가는 작년 4월 이후 가장 낮은 수준에 달했고, 이는 페이스북의 시장가치를 겨우 4010억 달러에 달하게 만들었다.

---

(321) عندما يحترق الوقود الأحفوري – مثل النفط والغاز والفحم – لتشغيل المركبات والسيارات، يتسبب ذلك في تلوث الهواء، وهو ما يسبب بدوره المشاكل الصحية.

ووفقا لتقرير خاص صادر عن منظمة الصحة العالمية يوم الأربعاء، يعد تلوث الهواء الآن رابع أكبر مسببات الوفاة في العالم، إذ يموت جراءه حوالي سبعة ملايين شخص سنويا.

https://news.un.org/ar/story/2018/12/1023061

석유, 천연가스, 석탄과 같은 화석 연료가 차량 작동을 위해 연소될 때 이는 대기 오염을 유발하고, 이는 결국 건강상의 문제들을 유발한다.

수요일 세계보건기구에서 발간된 보고서에 의하면, 지금 대기 오염은 세계에서 4번째로 가장 큰 사망 원인이며, 이로 인해 매년 약 7백만 명이 사망하고 있다.

9단원. 특수 목적어

1과. 구별의 목적어

1장. 구체적 대상 표현

● 구별의 목적어는 **앞의 어떤 명사의 의미를 구체화시키는 역할**을 한다.

> (322) ثمن مجلس النواب مواقف الشعوب العربية الحرة التي عبرت عن رفضها واستنكارها
> لزيارة ولي العهد السعودي محمد بن سلمان لبلدانها، احتجاجاً على الجرائم البشعة التي
> اجترحها ونظامه بحق الشعب اليمني أطفالا وشيوخا ونساء.
>
> http://www.althawranews.net/archives/549729
>
> 무함마드 빈 살만 사우디 왕세자와 그의 체제가 예멘 국민 특히 아이들과 노인들 그리고 여성
> 들에게 자행한 잔악한 범죄에 항의하기 위해, 그가 아랍국가들을 방문하는 것에 대한 거부 및
> 비난을 표현한 아랍 국민들의 자유로운 입장을 의회는 높이 평가하였다.

> (323) قضت محكمة جنايات ديالى، الأربعاء، حكما بالإعدام شنقا حتى الموت بحق إرهابي
> عن جريمة تفجير سيارة مفخخة على مجلس عزاء في منطقة ابي صيدا.
>
> https:// www.alsumaria.tv/news/267552/م-على-مفخخة-سيارة-فجر-الإرهابي-الإعدام-ديالى-جنايات/ar
>
> 디얄라 형사법원은 수요일 폭탄차량으로 아부 사이다 지역의 장례식장을 폭파시킨 범죄를 저
> 지른 테러범에 대해 교수형을 선고했다.

2장 كَمْ 과의 결합

● كَمْ 뒤에 일반 명사를 목적격으로 두어서 "얼마나 많은 ~"라는 의미를 나타낼 때 사용된다.

> (324) كم مصابا في داونينغ ستريت؟
>
> لم يتضح على الفور عدد الموظفين بمقر الحكومة في داونينغ ستريت وكبار الوزراء الذين
> سيضطرون لعزل أنفسهم، نظرا إلى أن كثيرا منهم كانوا على اتصال بجونسون خلال الأيام
> والأسابيع الأخيرة.
>
> http://www.aljazeera.net/news/politics/2020/3/27/فيروس-إصابة-جونسون-بوريس-بريطانيا
>
> 다우닝가(Downing Street)에 얼마나 많은 확진자가 있는가?
> 자가격리를 해야하는 다우닝가 관청에 머무는 직원들과 고위급 장관들의 수는 곧장 특정되지
> 않았는데, 이는 이들 중 다수가 존슨과 최근 수일 및 수주간 연락을 해왔기 때문이다.
>
> ** 영국의 다우닝가는 고위공무원의 관저가 몰려있는 거리이다.

2과. 절대 목적어[1]

● 절대 목적어는 **문장에서 쓰인 동사의 동명사를 비한정 목적격으로 놓음으로써 부사적으로 기능**을 하는데, 이 때 이 동명사를 단독으로 쓰면 그 동사의 단순 강조가 되며, 형용사와 함께 사용되면 그 형용사가 동사의 행위를 부연하게 된다.

> (325) كثرة الحركة والرياضة وترك الكسل وفي أقل الأحوال ينصح المريض بأن يمشي **مشيا**
>
> **سريعا** لمدة نصف ساعة يوميا.
>
> www.alriyadh.com/1101161
>
> 잦은 움직임과 운동 그리고 게으름을 떨쳐내기 그리고 환자는 매일 최소 30분간 빠르게 걷는 것이 좋다.

● 이렇게 동명사가 형용사의 수식을 받는 형태는 보통 동명사는 생략되고 형용사만 목적격으로 남아있는 형태로 주로 사용된다.

> (326) أعلن متحدّث باسم جهاز الإطفاء في القدس في بيان أن "الحريق يتمدد **سريعا** بسبب
>
> الرياح القوية وقد استدعينا عناصر إطفاء من مناطق عدة لمساعدتنا".
>
> www.alhurra.com/israel/2021/08/15/عدة-قرى-في-إخلاء-وعمليات-القدس-أطراف-سريعا-يتمدد-حريق
>
> 예루살렘 소방청 대변인은 성명에서 강풍으로 인해 화재가 빠르게 확산되고 있으며, 우리는 도움을 요청하고자 여러 지역들로부터 소방대원들을 소집했다고 발표했다.

● 한편, 동명사가 부분이나 전체 등 **정도를 의미하는 명사/형용사와 연결형을 이루어서 동사를 강조할 수도 있다.**

> (327) حفظة السلام الأعزاء، لقد أثبتم قدرتكم على تقديم كل التضحيات. الكثيرون من زملائكم
>
> قدموا التضحية الكبرى بالحياة من أجل حماية أرواح المدنيين الماليين. أود أن **أشكركم جزيل**
>
> **الشكر** على هذه الجهود وهذه التضحيات، وأشيد بكم وأقول لكم كم أنا فخور بالعمل معكم.
>
> كقوات لحفظ السلام، فأنتم الرمز الأكثر وضوحاً للأمم المتحدة نفسها.
>
> https://news.un.org/ar/story/2018/05/1009531
>
> 친애하는 평화유지군 여러분, 여러분들은 모든 희생을 감수할 수 있다는 것을 증명하였다. 여러분들의 많은 동료들은 말리 민간인들의 목숨을 위해 위대한 희생을 하였다. 나는 여러분들에게 이러한 노고와 희생에 매우 감사하고, 높이 치하하며, 여러분들의 일이 자랑스럽다. 평화유지군으로서 여러분들은 가장 분명한 유엔 그 자체의 상징입니다.

---

[1] 문장에서 사용된 동사의 동명사를 사용한다는 절대목적어의 특징 때문에 이를 동족목적어라고 칭하기도 한다.

3과. 이유 목적어

● 이유 목적어는 이유나 목적을 나타내기 위해 사용된다. 이 경우 **동명사를 비한정 목적격으로** 놓고 "~하기 위해서" 혹은 "~의 이유로, ~라서"라고 해석한다. 즉 "왜?" 라는 질문에 답을 할 수 있는 의미면 된다.

---

(328) يبدأ الرئيس عبد الفتاح السيسي غدًا الأحد، زيارة رسمية إلى مدينة شيامين الصينية في مستهل زيارة تستمر٣ أيام للمشاركة في اجتماعات الدورة التاسعة لقمة دول تجمع "بريكس" تلبية لدعوة من الرئيس الصيني شي جين بينج.

http://www.vetogate.com/2855371

압둘 파타흐 시시 대통령은 내일 일요일 시진핑 중국 주석의 초청에 응하여 제 9회 브릭스 정상 회담에 참여하기 위해 3일간의 방문을 시작으로 하여 중국 샤먼 공식방문을 시작한다.

---

(329) ثانيا: حرص مصر على فتح قنوات اتصال مع دول البريكس تمهيدًا لتوقيع الاتفاقيات والبروتوكولات التي تخدم الاقتصاد المصري في المستقبل.

http://www.vetogate.com/2855371

둘 째 : 이집트가 향후 이집트 경제에 기여할 협정과 프로토콜에 서명을 수월하게 만들기 위해 브릭스 국가들과 연락 채널을 열고자 희망함.

---

(330) تقول مفوضية شؤون اللاجئين إنها، استنادا إلى نتائج هذه الدراسة الميدانية، ستعمل على صقل وتحسين وتعزيز الحماية والمساعدات الحالية التي تقدمها للاجئين الروهينجا.

http://www.unmultimedia.org/arabic/radio/archives/270364/#.WjpvV_5G1PY

유엔 난민기구는 이 현장 조사의 결과를 토대로 하여 현재 로힝야 난민들에게 제공하고 있는 보호 및 원조를 수정과 개선 및 강화를 위해 노력할 것이라고 말한다.

---

(331) قررت الطوائف المسيحية ومحافظة بيت لحم إلغاء مظاهر الاحتفال في ساحة كنيسة المهد الليلة، والاكتفاء بالشعائر الدينية وقداس منتصف الليل، احتجاجا على قرار ترمب الخاص بالقدس.

https://www.aljazeera.net/news/arabic/2017/12/24/بيت-لحم-تحتفل-بالميلاد-وتتحدى-قرار-ترمب

기독교 단체와 베들레헴 주는 트럼프의 예루살렘 결정에 항의하기 위해 오늘 밤 예수탄생기념성당의 광장 축제를 취소하고 종교 의식과 자정미사를 하는 것에 그치기로 결정하였다.

10단원. 상태문

1과. 상황절

1장. 상태문의 개념과 구조

● 상태문은 주절(A)이 있는 동시에 그 문장이 어떤 특정한 상태나 상황(B)에서 발생하고 있는지 표현할 때 사용된다. 그래서 '**B한 상태로** A가 발생하다', '**B하면서** A가 발생하다' 로 주로 해석이 되며, "B한 상태로", "B하면서" 가 상태문에 해당한다.

상태문의 구조를 보면, 우선 주절이 먼저 나온 뒤, 상황 접속사 وَ 와 상황 주체를 받아주는 대명사를 써준다. 이 때 상황 주체란 주절에서 추가로 그 상태가 묘사되는 명사를 의미하는데, 이 **상황 주체는 한정 상태의 명사**로만 나올 수 있다. 마지막으로 상황/상태에 대한 서술을 써주면 된다. 이 때 이 서술어는 **형용사(2장), 전치사/부사구(2장), 동사(3장)**가 자유롭게 나올 수 있다.

2장. 상황절이 명사문인 경우

	상황절(B)		주절(A)
상황 서술	상황 주체 대명사	상황 접속사	
جَوْعَانُ.	هُوَ	وَ	يَنَامُ مُحَمَّدٌ فِي غُرْفَتِهِ

무함마드는 **배고픈 상태로** 그의 방에서 자고 있다.

عَلَى قَيْدِ الْحَيَاةِ.	هُمْ	وَ	رَجَعَ كُلُّ الْأَطْفَالِ الْمَخْطُوفِينَ إِلَى بِلَادِهِمْ

납치된 모든 아이들은 **살아있는 상태로** 본국으로 돌아왔다.

● **상황절이 명사문**이라는 의미는 주절에 **특정한 상태를 추가로 설명**하고 싶은 존재가 있다는 것을 의미한다.

> (332) لم تكن آسيا في قاعة المحكمة لتسمع الحكم، لكنها لم تصدقه عندما سمعت به وهي في السجن.
>
> http://www.bbc.com/arabic/world-46044584
>
> 아스야는 판결을 들으러 법원에 나가지 않았지만 감옥에 있으면서 판결을 들었을 때 이를 믿지 않았다.

> (333) نسبت وكالة رويترز إلى مصدر بالقطاع على هامش المؤتمر الوزاري الدولي للطاقة النووية المنعقد حاليا في أبوظبي قوله إن "السعودية أرسلت للتو في طلب المعلومات من عدة شركات وهي قيد الدراسة" وأنها منحت الشركات مهلة نحو شهرين لإرسال ردودها.
>
> https://alarab.co.uk/السعودية-تبدأ-رحلة-توليد-الكهرباء-من-الطاقة-النووية
>
> 로이터 통신은 현재 아부다비에서 개최된 원자력 에너지 국제 장관급 회의와 별개로 그 부문의 한 소식통이 "사우디는 조사를 하면서 즉각 여러 기업들에게 정보들을 요청했으며, 회신을 위해 기업들에게 약 두 달 간의 시간을 주었다."라고 한 말을 인용하여 보도하였다.

(334) لم يرد المركز الصحي، وهو مملوك للقطاع الخاص، على طلب للتعليق من بي بي سي. ووفقا للبيان الصادر عن وزارة الصحة، بدأ مسؤولو الولاية إجراء تحقيق يوم الأحد واستمر يوم الثلاثاء.

http://www.bbc.com/arabic/science-and-tech-45965615

민간 기관에 소유되어 있는 보건센터는 BBC의 의견 요청에 응하지 않았다. 보건부 성명서에 의하면, 주 관계자들은 일요일 조사를 착수했고 화요일에도 조사는 계속되었다.

---

(335) يضيف عبد الرحمن "من وجهة نظر دينية وإنسانية وأخلاقية، كيف يمكننا أن نتحمل مسؤولية إرسال تلك الحيوانات البريئة إلى دول قد تسلخ فيها وهي حية أو تصبح طعاما على مائدة البعض؟".

http://www.bbc.com/arabic/middleeast-46378513

압둘 라흐만은 "종교적, 인도적, 윤리적 관점에서 우리는 이 무고한 동물들을 산 채로 가죽이 벗겨지거나 식탁 위 음식이 될 수 있는 국가들로 보내는 것에 대한 책임을 어떻게 질 수 있느냐"고 덧붙인다.

3장. 상황절이 동사문인 경우

상황절(B)			주절(A)
상황 서술	상황 주체 대명사	상황 접속사	
تَسْمَعُ الْأُغْنِيَةَ.	هِيَ	وَ	تَرْقُصُ فَاطِمَةُ عَلَى خَشَبَةِ الْمَسْرَحِ.
파티마는 **노래를 들으며** 무대 위에서 춤을 추고 있다.			
يُضِيفُ أَنَّ ~.	هُوَ	وَ	كَشَفَ وَزِيرُ الْخَارِجِيَّةِ عَنِ النَّتِيجَةِ
외무장관은 **~라고 덧붙이며** 그 결과를 공개했다.			
يُشِيرُونَ إِلَى أَنَّ ~.	هُمْ	وَ	حَذَّرَ الْخُبَرَاءُ مِنْ تَفَشِّي الْفَيْرُوسِ
전문가들은 **~라고 지적하며** 바이러스 확산을 경고했다.			

● 명사문과 마찬가지로 동사문을 쓸 경우에도 وَ 다음에 상황 주체 대명사를 써줘야 한다. 하지만 이 '상황 접속사+상황 주체 대명사' 전체를 생략해도 무방하다.

---

(336) قالت وسائل إعلام أمريكية إن باورز صاح "كل اليهود يجب أن يموتوا" وهو يشن الهجوم. وقالت تقارير إن منشورات شخص يدعي روبرت باورز على شبكات التواصل الاجتماعي كانت تعج بالتعليقات المعادية للسامية.

http://www.bbc.com/arabic/world-46004912

미 언론은 바루스는 총격을 가하면서 "모든 유대인은 죽어야 한다"라고 소리쳤다고 보도했다. 보고서는 sns상에서 로버트 바루스라 주장하는 사람의 게시글들은 반유대 글로 가득 차 있었다고 발표했다.

(337) يحضر الرئيس الفلسطيني محمود عباس ومسؤولون أجانب - بينهم وزير خارجية مالطا - قداس منتصف الليل الذي يترأسه رئيس الأساقفة بيير باتيستا، بحضور آلاف الأجانب. وكانت عشرات الفرق الكشفية الفلسطينية قد جابت شوارع مدينة بيت لحم وهي تعزف الأغاني الوطنية.

بيت-لحم-تحتفل-بالميلاد-وتتحدى-قرار-ترمب/https://www.aljazeera.net/news/arabic/2017/12/24

마흐무드 압바스 팔라스타인 수반과 말타 외무부 장관을 포함한 외국 책임자들은 수 천명의 외국인 참석 하에 피에르 바티스타 총대주교가 집전하는 자정미사에 참석한다. 수 십 개의 팔레스타인 스카웃팀은 조국찬가를 연주하면서 베들레헴 거리들을 돌아다녔다.

(338) نجح اليوتيوبر الكويتي الشاب حسن سلمان، الشهير في يوتيوب بـ"أبو فلة"، في جمع مبلغ مليون دولار أميركي لصالح اللاجئين والنازحين السوريين، بالتعاون مع مفوضية اللاجئين التابعة للأمم المتحدة، خلال بث مباشر استمر لدة 28 ساعة، وسط إشادات بخطوته في مواقع التواصل الاجتماعي.

ونشر ناشطون مقاطع فيديو لـ"أبو فلة"، وهو مدون في "يوتيوب" متخصص في ألعاب الفيديو وجمهوره الأساسي من الأطفال والشباب صغار السن، وهو يبكي فرحاً بعد وصوله إلى جمع مبلغ مليون دولار أميركي، واحتفاله مع أصدقائه بهذا الإنجاز الذي استمر مدة 28 ساعة..

دفي-قلوبهمتجمع-مليون-دولار-لمساعدة-اللاجئين/www.infomigrants.net/ar/post/36141

유튜브에서 '아부 필라'로 유명한 하싼 살만 쿠웨이트 청년 유튜버는 sns에서 그의 행보에 대한 찬사를 받으며, 28시간동안 진행된 생방송 동안 유엔난민고등판무관과 협력해서 시리아 난민과 피난민들을 위한 100만 달러를 모금하는데 성공했다.

그리고 주 시청자가 아이들과 청소년인 비디오 게임 전문 유튜버인 '아부 필라'가 100만 달러를 모금하고 28시간이 걸린 성공을 친구들과 축하한 뒤 기뻐하며 울고 있는 비디오 클립을 활동가들이 개제했다.

(339) فجأة.. استيقظت المنطقة صباح الجمعة قبل الماضي، على نبأ وجود بنيامين نتنياهو برفقة زوجته سارة في سلطنة عُمان، وقد بدا في الصورة المنشورة سعيداً يصافح السلطان قابوس، بينما الزوجة المثيرة للجدل دائماً تقف وراءه، وهي تراقب المصافحة.

https://www.almasryalyoum.com/news/details/1340638

갑자기..지지난(=2주전) 금요일 아침에 베냐민 네타냐후가 그의 아내 사라와 함께 오만에 있다는 소식으로 나라가 들썩였다. 게시된 사진에서 그는 카부스 술탄과 악수하며 즐거워 보인 반면 늘 논란을 일으키는 아내는 악수하는 것을 지켜보며 그의 뒤에 서있다.

2과. 상황어

● 상황어란 상황절의 상황접속사와 상황주체 대명사가 생략되면서 **상황절이 그대로 목적격으로 변하는 경우**를 말한다. 만약 상황 서술이 동사일 경우 이 동사는 분사로 변한 뒤 목적격으로 표현된다. 이 때 상황어의 **성과 수는 상황주체와 일치해야 하는 것에 주의**해야 한다.

상황절(B)			주절(A)
상황 서술	상황 주체 대명사	상황 접속사	
جَوْعَانَ.		(생략)	يَنَامُ مُحَمَّدٌ فِي غُرْفَتِهِ
무함마드는 **배고픈 상태로** 그의 방에서 자고 있다.			
عَلَى قَيْدِ الْحَيَاةِ.		(생략)	رَجَعَ كُلُّ الْأَطْفَالِ الْمَخْطُوفِينَ إِلَى بِلَادِهِمْ
납치된 모든 아이들은 **살아있는 상태로** 본국으로 돌아왔다.			
سَامِعَةً الْأُغْنِيَةَ.		(생략)	تَرْقُصُ فَاطِمَةُ عَلَى خَشَبَةِ الْمَسْرَحِ
파티마는 **노래를 들으며** 무대 위에서 춤을 추고 있다.			
مُضِيفًا أَنَّ ~.		(생략)	كَشَفَ وَزِيرُ الْخَارِجِيَّةِ عَنِ النَّتِيجَةِ
외무장관은 **~라고 덧붙이며** 그 결과를 공개했다.			
مُشِيرِينَ إِلَى أَنَّ ~.		(생략)	حَذَّرَ الْخُبَرَاءُ مِنْ تَفَشِّي الْفَيْرُوسِ
전문가들은 **~라고 지적하며** 바이러스 확산을 경고했다.			

---

(340) تعمل الشركة اليابانية جاهدة على إعادة بناء سمعتها وذلك بعد سلسلة من عمليات الاستدعاء لمركباتها في السنوات الأخيرة نتيجة لعدد من الأسباب. حيث إنه وخلال العامين الماضيين فقط، استرجعت الشركة ما يقرب من 20 مليون مركبة من موديلاتها على مستوى العالم.

http://www.bbc.com/arabic/business/2014/01/140131_toyota_halts_us_models_sales

일본 회사는 최근 여러 이유로 일련의 차량 리콜 사태를 겪은 이후 명성을 회복하기 위해 열심히 노력하고 있다. (명성이 떨어진 이유는) 도요타는 지난 단 2년 동안 전 세계적으로 약 2천만 대의 차량을 리콜했기 때문이다.

---

(341) سبق أن أعلنت السعودية، عضو منظمة الدول المصدرة للنفط (أوبك)، رغبتها في دخول مجال الطاقة النووية للأغراض السلمية لتنويع مصادر الطاقة، مؤكدة أنها ستمنح عقد بناء أول مفاعلين نوويين بالبلاد بحلول نهاية 2018.

https://alarab.co.uk/السعودية-تبدأ-رحلة-توليد-الكهرباء-من-الطاقة-النووية

석유수출기구(OPEC) 회원국인 사우디는 2018년 말까지 사우디의 핵원자로 2기 중 하나의 건설계약을 부여할 것이라고 강조하면서 에너지원 다양화를 위해 평화적 목적을 위한 핵 에너지 분야로 들어가고가 하는 바람을 발표한 바 있다.

(342) يذكر أن الضغوط الدولية دفعت السعودية لتعليق عملياتها العسكرية في اليمن، لكن اشتباكات متفرقة وقعت منذ الإعلان عن هدنة هشة في 13 نوفمبر/تشرين ثاني. وقال المسؤول الأممي إن الإغاثة الإنسانية تساعد الكثير من هؤلاء الأطفال على الشفاء، لكن الكثيرين منهم ينهارون مجددا لأن عائلاتهم لا تستطيع توفير الغذاء أو الدواء لهم. وأكد لوكوك على استعداد الأمم المتحدة للعب دور في تأمين بقاء ميناء الحديدة مفتوحا لتأمين وصول مواد الإغاثة إلى اليمن. وأفادت تقارير بوقوع اشتباكات بين قوات الحكومة والحوثيين الذين يسيطرون على نقاط حساسة في ميناء الحديدة.

http://www.bbc.com/arabic/middleeast-46412560

국제적 압박이 사우디로 하여금 예멘에서의 군사 작전을 중단케 만들었다고 지적된다. 하지만 11월 13일 부실한 휴전을 선언한 이후 산발적인 교전이 벌어졌다. 유엔 관계자는 인도적 구호는 많은 아이들이 회복되도록 도와준다고 말했다. 하지만 이들 중 다수는 가족이 식량과 약을 제공하지 못 해서 다시 악화되고 있다. 루쿠크는 유엔이 호데이다 항구가 예멘으로 구호물자가 도달하는 것을 확실히 하기 위해 개방된 상태로 남아있도록 보장하는 데에 역할을 준비해야 한다고 강조하였다. 그리고 보고서들은 정부군과 호데이다 항구 내의 요충지를 장악하고 있는 후티군간의 교전 발생에 대해 보고했다.

(343) قال الرئيس الفنزويلي إن مجموعة صغيرة فقط من الجيش انضمت إلى زعيم المعارضة خوان غوايدو، معلنا فشل خططهم للإطاحة به، وأنه سيتم تقديمهم للعدالة. وشهدت العاصمة كاراكاس اضطرابات شديدة يوم الثلاثاء، ومسيرات شعبية واشتباكات بين قوات من الجيش موالية لمادورو وعسكريين منشقين أعلنوا الانضمام إلى غوايدو.

http://www.bbc.com/arabic/world-48115327

베네수엘라 대통령은 매우 작은 군 집단만이 반군 지도자 후안 구아이도의 편이라고 말했다. 그리고 그들의 쿠데타 계획은 실패했으며, 그들은 법의 심판을 받게 될 것이라고 밝혔다. 그리고 베네수엘라 수도 카라카스는 화요일 격렬한 소요사태와 대중 시위 그리고 친 마두로 군대와 구아이도의 편에 서겠다고 밝힌 반 체제 병력들 사이의 교전을 목격했다.

(344) دانت روسيا قرار أميركا تزويد أوكرانيا بأسلحة دفاعية متطورة، محذرة من أن ذلك قد يؤدي لحمام دم جديد شرقي أوكرانيا، حيث تتصاعد الاشتباكات بين القوات الأوكرانية والمسلحين الانفصاليين الذين تدعّمهم موسكو.

http://www.aljazeera.net/news/international/2017/12/23/موسكو-تحذر-من-تزويد-أوكرانيا-بسلاح-أميركي-متطور

러시아는 미국이 우크라이나에 선진방어무기를 공급한다는 결정을 비난하였고 이는 우크라이나 군과 러시아가 지원하는 무장 분리주의자들 간 교전이 고조되고 있는 우크라이나 동부에 새로운 피바다를 초래할 수 있다고 경고하였다.

(345) أوضح أن المنظمات الإنسانية تقوم بكل ما في وسعها للحفاظ على الاستجابة الحالية والاستعداد لمزيد من التدهور **داعيا** أعضاء المجلس إلى بذل كل ما في وسعهم لضمان تجنب ذلك.

https://news.un.org/ar/story/2018/08/1015582

그는 인권기구들은 추가적인 붕괴에 대한 현재의 대응과 대비를 유지하기 위해 할 수 있는 최선을 다 하고 있다고 밝혔고 위원회 회원들에게 붕괴 회피를 보장하기 위해 최선을 다 해 달라고 촉구하였다.

---

(346) تابعت **مراسلة** الجزيرة أن الرسالة الأولى والأخيرة في مراسم عيد الميلاد هذا العام هي أن القدس مدينة عربية إسلامية مسيحية محتلة، والعاصمة الأبدية لدولة فلسطين، **مشيرة** إلى أن هذا الشعار يرفع في شوارع مدينة بيت لحم وحاراتها.

https://www.aljazeera.net/news/arabic/2017/12/24/قرار-ترمب-وتتحدى-بالميلاد-تحتفل-لحم-بيت

알자지라 특파원은 올해 성탄절 축제의 처음이자 마지막 메시지는 예루살렘은 아랍-이슬람-기독교의 도시이고 팔레스타인의 영속된 수도라는 것이라 보도했으며, 이 구호는 베들레헴의 거리와 골목에서 드높여졌다.

---

(347) أفاد تقرير لمنظمة العمل الدولية، بأن **عدد** الأشخاص العاطلين عن العمل في جميع أنحاء العالم، تخطى 200 مليون شخص، **مرتفعا** بمقدار 3.4 ملايين شخص منذ العام الماضي.

http://assabah.ma/254838.html

국제노동기구의 보고서는 전 세계 실업자 수는 지난 해부터 약 340만 명이 올라 2억 명을 넘겼다고 발표했다.

---

(348) نددت **اليابان** بالتجربة **ملوحة** بعقوبات جديدة، كما دعا رئيس كوريا الجنوبية إلى رد قوي على هذه التجربة.

http://www.aljazeera.net/news/international/2017/9/3/سادسة-نووية-تجربة-أجرت-الشمالية-كوريا-اليابان

일본은 새로운 제재를 제기하면서 (핵)실험을 비난하였다. 또한 한국 대통령은 이 실험에 강력한 대응을 촉구하였다.

(349) أشارت بيرس إلى أن مجلس الأمن تلقى إحاطتين من كل من المدير العام لمنظمة الصحة العالمية الدكتور تيدروس أدهانوم غبريسوس، ورئيسة بعثة الأمم المتحدة لحفظ السلام في جمهورية الكونغو الديمقراطية ليلى زروقي، مشيدة بالجهود الأممية للتصدي للمرض واحتوائه برغم التحديات التي تكتنف بيئة التشغيل.

https://news.un.org/ar/story/2018/08/1015622

비로스는 근무 환경을 둘러싸고 있는 도전과제에도 불구하고 질병에 대응 및 해결하기 위한 국제적 노력을 치하하면서 안보리는 테드루스 아드하눔 그부리수스 세계보건기구 국장과 레일라 자루끼 콩고민주공화국 평화유지군 유엔 특사단장으로부터 2개의 브리핑을 받았다고 지적했다.

(350) دعت المفوضة السامية إلى الاعتبار من هذه الأفعال الجسيمة والتفكر فيها، مشددة على أهمية المساءلة في إنهاء الإبادة الجماعية.

https://news.un.org/ar/audio/2018/09/1016742

유엔인권기구는 집단학살종식 사안의 중요성을 강조하면서 이러한 잔혹한 행위로부터 교훈을 느끼고 생각해보길 촉구하였다.

(351) أضاف أن مهنة المتاعب أضحت مهنة التضحيات، في ظل تزايد عدد الصحفيين الذين سقطوا في الحروب والنزاعات، مناشدا المؤسسات الدولية وضع قوانين تحمي الصحفيين.

http://www.aljazeera.net/news/arabic/2018/11/1/عزما-تزداد-الجزيرة-والعشرين-الثانية-تأسيسها-ذكرى-في

그는 국제 기관들에게 언론인을 보호하는 법을 제정해달라고 요청하면서 전쟁과 분쟁에 떨어진 기자들의 수가 증가하면서 고난의 직업은 희생의 직업이 되었다고 덧붙였다.

11단원. 조건문

1과. 조건문 기초

● 조건문은 '만약'에 해당하는 조건사와 그 조건사가 이끄는 조건절 그리고 그 조건의 결과를 나타내는 조건 결과절로 구분된다.

이 때, 조건사의 종류에 따라 조건절과 결과절에 사용해야 하는 동사의 형태가 정해져 있고, 각각의 조건사는 품고 있는 어감에도 차이가 있어서 상황에 따라 구분해서 사용해야 한다.

우선 아래 표를 통해 개략적인 사항을 확인하고 세부적인 내용을 보도록 하자. 특히 아래 표에서 조건절과 결과절의 해석을 유의해서 학습하길 바란다.

조건 결과절 (~할 것이다)	조건절 (~한다면)	조건사 (만약)
فَعَلَ أَوْ يَفْعَلُ	فَعَلَ	إِذَا

● إِذَا 조건사는 조건절의 내용을 실행할 여유가 충분하고 이 조건절의 이행 여부에 따라 조건 결과절의 결과를 뒤집을 수 있음을 의미하게 된다.

조건 결과절 (~할 것이다)	조건절 (~했다면)	조건사 (만약)
فَعَلَ أَوْ يَفْعَلُ	يَفْعَلْ أَوْ فَعَلَ	إِنْ

● إِنْ 조건사는 조건절의 내용을 더 이상 실행하기 충분치 않고, 이미 행해진 내용을 바탕으로 결과가 나온다는 것을 의미한다.[1] 그래서 시험 직전이나 결과발표가 나오기 전에 사용될 수 있다.

조건 결과절 (~했을 텐데)	조건절 (~했다면)	조건사 (만약)
لَفَعَلَ	فَعَلَ	لَوْ

● لَوْ 조건사는 이미 불합격이라는 결과가 나온 뒤, 벌어진 일에 대한 반대 상황을 가정하는 의미가 된다.

---

[1] 조건사 إِنْ 는 إِذَا의 의미로 쓰는 것도 가능하다. 즉 إِنْ 은 "~한다면"과 "~했다면"이 모두 가능하다.

2과. إِذَا 조건사

● إِذَا 조건사의 구성상 가장 큰 특징은 **조건절에서는 반드시 완료형 동사만** 와야 되며, 조건 결과절에는 직설법 미완료 또는 완료형 동사가 올 수 있다는 점이다.

그리고 إِذَا 의 의미를 보면, "~한다면 …할 것이다." 이다. 즉, **조건절의 이행 여부와 조건 결과절의 여부가 확정되지 않은 상태임을 함축하고 있다.**

조건 결과절을 쓸 때 결과절의 시작을 암시하는 فَـ 가 접두될 수 있다.

---

(352) إذا تركت وظيفتها، ستضطر لرد نفقات الدورة التدريبية للشركة.

http://www.bbc.com/arabic/vert-cap-45973597

만약 그녀가 직장을 떠난다면, 회사에게 훈련비용을 지불해야만 한다.

---

(353) لكن المشكلة أنها شغلت هذا المنصب في سن صغيرة نسبيا، وإذا تقدمت لشغل نفس المنصب في شركة أخرى لا تظن أن أحدا سيمنحها فرصة لإجراء مقابلة.

http://www.bbc.com/arabic/vert-cap-45973597

하지만 문제는 그녀가 이 직책을 비교적 어린 나이에 차지했다는 것이다. 만약 그녀가 타사 동일 직책에 지원한다면 아무도 그녀에게 면접 기회를 주지 않을 것이라고 생각한다.

● إِذَا 뒤에 아무런 의미가 없는 مَا 가 붙어서 إِذَا مَا 형태로도 사용되는데 이 مَا 는 의미 없는 مَا 에 해당하므로 그냥 إِذَا 와 똑같이 사용하면 된다. 따라서 **부정문을 쓰려면** إِذَا مَا فَعَلَ **가 아닌** إِذَا لَمْ يَفْعَلْ **로 써야 한다.**

---

(354) قالت "فيسبوك" المالك لتطبيق المحادثة "واتساب" إنه إذا لم يوافق المستخدمون على شروط الخدمة الجديدة بحلول 15 مايو، فسيبدأ التطبيق في إيقاف الميزات حتى الموافقة على الشروط. وفي هذه المرحلة، ستصبح "الصفحة" التي تطلب من المستخدمين قبول شروط الخدمة التي حددتها شركة فيسبوك دائمة، وسيحتاج المستخدمون إلى النقر فوقها لاستخدام واتساب.

www.alhurra.com/tech/2021/05/12/؟شروط-واتساب-الجديدة-أثارت-الجدل-سيحدث-إذا-توافق-عليها

채팅앱인 '왓츠앱'을 소유한 페이스북은 만약 사용자가 5월 15일까지 새로운 서비스 약관에 동의하지 않는다면 약관에 동의할 때까지 그 앱은 기능이 중단되기 시작할 것이라고 말했다. 그리고 이 기간에는 사용자들에게 페이스북이 규정한 서비스 약관을 수용하길 요청하는 페이지는 항시적이게 될 것이며, 사용자들은 왓츠앱을 사용하기 위해 그 페이지 위를 클릭할 필요가 있다.

(355) صرحت الوزيرة لإذاعة "آر تي أل" تعليقا على التوتر القائم حاليا بسبب التجارب التي تجريها كوريا الشمالية، "إذا ما استمر وازداد التوتر ولم نستطع إيجاد أمن أكيد، منتخب فرنسا سيبقى هنا".

السياسة-تهدد-أولمبياد-2018-الشتوي/http://sport.aljazeera.net/othersports/2017/9/22

장관은 RTL 언론에 현재 북한이 진행한 핵실험으로 인한 긴장상태에 대한 논평을 밝혔다. "만약 긴장상태가 지속 및 고조되고 확실한 안보를 보장할 수 없다면, 프랑스 대표단은 이곳에 머물 것 이다."

---

(356) اسمحوا لي أن أشدد على ضرورة منح الناس ممرات آمنة إلى أماكن اختيارهم إذا ما أرادوا أن يغادروا بشكل مؤقت.

https://news.un.org/ar/story/2018/09/1016331

저는 만약 사람들이 임시적으로 떠나고자 한다면 이들에게 본인들이 선택한 장소로 이동할 수 있는 안전한 통로를 제공할 필요성에 대해 강조하는 것을 허락해주십시오. (=강조하고자 합니다)

● إذا 조건절의 부정은 لَمْ إذَا 이외에 إذَا 앞에 제외사 إلاَّ 가 붙이는 방식으로도 만들 수 있다.

---

(357) قد نصحت الإدارة الطيارين بالاعتماد على الطريقة اليدوية خلال الهبوط في مطار بيروت، إلا إذا قرّر الطيارون تحت مسؤوليتهم الهبوط بالطريقة الأوتوماتيكية.

التشويو-لا-يؤثر-على-حركة-الملاحة-الجوية/https://www.lebanon24.com/news/lebanon/526712

행정부는 만약 조종사들이 자신의 책임 하에 자동 방식 착륙을 하겠다는 결정을 하지 않는다면, 조종사들에게 베이루트 공항에서 착륙하는 동안 수동 방식에 의존하라고 권고하였다.

---

(358) وفقًا لصحيفة (الغارديان) البريطانية؛ لا يمكن تمديد المادة (50) إلا إذا قامت "المملكة المتحدة" بتغيير كبير في موقفها من خروج "بريطانيا"، مثل إسقاط الطلب على سياسة تجارية مستقلة للإنضمام إلى "الاتحاد الجمركي"، أو طلب العضوية في "السوق الموحدة"، من خلال المنطقة الاقتصادية الأوروبية.

https://kitabat.com/news/ل-تستعد-المتحدة-المملكة-دونالدتاسك/

영국 가디언지에 의하면, 영국이 자신들의 브렉시트에 대한 입장에서 큰 변화를 하지 않는다면, 예컨대 관세동맹에 가입하기 위한 독립적 무역 정책요구를 철회하거나 유럽경제지역(EEA)를 통한 공동시장 회원자격 요구 철회를 하지 않는다면, (유럽 연합 법)50조 연장은 불가능 하다.

3과. إِنْ 조건사

● إِنْ 조건사의 의미를 먼저 보면, "~했다면 …할 것이다."이다. 즉, **조건절의 이행여부는 이미 확정되어 바꿀 수 없지만, 조건 결과절의 여부는 아직 확정되지 않은 상태를 의미한다. 혹은 조건사** إِذَا **와 같은 의미로도 사용될 수 있다.**

إِنْ 조건사의 가장 큰 특징은 **조건절과 조건 결과절에 완료형 동사와 단축법 미완료 동사를 모두 사용**할 수 있으나 동사의 시상이 조건문의 의미에 영향을 미치지 않는다는 것이다.[1]

또한, إِذَا 와 마찬가지로 조건 결과절을 쓸 때 결과절의 시작을 암시하는 فَ 가 접두될 수 있다.

---

(359) يدعو المشروع الحكومة الأميركية إلى إنهاء الدعم العسكري للسعودية في ما يتعلق بالحرب في اليمن، ويشترط على البيت الأبيض الحصول على موافقة مسبقة من الكونغرس إن أراد التدخل في الحرب أو توفير دعم للسعودية فيها.

الحرب-في-اليمن-البيت-الأبيض-الكونغرس-ترامب-ماتيس-بومبيو/http://www.aljazeera.net/news/arabic/2018/11/29

그 프로젝트는 미국 정부에게 사우디에 예멘 전쟁과 관련된 군사적 지원을 중단하라고 촉구한다. 백악관은 전쟁에 개입하거나 그 전쟁에서 사우디를 지원하고자 하면, 의회로부터 사전 동의를 받아야 한다.

---

(360) طلب برشلونة من سيرجيو روبيرتو خفض راتبه بنسبة 50% إن رغب في الاستمرار لاعبًا في الفريق، وحال رفضه سيعرضه للبيع، وهناك عدة فرق في الدوري الفرنسي ترغب في التعاقد معه.

www.almasryalyoum.com/news/details/2342826

바르셀로나는 세르히오 로베르토에게 팀의 선수로 잔류하길 원한다면 급여를 50%수준으로 줄이길 요청했으며, 그가 이를 거절할 시 바르셀로나는 그를 판매할 것이고 프랑스 리그에는 그를 영입하고자하는 여러 팀이 있다.

---

[1] 이 부분에는 의견이 분분하다. إِنْ 조건절에 미완료 단축법을 쓰게 되면, "~한다면"의 의미가 될 수 있다고 말하는 분들도 계신다. 하지만 이 의미로 조건절을 쓸 경우 إِذَا 를 사용하는 경우가 압도적으로 많기 때문에 إِنْ 조건절은 "~했다면"의 의미로 고정시키는 것이 더 맞다고 보는 분들도 계신다. 따라서, **아직은 모든 시제로 해석이 가능하므로 독해할 때에는 문맥에 맞게 해석하면 된다.**

● إِنْ 조건절의 부정은 إِنْ لَمْ 의 형태나 إِلَّا 를 사용하면 되는데, 여기서의 إِلَّا 는 제외사가 아니며 إِنْ + لَا 의 형태이다.

---

(361) قال كبير القضاة، ثاقب نيسارم، الذي تلا الحكم، إن أسيا بيبي تستطيع الخروج من سجن شايكوبورا، قرب لاهور، فورا، إن لم تكن مطلوبة في أي قضية أخرى.

http://www.bbc.com/arabic/world-46044584

선고문을 읽은 고등판사 싸낍 니사름은 아스야 비티는 다른 모든 사건에서 요구되는 바가 없다면(=여죄가 없다면), 라호르 인근의 샤이쿠부라 감옥에서 나올 수 있다고 말했다.

● 한편, وَإِلَّا (فَـ) 는 그 자체로 조건문을 포함하여 **앞 상황의 부정을 가정할 경우**에도 사용되며, "만약 그렇지 않는 다면" 이라고 해석된다.

---

(362) دعونا نأمل فقط أن تنجح شركة سامسونج في إصلاح الأوضاع، وإلا ستشهد نفس مصير نوكياو إتش تي سي والتي لم تتمكن أبدًا من التعافي من فقدان مركزها المهيمن في السوق.

https://24.com.eg/technology/379708/الهاتف-نجاح-تأمل-سامسونج---اليوم-تكنولوجيا-Galaxy-S10-ستسوء-الشركة-أوضاع-فإن-وإلا

삼성이 상황을 개선시키는 데 성공하길 희망합시다. 그렇지 못한다면 삼성은 시장점유율 손실을 전혀 회복하지 못했던 노키아와 HTC와 같은 운명을 목격할 것이다.

---

(363) أسوأ مخاوفنا تتمثل في أن يموت الناس جوعا في اليمن. إن اليمنيين بحاجة إلى المساعدة، ونحن موجودون على الأرض لفعل كل ما يمكن. يظهر التقرير أن عدد الأشخاص الذين هم على شفا الموت جوعا يتضاعف. نعتزم توسيع نطاق عملنا ليشمل نحو 12 مليون شخص في أقرب وقت ممكن، ويعتمد ذلك على القدرة على الوصول الإنساني والتمويل. إننا بحاجة إلى المساعدة الآن، وإلا فإن العائلات البريئة والفتيات والصبية الصغار سيموتون.

https://news.un.org/ar/story/2018/12/1023071

우리의 최악의 두려움은 예멘에서 사람들이 굶어 죽는 것이다. 예멘인들은 도움을 필요로 하며, 우리는 가능한 모든 것을 하기 위해 이 땅에 있다. 보고서는 굶어 죽기 직전인 사람들의 수가 배로 늘었다고 보여준다. 우리는 우리의 업무 반경을 넓혀 가능한 가까운 시일 내에 1200만 명을 포함하고자 한다. 이는 인도적 접근과 자금조달 능력에 달려있다. 우리는 지금 도움이 필요한데 그렇지 못할 경우 무고한 가족들과 여성들 그리고 어린 소년들이 죽을 것이다.

4과. لَوْ 조건사

● 의미를 먼저 보면, "~했더라면 ...했을 텐데"를 의미힌다. 즉 <u>조건절의 이행여부와 조건 결과절</u>
<u>의 여부가 이미 모두 확정되어 바꿀 수 없는 상황을 의미한다.</u>

또한, 위의 إِذَا 와 إِنْ 과 달리 어떤 사실에 대해 반대상황으로 상상을 하거나, 실현 불가능한 상
황을 표현하고 싶을 때 사용되어 <u>단순히 조건의 의미보다는 가정의 의미가 강하다.</u>

한편, إِذَا 와 إِنْ 이 조건 결과절을 시작할 때 فَ 를 쓰는 것과 달리 <u>لَوْ 는 لَ 를 써서 조건 결</u>
<u>과절의 시작을 나타낸다.</u> 하지만 조건 결과절이 만약 مَا가 사용된 부정문이 될 경우 لَ 를 생략
할 수 있으며, لَمْ 은 알파벳이 겹치기 때문에 لَ 를 생략해야 한다.

그리고 لَوْ 는 <u>조건절과 조건 결과절에 완료형 동사가 나온다.</u>

---

(364) قال الرئيس التركي رجب طيب أردوغان إنه لو سنحت له الفرصة لكي يرد على ولي العهد
السعودي محمد بن سلمان في قمة العشرين، لـواجهه بجميع الأدلة بشأن مقتل الصحفي جمال
خاشقجي، وذلك بعدما شكك الأخير في وقوع الجريمة.

http://www.aljazeera.net/news/arabic/2018/12/3/تركيا-أردوغان-السعودية-محمد-بن-سلمان-خاشقجي

레겝 따입 에르도안 터키 대통령은 만약 G20 정상회담에서 무함마드 빈 살만 사우디 왕세자에게
대답을 하기 위한 기회가 마련되었더라면, 자말 카쇼끄지 언론인 사망에 대한 모든 증거를 가지
고 그를 만나러 갔을 것이라고 말했으며, 이는 그(=터키 대통령)가 후자(=사우디 왕세자)에게 범죄 발생
에 대한 의혹을 제기한 이후에 나온 발언이다.

---

(365) اعتبر اليوم، القيادي في حركة النهضة والنائب في البرلمان، محمد بن سالم، أنه لو لم
يختلف رئيس الجمهورية الباجي قايد السبسي مع حركة النهضة لـما أثير ملف الغرفة السوداء
والتنظيم السري.

https://www.shemsfm.net/ar/أخبار/210169/محمد-بن-سالم-لو-لم-يختلف-قايد-السبسي-مع-النهضة-لما-أثير-ملف-الغرفة-السوداء_شمس-الأخبار

오늘 르네상스 운동 지도자이자 국회의원인 무함마드 빈 살림은 만약 베지 카이드 에셉시 대통
령이 르네상스 운동과 다르지 않았다면 검은 방과 비밀 조직 사건이 제기되지 않았을 것이라고
간주했다.

● 명사의 존재를 부정할 때에는 لَوْلَا 를 사용해서 "~이 없었더라면(=were it not for)" 로 활용이 된다. 이때 명사는 **반드시 한정 주격 명사로 와야 되며, 조건 결과절에는 لَ 뒤에 완료형 동사가 나오게 된다.**

---

(366) دافع الرئيس الأمريكي دونالد ترامب عن موقفه بشأن العلاقة مع السعودية، بالرغم من جريمة اغتيال جمال خاشقجي، وقال إنه لولا السعودية لــكانت إسرائيل في ورطة كبيرة.

http://www.aljazeera.net/news/international/2018/11/22/ترامب-خاشقجي-ولي-العهد-المخابرات

도널드 트럼프 미 대통령은 자말 카쇼끄지 암살 범죄에도 불구하고 사우디와의 관계에 대한 입장을 변호하였고 사우디가 없었다면 이스라엘은 커다란 문제에 빠졌을 것이라고 말했다.

---

(367) قال جيري ماهر، الكاتب الصحفي اللبناني، اليوم، إنه "لولا السعودية والإمارات لأصبح اليمن جزء من إيران و رُفعت فيه رايات طائفية إرهابية ومنه انطلق الإرهاب لاستهداف الخليج وباقي دول العالم".

https://www.yemenakhbar.com/1738684

오늘 제리 마히르 레바논 기자는 사우디와 UAE가 없었다면 예멘은 이란의 한 부분이 되었을 것이고, 예멘에서 테러리스트의 깃발들이 드높여졌을 것이며, 예멘으로부터 테러가 걸프와 전 세계 국가들을 겨냥하여 발흥하였을 것이라고 말했다.

** لأصبح اليمن جزء 에서 جزء 는 أصبح 의 영향을 받아 جزءًا 이 되어야 올바른 표기이다.

---

(368) قال وزير الصحّة الدكتور فراس هوّاري، الأربعاء، إنه لولا فرض حظر الجمعة والحظر الليلي لزادت الإصابات بنسبة 48% وقال الهواري إنه لو لم نتّخذ الإجراءات التقييديّة خلال الفترة الماضية كانت الحالات ستزداد بنسبة 250%.

www.khaberni.com/news/419539-48-الإصابات-لزادت-الحظر-لولا-الهواري

피라리 하와리 (요르단)보건부 장관은 수요일에 만약 금요일 (통행)금지와 야간 (통행)금지가 없었더라면 확진자는 48% 정도 증가했을 것이라고 말했으며, 우리가 만약 지난 기간 동안 평가 조치를 취하지 않았다면 상황은 250% 정도 악화됐을 것이라고 말했다.

5과. 기타 조건문

1장. 간접 조건문

● 간접 조건사는 '~을 하는 누구든' 처럼 문장 안에 '만약' 이라는 말이 직접 나오지는 않지만 의미상 조건이 함축된 조건문을 의미한다.

مَنْ ~	مَا / مَهْمَا ~	أَيْنَمَا / حَيْثُمَا ~
누구든	무엇이든, 아무리	어디든

كَيْفَمَا ~	مَتَى ~	أَيُّ ~ ...
어떻게든	언제든	어떤 ~ 가 ...을 하더라도

● 이런 간접 조건사가 사용된 조건문은 그 조건절과 조건 결과절에 **단축법 혹은 완료형**이 나올 수 있다. 하지만, 이 경우도 마찬가지로 동사의 시상을 선택할 수 있다는 것이 문장의 시제에 영향을 미치지 않는다.

---

(369) بالنسبة للكثير من اللاجئين السوريين في لبنان، فإن الوضع بائس جداً هناك ولا يحتمل. لهذا السبب، يسعى بعضهم للعودة إلى بلدهم الأصلي وخوض المغامرة في رحلة إلى المجهول **مهما** كان الثمن.

http://www.dw.com/ar/لاجئ-فلسطيني-بلبنان-سوريا-هي-وطني-وسأعود-إليها-مهما-كان-الثمن/a-48539060

레바논에 있는 많은 시리아 난민들의 경우, 그곳은 상황이 매우 절망적이며 유지되기 힘들다. 이런 이유로, 그들 중 몇몇은 본국으로 돌아가고 그 대가가 무엇이다 할지라도 미지로의 모험을 감행하고자 한다.

---

(370) نوه إلى أن الخدمة مرت بدراسات وخطوات ومراحل تقنية تعزز مزايا خدمات الوزارة الذكية وتأتي ضمن مبادرات التحول الرقمي وبرنامج الحكومة الذكية بوزارة الداخلية من أجل توفير الخدمات للجمهور **حيثما** كانوا وعلى مدار الساعة وتحقيق جودة حياة عالية بالخدمات في بيئة معطاءة مستدامة مبنية على خدمات حكومية عالمية المستوى.

http://www.alittihad.ae/article/26377/2019/هاتفك-في-الشرطة-مركز-خدمة-رسميا-يطلق-زايد-بن-سيف-

그는 그 서비스가 스마트 부처 서비스의 장점들을 강화하는 여러 연구와 단계 그리고 기술적 검토들을 거쳤다고 언급했다. 그리고 이는 디지털 전환 이니셔티브와 내무부의 스마트 정부 프로그램의 일환으로 진행된 되었으며, 이러한 것들은 국민들이 어디에 있던 상관없이 그리고 24시간 동안 서비스를 제공하고 이 서비스를 통해 세계적인 수준의 정부 서비스에 기반을 둔 지속 가능하고 풍요로운 환경에서 높은 삶의 질을 달성하기 위함이라고 전했다.

(371) عبّر الأطباء عن أن الطبيب وحده هو الوحيد المخول له أخذ القرارات التي تصب في خدمة المريض، من أجل علاجه، وتمكّنه من تفادي التبعات الوخيمة التي قد يتعرض لها نتيجة لأي تدخل طبي كيفما كان نوعه، متهمين رئيس "كنوبس" بالتدخل في مهام مهنية بقراره الأخير لخدمة أجندته الخاصة.

http://www.alyaoum24.com/1238429.html

의사들은 '크놉스'사장이 최근 사적 목표를 결정한 것을 통해 직업적 업무에 개입한다고 비난하면서 환자를 치료하기 위해 그리고 종류가 어떻게 되었던 어떠한 의료적 개입의 결과로 환자가 노출될 수 있는 심각한 후유증을 예방하는 것을 가능하게끔 의사만이 환자 서비스를 제공하는 결정을 할 권한이 있다고 피력했다.

(372) تقدم سكان قرية "أبو العشرة" في محافظة العارضة بمنطقة جازان، بطلب إلى الجهات المعنية بهدف التدخل لحمايتهم من مخاطر الثعابين، وذلك بعدما توفيت طفلة إثر تعرضها للدغة ثعبان أسود سام.

وقال الأهالي، بحسب"تواصل"، إن على الأمانة ووزارة الزراعة التدخل برش المبيدات للقضاء على الزواحف، وإزالة الأشجار والحشائش داخل القرية، وفي محيطاتها الملاصقة للمنازل.

وبين الأهالي أن المخاوف تنتابهم من وجود الثعبان الأسود، الذي تسبب في مصرع طفلة بعد دقائق من تعرضها للدغته السامة، مبينين أن الخوف أصبح يلاحق الأطفال وأسرهم أينما ذهبوا.

https://www.hasanews.com/6579866.html

지잔 주의 알 아리다 구에 있는 아부 아슈라 마을 주민들은 관계 기관에 뱀의 위협으로부터 주민들을 보호하기 위해 개입해줄 것을 요청했다. 이는 검은색 독사한테 한 아이가 물린 이후 그 아이가 사망한 이후이다.

그리고 '타와쓸'에 의하면, 주민들은 마을과 인근 가정 내에 파충류를 박멸하고 나무와 풀들을 제거하기 위해 사무국과 농림부는 살충제를 뿌려야 한다고 말했다.

그리고 주민들은 물리면 수 분 내 아이를 죽게 만들 수 있는 검은 뱀의 존재에 대한 두려움이 주민들을 휘감았고, 아이들과 그 가족들이 어디에 가던지 그 공포가 이들을 따라다니게 되었다고 밝혔다.

2장. 조건사 كُلَّمَا

● 조건사 كُلَّمَا 는 '~할 때 마다 ...를 한다' 혹은 '~할수록 ...한다'를 의미한다. 이 조건사를 쓸 때도 조건절과 결과절에 나오는 동사는 완료형으로 나온다.

> (373) في هذا التقرير -الذي نشره موقع "آف بي ري" الروسي- تحدثت الكاتبة تيرنتييفا أناستازيا عن دراسة أثبتت أنه كلما ارتفعت نسبة الذكاء لدى الرجل انخفضت احتمالات خيانته لشريكة حياته.
>
> www.aljazeera.net/news/lifestyle/2019/11/17/كلما-ارتفعت-ذكاء-الرجل-انخفضت
>
> 러시아 사이트 FBR이 발행한 이 보고서에서 테렌트에바 아나스타시아 작가는 남성의 지능지수(=IQ)가 높을수록 그의 삶의 동반자(=아내)를 배신할 가능성이 낮아지는 것을 증명한 연구에 대해 이야기했다.

> (374) وفقا لروبين فإن ترامب هو من يحتفي بالعنف، ويشجع الشرطة على سوء التصرف، ويكرم البيض المتهمين بتلويحهم بالبنادق في وجه المتظاهرين السلميين، إذ إن لديه قناعة بأنه كلما زاد العنف في الشوارع زادت حظوظه في النجاح.
>
> www.aljazeera.net/news/2020/8/31/واشنطن-بوست-هذه-أغبى-خمس-حجج-استخدمها
>
> 로빈에 의하면 트럼프에게는 길거리 폭력이 많아질수록 그가 성공할 행운이 더 높아진다는 신념이 있기 때문에, 트럼프는 폭력을 좋아하고 경찰이 안 좋은 행동을 하도록 부추기고 평화 시위자들의 얼굴에 총을 들이민 혐의를 받는 백인들을 옹호하는 사람이다.

3장. أَمَّا ~ فَ... 구문

● أَمَّا ~ فَ... 용법은 글이 시작할 때는 사용되지 않으며, 앞 문장에 이어서 **어떠한 논의의 새로운 주제를 시작할 때 주로 활용된다.**

주로 "~에 대해서 말하자면 ...하다"라고 해석되고 특히 문장 중간에 사용되면 역접의 의미도 내포되어 있다.

그리고 보통 أَمَّا 뒤에는 일반 주격 한정명사나 전치사구가 쓰이고 فَ 뒤에는 동사의 시제는 특정 시제에 구속되지 않고 자유롭게 사용된다.

(375) هذا المكان كان مليئا بالألغام بالسابق حتى إن أحد الأشخاص بترت قدمه بسبب

المشي في هذه المنطقة، ولهذا السبب قررنا عدم التردد على هذه المنطقة حفاظا على حياتنا

أما الآن فأحمد الله على قدوم الخبراء لإزالة الألغام.

https://news.un.org/ar/story/2018/04/1005551

이 지역은 예전에 지뢰로 가득했었고 심지어 한 명은 이 지역에서 걸어 다녀서 다리가 잘려나 갔다. 이 이유로 우리는 목숨을 지키기 위해 이 지역에 왕래하지 않기로 했지만 지금은 천만 다행으로 지뢰제거 전문가들이 왔다.

(376) أما المضاعفات الخطيرة فهي غير شائعة، لكن مراكز السيطرة على الأمراض تشير إلى

أن أولئك الذين يعانون من "ضعف في جهاز المناعة، أو أمراض تنفسية أو أمراض القلب" هم

أكثر عرضة للإصابة بأمراض خطيرة بسبب عدوى الفيروسات الغدانية.

http://www.bbc.com/arabic/science-and-tech-45965615

위험한 합병증에 대해 말하면, 흔치는 않지만 질병 통제 센터는 면역 기능 약화 또는 호흡기 질환 혹은 심장병으로 고생하는 사람들이 아데노 바이러스 전염으로 인한 위험한 질병에 더 노출된다고 지적한다.

(377) أما بالنسبة لنقص التمويل الحاد، فقد أشار الدكتور برينان إلى أن ذلك يهدد بتقويض

الجهود المبذولة للحماية، فهناك حاجة إلى حوالي 950 مليون دولار لمساعدة اللاجئين، لم

يتم توفير سوى 16 في المائة منها.

https://news.un.org/ar/story/2018/05/1007852

심각한 재정 부족과 관련한 것에 대해 말하면, 브리난 박사는 이것이 보호를 위해 기울여진 노력들을 수포로만들 수 있다고 지적했다. 난민 원조를 위해서 약 9억 5천만 달러가 필요하 고, 이 중 단 16%만 공급되었다.

6과. 조건사를 활용한 여러 구문

1장. 여부 구문

● إِذَا 와 إِنْ 은 مَا 와 كَانَ 랑 같이 사용되어 مَا إِذَا كَانَ / مَا إِنْ كَانَ 의 형태가 되면, 조건의 의미가 사라지고 "여부"의 의미 즉 "~인지 아닌지"로 해석된다.

이때 مَا إِذَا كَانَ 는 "~인지 아닌지"를 의미하고 مَا إِنْ كَانَ 는 "~였는지 아닌지" 혹은 "~인지 아닌지"를 의미한다.

---

(378) لم يوضح البيان ما إذا كانت المكالمة الهاتفية جرت قبل أو بعد إعلان يانغ بيونغ أنها نجحت في صنع القنبلة الهيدروجينية، لكنه قال إن الرئيس الأمريكي ورئيس الوزراء الياباني ناقشا "الجهود الراهنة لتعزيز الضغط على كوريا الشمالية".

http://www.aljazeera.net/news/international/2017/9/3/اليابان-كوريا-السمالية-أجرت-تجربة-نووية-سادسة

성명은 북한이 수소폭탄 제작에 성공하였다는 발표 이전에 전화통화가 있었는지 이후인지 밝히지 않았지만, 미 대통령과 일본 총리는 대북제재강화를 위한 현재의 노력에 대해 논의하였다고 밝혔다.

---

(379) لم يحدد يماني ما إذا كانت بلاده ستسعى لتخصيب ومعالجة اليورانيوم، وهما الخطوتان الحساستان في دورة إنتاج الوقود، لأنهما تسمحان بالوصول إلى الاستخدامات العسكرية.

https://alarab.co.uk/ https://alarab.co.uk/السعودية-تبدأ-رحلة-توليد-الكهرباء-من-الطاقة-النووية

야마니는 사우디가 우라늄 농축과 처리를 위해 노력할 것인지 아닌지에 대해서는 확정하지 않았다. 이 둘은 군사적 사용으로 나아갈 수 있기 때문에 연료 생산 과정에서 민감한 단계이다.

---

(380) المندوب الروسي لدى مجلس الأمن، فيتالي شوركين، دافع خلال اجتماع طارئ عن حق القرم التي تتشكل أساسا من سكان ينتمون إلى الإثنية الروسية في تقرير ما إن كانوا يرغبون في الانضمام إلى روسيا أو البقاء تحت السيادة الأوكرانية.

http://www.bbc.com/arabic/worldnews/2014/03/140314_russia_us_london_talks

비탈리 슈르킨 유엔 안보리 러시아 대표는 긴급 회의 동안 러시아 민족에 포함되는 주민들로 구성된 크림(반도)가 러시아에 흡수되길 원하는지 우크라이나 주권 하에 남길 바라는지 결정할 권리를 변호하였다.

> (381) كثيرا ما يبحث عشاق الحيوانات عن مقاطع طريفة للحيوانات من أجل التسلية
> والترفيه، ولكن هل تساءلت يوما ما إن كان استمتاعنا بمشاهدة تلك المقاطع والصور يساعد
> الحياة البرية أم يؤذيها؟
>
> http://www.bbc.com/arabic/vert-fut-46066346
>
> 동물 애호가들은 재미를 위해 웃긴 동물 비디오클립을 자주 찾는다. 하지만 과거 언젠가 그 동영상과 사진들을 보는 것에 대한 우리의 즐거움이 야생동물을 이롭게 했을지 아니면 해롭게 했을지 의문을 제기한 적 있습니까?

2장. 양보 구문

● 아랍어의 양보 구문(~하더라도, ~나마, ~하게라도, ~할지라도 등)에는 여러 표현이 있지만 앞서 배운 조건사를 활용한 표현도 있다.

이 구문은 주로 وَإِنْ 혹은 وَلَوْ حَتَّى 혹은 وَإِذَا حَتَّى 의 형태로 사용된다. 이 나열의 순서는 사용되는 빈도 순서이며 사실 마지막의 وَإِذَا حَتَّى 는 거의 사용되지 않고 앞의 두 경우는 비슷한 빈도로 사용된다.

한편, 위의 형태들은 종종 **و 나 حَتَّى 둘 중 하나를 생략해서 사용하기도 하지만 둘 다 생략할 수는 없다.**

그리고 이렇게 양보구문으로 사용되면 각각의 조건사가 가지고 있던 의미는 사라지고 모두 동일한 의미를 가지게 된다.

> (382) يفضلون العمل في شركة تتبنى نفس القيم التي يؤمنون بها ولو براتب أقل.
>
> http://www.bbc.com/arabic/vert-cap-45973597
>
> 그들은 급여가 더 적더라도 자신들이 믿고 있는 동일한 가치를 채택하는 회사에서 일하는 것을 선호한다.

> (383) حذّر لين قائلا: "يبدو أننا نعيش في ما يمكن اعتباره فقاعة معلوماتية في حياتنا، لكن لا
> نزال نستقبل قدرا كبيرا من المعلومات حول أعضاء الجماعة الأخرى، ويبدو أن هذه
> المعلومات تثيرنا نفسيا حتى لو لم يكن هناك شخص حقيقي يقوم بذلك على أرض الواقع".
>
> http://www.bbc.com/arabic/science-and-tech-46050904
>
> 린은 "우리는 삶에서 정보의 거품으로 간주할 수 있는 것 안에서 살고 있는 것 같다. 하지만 우리는 여전히 다른 집단 구성원에 대한 많은 양의 정보를 받아들이고 있고, 이러한 정보들은 우리를 정신적으로 불안하게 만드는 것 같다. 현실세계에서 실제로 그렇게 하는 사람이 없음에도 말이다"고 말하면서 경고했다.

(384) من المرجح، جداً، أن تفشل أية خطة لإنهاء النزاع اليمني دون ممارسة مزيد من الضغط على إيران، ومن الصعوبة بمكان أن تبدي جماعة الحوثي أي تنازل في محادثات السويد، بشأن سيطرتها على المناطق التي لا تزال تحتلها، وأيضاً بشأن السلاح الذي تمتلكه، حتى ولو نجح المجتمع الدولي في إطلاقها.

https://www.yemenakhbar.com/1749071

이란에 대한 추가 제재가 없이는 예멘 분쟁을 끝내기 위한 모든 계획이 실패할 가능성이 매우 높다. 아무리 국제 사회가 협상을 여는데 성공하였다 할지라도 후티 세력이 스웨덴 협상에서 여전히 그들이 장악하고 있는 지역들에 대해 지배력을 갖는 것과 그들이 보유하고 있는 무기와 관련해서 어떤 양보를 표하는 것은 힘들다.

---

(385) أكد تقرير "كابيتال إيكونوميكس" الدولي، أن الاقتصاد السعودي قوي وبإمكانه مقاومة انخفاض أسعار النفط دون الشعور بتداعيات كبيرة حتى وإن هبطت أسعار خام برنت إلى مستوى 50 دولارا للبرميل.

http://www.aleqt.com/2018/12/04/article_1500626.html

'캐피털 이코노믹스' 국제 보고서는 사우디 경제는 강하고 브렌트 유가가 배럴 당 50달러 수준으로 추락하더라도 큰 여파 없이 유가 하락에 저항할 수 있다고 강조했다.

---

(386) بينما تصر إثيوبيا على ملء ثان لسد النهضة حتى لو لم تتوصل إلى اتفاق ثلاثي بشأن السد مع مصر والسودان، تتمسك القاهرة والخرطوم بالتوصل أولا إلى اتفاق حول الملء والتشغيل يحافظ على منشآتهما المائية، ويضمن استمرار تدفق حصتيهما السنوية من مياه النيل البالغة 55.5 مليار متر مكعب، و18.5 مليار متر مكعب على التوالي.

www.aljazeera.net/news/politics/2021/4/19/كبيرة-مغالطات-المصرية-الري-وزارة

에티오피아는 르네상스 댐에 대한 이집트와 수단과의 3자 합의에 도달하지 않더라도 르네상스 댐에 한 번 더 물을 채우겠다고 우기고 있는 반면, 이집트와 수단은 일단 댐에 물을 채우고 댐을 운영하는 것에 대한 합의에 도달해야 한다고 고수하고 있는데, 이 합의는 수자원 설비(=댐)를 보호하고 이집트와 수단 각각의 몫이 555억 입방미터와 185억 입방미터에 달하는 연간 강물 할당량이 지속적으로 공급되는 것을 보장하고 있다.

** حصتيهما السنوية 에서 حصتيهما 는 쌍수의 ن 이 탈락한 형태이므로 이를 수식해주는 형용사인 السنوية 도 쌍수가 되어 السنويتين 가 되어야 정확한 표현이다.

3장. 조건사 없는 조건 구문

● 이미 명사문에서 나왔던 كَانَ 의 자매어인 مَا دَامَ 이외에, طَالَمَا 도 "~하는 한"의 의미를 가지고 있다.[1] 또한, 부정 조건 즉 "~하지 않는 한"을 의미하는 مَا لَمْ 도 있다.

طَالَمَا 뒤에는 시제와 상관없는 동사가 나오거나 أَنَّ 절이 와도 되고, مَا لَمْ 뒤에는 단축법이 나오면 된다.

---

(387) أعلن ترامب يوم الثلاثاء إنهاء المناورات العسكرية بعد قمته التاريخية مع زعيم كوريا الشمالية كيم جونغ أون في سنغافورة واصفا إياها بأنها مكلفة و"استفزازية" وهو الوصف الذي طالما استخدمته بيونجيانج وكانت واشنطن ترفضه. وخلال حديثه إلى مجموعة صغيرة من الصحفيين في سول يوم الأربعاء قال وزير الخارجية الأمريكي مايك بومبيو إن ترامب كان واضحا في قوله إن التدريبات سيجري تجميدها طالما أن المفاوضات مع بيونجيانج مثمرة وتتسم بحسن النوايا.

https://arabic.euronews.com/2018/06/14/the-pentagon-is-unhappy-with-trump-s-decision-to-stop-the-us-military-exercises-in-korea

화요일 트럼프는 김정은 북한 국방위원장과의 역사적 싱가포르 정상회담 이후 군사 훈련은 비용이 많이 들고 도발적이라고 묘사하면서 군사훈련 종결을 선언했으며, 이는 한 때 북한이 사용하고 미국이 부정해오던 묘사이다. 수요일 마이크 폼페이오 미 국무부 장관은 한국에서 소규모 기자단에게 한 발언 동안 트럼프 대통령은 북한과의 협상이 유익하고 솔직할 경우에 한해서 훈련은 중단될 것이라고 분명하게 말했다고 밝혔다.

---

(388) يقول المحللون إن بعض التقشف قد يكون ضروريًا إذا ظلت أسعار النفط منخفضة في 2019، رغم أنه من غير المرجح أن تلجأ السعودية إلى التقشف الحاد ما لم تتعرض لظروف أصعب.

https://arabic.cnn.com/business/article/2018/11/28/saudi-economy-oil-prices-budjet-taxes-reserves

사우디가 더 어려운 상황에 노출되지 않는 한 급격한 긴축에 의존할 것이라고 확신할 수 없음에도 불구하고, 분석가들은 만약 유가가 2019년에도 계속해서 하락한다면 어느 정도의 긴축은 필수적일 수 있다고 말하고 있다.

---

(389) من المتوقع أن يختتم وزراء خارجية الاتحاد الأوروبي الأحد أسبوعا من النقاشات حول شروط انسحاب بريطانيا من التكتل بالمصادقة على مشروع الاتفاق حول بريكست ما لم تعترض إسبانيا.

https://www.france24.com/ar/20181119-إسبانيا-تهدد-بعرقلة-اتفاق-بريكست-ما-لم-تضمن-حق-النقض-في-قضية-جبل-طارق

일요일 유럽연합 외무 장관들은 스페인이 반대하지 않는 한 브렉시트 협정 안에 비준함으로써 일주일 간의 영국의 권역 탈퇴 조건에 대한 논의를 마무리 지을 예정이다.

---

[1] طالما 는 "~하는 한"의 뜻도 있지만 단순히 "과거 한때에"의 뜻도 있다.

12 단원. 제외문

1과. 일반 제외문

● 제외사의 종류로는 إلَّا، غَيْر، سِوَى، عَدَا، مَا عَدَا 등이 있으며 각각의 사용법이 조금씩 다르다.

우선 إلَّا 와 مَا عَدَا 는 그 뒤에 목적격을 써야 하며 سِوَى 와 غَيْرُ 는 뒤의 명사와 연결형을 이루어 사용하게 된다. 그리고 عَدَا 는 이 두 경우가 모두 가능하다.

إلَّا	مَا عَدَا	عَدَا	سِوَى	غَيْر
제외 대상이 목적격으로 나옴				
		제외 대상이 후 연결어로 나옴		

---

(390) أوقفت الهيئة العامة للقوى العاملة في الكويت منح تصاريح عمل للنساء من الجنسيتين المغربية والتونسية ما دون الـ40 عاما، **إلّا** في حال وجود محرم معهن.

https://arabic.rt.com/middle_east/987009-الكويت-تمنع-التونسيات-والمغربيات-من-العمل-فيها-إلا-بشرط/

쿠웨이트 노동청은 남성 보호자가 있는 경우를 제외하고 40세 미만의 모로코 국적의 여상들과 튀니지 국적의 여성들에게 노동 허가를 주는 것을 중단했다.

---

(391) تابع أن خدمات البنك التمويلية تغطي قطاعات الطاقة بأنواعها المختلفة **ما عدا** الفحم والبترول إلي جانب النقل والبنية التحتية وإمدادات المياه والصرف الصحي ومشاريع البيئة والتنمية الحضرية والخدمات اللوجستية.

https://www.youm7.com/story/2018/11/17/4035020ثقل-تعكس-الزيارة-المالية-بالقاهرة-التعاون-سبل-يبحث-الأسيوي-البنك

그는 은행의 금융 서비스는 석탄, 석유, 운송, 기반시설, 상하수도, 환경 프로젝트, 도시개발, 물류 서비스를 제외한 다양한 종류의 에너지 산업을 담당한다고 말했다.

---

(392) أكدت الجمعية العمومية لقسمي الفتوى والتشريع بمجلس الدولة برئاسة المستشار يسري الشيخ النائب الأول لرئيس مجلس الدولة، أن بدل الجامعة يستحق لجميع وظائف هيئة التدريس والوظائف المعاونة والوظائف الإدارية الجامعية **عدا** وظيفتي رئيس الجامعة ونائب رئيس الجامعة.

ahlmasrnews.com/news/cases-news/1218497/ونائبه-الرئيس-عدا-التدريس-أعضاء-لجميع-يستحق-الجامعة-بدل-والتشريع-الفتو

유스리 알쉐이크 국무원 제 1 차장이 주재한 국무원 산하의 법률자문부와 입법부 총회는 대학총장과 부총장을 제외한 모든 교육 기관 직책자와 협력자 그리고 대학 행정직원들은 대학 수당을 받을 권리가 있다고 강조했다.

2과. 부정문과 제외문의 결합

1장. 부정 대상이 있을 경우

● إِلَّا 뒤에 나오는 제외 대상의 격은 일반 제외문에서와 같이 목적격으로 놓아도 되고, 부정문의 부정 대상과 동일한 격을 취해도 된다.

	제외 대상	제외사	부정문
목적격	مُحَمَّدًا	إِلَّا	لَمْ يَرْجِعْ كُلُّ الطُّلَّابِ إِلَى الْمَدْرَسَةِ.
부정대상과 동격	مُحَمَّدٌ		부정 대상 : كُلُّ الطُّلَّابِ

(393) قالت والدته "لم يكن باستطاعتي أن أفعل شيئا سوى الصلاة والدعاء، لذا كنت أصلي كل يوم".

http://www.bbc.com/arabic/middleeast-45968435

그의 모친은 "내가 할 수 있는 것은 기도하는 것뿐이어서 나는 매일 기도했다."라고 말했다.

(394) قال مسؤول سياسي إسرائيلي كبير، اليوم الثلاثاء، إنه لا يوجد خيار أمام "إسرائيل" سوى القيام بعملية عسكرية كبيرة في قطاع غزة. وجاءت أقوال المسؤول السياسي قبل اجتماع الكابينيت الإسرائيلي في "تل أبيب" لمناقشة آخر التطورات على حدود قطاع غزة.

https://www.alhadath.ps/article/88429/(فيديو)-كبيرة-عسكرية-لعملية-الذهاب-سوى-أمامنا-خيار-يوجد-لا-كبير-إسرائيلي-مسؤول

오늘 화요일 이스라엘 정책 고위 책임자는 이스라엘 앞에는 가자지구에서 대규모 군사작전을 하는 것 말고는 선택지가 없다고 말했다. 그의 발언은 가자지구 접경의 최신 동향에 대해 논의하기 위한 텔아비브 이스라엘 크니세트 집회 전에 나왔다.

2장. 부정 대상이 없을 경우

● 부정 대상이 존재하지 않아 불완전한 상태인 부정문이 나온 뒤, **부정 대상이 취했을 격**을 예외사 뒤에 나오는 명사가 대신 취하게 된다.

제외 대상	제외사	불완전 부정문 (부정대상 x)
هَذِهِ الْمَظَاهِرُ	إِلَّا	لَا تُعْجِبُنِي
결여된 주어를 대신해서 주격이 나옴		부정문에 주어가 결여됨

(395) ازدادت الصورة قتامة بعد أن قالت مصادر تشارك في خطة دولية للتخلص من الأسلحة الكيمياوية السورية إن دمشق لم تسلم حتى الآن سوى 11 في المئة منها وإنها لن تتمكن على الأرجح من الالتزام بمهلة تنقضي في منتصف العام لتدمير مخزونها من هذه الأسلحة بالكامل.

http://www.bbc.com/arabic/middleeast/2014/02/140214_syria_un_humanitarian_crisis

시리아 화학 무기 폐기를 위한 국제적 계획에 참여하는 소식통이 시리아는 지금까지 보유화학무기들 중 단 11%만 제출했고, 올해 중반에 마감되는 화학 무기 비축량을 완전히 파괴하기로한 기한을 지키는 것이 불가능할 것이라는 것이 거의 확실하다고 말한 이후 이미지가 어둡게 고조되었다. (=상황이 악화되었다).

(396) تضيف المجلة، أن الرئيس ترامب يبدو أنه ينظر إلى الصراع في سوريا بطريقة مشابهة لأفغانستان، مقترحًا بأن الاستثمار هناك لا يستحق أي دماء أو موارد أميركية. وقال: "سوريا ضاعت منذ زمن ولم يبق فيها إلا الرمال والموت، نحن لا نتحدث عن ثروة طائلة، نحن نتحدث عن الرمال والموت، ولا أريد البقاء في سوريا إلى الأبد".

http://www.bbc.com/arabic/vert-cap-45973597

본 지는 트럼프 대통령이 시리아에 투자하는 것은 어떠한 출혈과 미국의 자원을 감수할 만하지 않다고 조언하면서 시리아 분쟁을 아프가니스탄과 비슷한 방식으로 보는 것 같다고 덧붙인다. 그는 "시리아는 오래 전부터 갈 길을 잃었으며, 모래와 죽음만이 남아있다. 우리는 막대한 부에 대해 이야기하지 않고 모래와 죽음에 대해 이야기하고 있다. 나는 영원히 시리아에 남아있고 싶지 않다"고 말했다.

---

(397) اشتهر أبناء جيل الألفية بأنهم قد يتركون وظائفهم لمطاردة أحلامهم أو للسفر والترحال حول العالم، رغم أن قرار التضحية بالوظيفة الثابتة في سبيل بدء مشروع خاص أو للتنقل من بلد لآخر هو قرار خطير ومكلف، لا يتحمل تبعاته إلا قليلون.

http://www.bbc.com/arabic/vert-cap-45973597

개인 프로젝트를 시작하거나 다른 나라로 이동하기 위해서 고정 직업을 희생하는 결정은 위험하고 비용이 많이 들며 소수만이 뒷감당을 할 수 있는 결정임에도 불구하고 밀레니엄 세대는 자신의 꿈을 좇거나 세계 여행을 떠나기 위해 일을 관둘 수 있다고 유명했다.

● 부사구나 전치사구의 특정 상황의 유일성을 강조하고 싶을 때 이 구조가 사용될 수 있다.

유일성이 강조되는 전치사구/부사구	제외사	부정문
فِي الصَّبَاحِ	إِلَّا	لَا أَتَنَاوَلُ الْوَجْبَةَ
نَادِرًا	إِلَّا	لَا يَذْهَبُ إِلَى الْمُسْتَشْفَى

(398) يتولى بوتفليقة مهام منصبه منذ عام 1999. وفي عام 2008، ألغى قواعد دستورية كانت تقتصر الرئاسة على فترتين متتاليتين كحد أقصى. وخلال الأشهر القليلة الماضية، لم يظهر بوتفليقة في مناسبات علنية إلا نادرا.

http://www.bbc.com/arabic/middleeast/2014/03/140321_algeria_election_protest

부테플리카는 1999년부터 재임하고 있다. 2008년에는 대통령직을 최대 연속 2회로 제한하는 헌법 규정을 폐지하였다. 지난 몇 개월 동안 부테플리카는 공개석상에 드물게만 모습을 드러냈다.

---

(399) أعرب مندوب السعودية الدائم في الأمم المتحدة، عبد الله بن يحيى المعلمي، عن تأكيد المملكة العربية السعودية، ومملكة البحرين، ودولة الإمارات العربية المتحدة، والجمهورية اليمنية، على أن التوصل إلى حل دائم للنزاع الفلسطيني الإسرائيلي، لا يمكن أن يتم إلا بالوسائل السلمية.

https://arabic.sputniknews.com/arab_world/201812081037313721-السعودية-المتحدة-الأمم/

압둘라 빈 야흐야 마울라미 유엔 사우디 대표는 사우디, 바레인, UAE, 예멘이 평화적인 방법으로만 팔레스타인-이스라엘 분쟁의 영구적인 해결에 도달될 수 있다고 확신한다고 표명했다.

13 단원. 숫자

1과. 기수사

1장. 1~10

● 우선 아랍어의 명사는 기본형 자체가 단수를 의미하고 2개는 쌍수형을 쓰기 때문에 숫자를 숫자를 써서 개수를 표현할 경우가 많지는 않다. 그리고 일반적인 형용사/명사와 마찬가지로 여성에 ة 를 붙인다.

특히 أَحَدٌ 과 إِحْدَى 는 명사로만 사용되고 주로 연결형의 1요소로 쓰여서 ~중 한 명/한 개로 해석된다. 또한 (ة)وَاحِدٌ 도 명사로 쓰여서 '~중 하나'의 뜻으로 쓰이기도 하는데, 이 경우에는 연결형이 아니라 وَاحِدٌ 뒤에 مِن 을 써 줘야 한다.

숫자 범위 3부터 10까지는 세어지는 명사의 성과 반대로 써야한다. 아래 표에서 남성/여성이라는 의미는 세어지는 명사의 성에 해당한다. 즉, 세어지는 명사가 남성이면 3~10 범위의 숫자는 여성형 숫자를 써야 한다.

	남성	여성
1	وَاحِدٌ (أَحَدٌ)	وَاحِدَةٌ (إِحْدَى)
2	اِثْنَانِ / اِثْنَيْنِ	اِثْنَتَانِ / اِثْنَتَيْنِ
3	ثَلَاثَةٌ	ثَلَاثٌ
4	أَرْبَعَةٌ	أَرْبَعٌ
5	خَمْسَةٌ	خَمْسٌ
6	سِتَّةٌ	سِتٌّ
7	سَبْعَةٌ	سَبْعٌ
8	ثَمَانِيَةٌ	ثَمَانٍ
9	تِسْعَةٌ	تِسْعٌ
10	عَشَرَةٌ	عَشْرٌ

(400) يقول أروم بارتام، أحد مؤسسي شركة "تريبل بايت"، إن المهندسين في وادي السيليكون، على سبيل المثال، يتمتعون بامتيازات كبيرة ولهذا يملون شروطهم الخاصة المتعلقة ببيئة العمل.

http://www.bbc.com/arabic/vert-cap-45973597

트리플바이트 회사 창립자 중 한 명인 아롬 바르탐은 실리콘밸리 엔지니어들 같은 사람들은 큰 특권을 누리고 이를 통해 근무 환경과 관련한 특별한 조건을 원하는대로 할 수 있다고 말한다.

---

(401) بوتفليقة واحد من المحاربين القدامى القلائل الذين ما زالوا على قيد الحياة بعدما خاضوا حرب التحرير ضد فرنسا.

http://www.bbc.com/arabic/middleeast/2014/03/140321_algeria_election_protest

부테플리카는 대 프랑스 해방 전쟁 이후 아직 생존해있는 소수의 참전용사 중 한 명이다.

---

(402) في اجتماعات بيداوا، عاصمة ولاية جنوب غرب الصومال، أبرزت إحدى المشاركات أودبي عمر علي، إجماع النساء على الرغبة في لعب دور أكثر وضوحا في مكافحة التطرف العنيف.

https://news.un.org/ar/story/2018/08/1014212

소말리아 남서부 주의 수도인 비다우 회의에서 참가자 중 한 명인 우드비 오마르 알리는 폭력적인 극단주의에 대항하는 것에 더욱 분명한 역할을 하고자 하는 바에 대한 여성들의 만장일치를 강조하였다.

2장. 11~19 범위

● 1단위를 먼저 말하고 10단위를 이어서 말하게 되며, 또한 1단위와 10단위의 성을 반대로 써 놓는 특징이 있다. 또한, 이 11~19 범위에만 존재하는 특징은 각각의 단위는 항상 목적격으로 격이 정해져 있다는 것이다. (단, 예외적으로 숫자 12의 2를 표현할 경우에만 격변화를 한다.)

	남성	여성
11	أَحَدَ عَشَرَ	إِحْدَى عَشْرَةَ
12	اِثْنَا / اِثْنَيْ عَشَرَ	اِثْنَتَا / اِثْنَتَيْ عَشْرَةَ
13	ثَلَاثَةَ عَشَرَ	ثَلَاثَ عَشْرَةَ
14	أَرْبَعَةَ عَشَرَ	أَرْبَعَ عَشْرَةَ
15	خَمْسَةَ عَشَرَ	خَمْسَ عَشْرَةَ
16	سِتَّةَ عَشَرَ	سِتَّ عَشْرَةَ
17	سَبْعَةَ عَشَرَ	سَبْعَ عَشْرَةَ
18	ثَمَانِيَةَ عَشَرَ	ثَمَانِيَ عَشْرَةَ
19	تِسْعَةَ عَشَرَ	تِسْعَ عَشْرَةَ

3장. 20~900 범위의 배수

● 이 범위에 해당하는 숫자는 20, 30•••90, 100, 200•••800, 900을 의미하며, 이 숫자들은 성을 통합해서 하나의 성만 사용하며, 격에 대한 구분만 한다.

이러한 격변화는 일반적인 명사/형용사의 남성규칙복수의 형태와 동일하게 사용된다.
(주격 : ـُونَ   , 소유격/목적격 : ـِينَ)

20	عِشْرُونَ / عِشْرِينَ	60	سِتُّونَ / سِتِّينَ
30	ثَلَاثُونَ / ثَلَاثِينَ	70	سَبْعُونَ / سَبْعِينَ
40	أَرْبَعُونَ / أَرْبَعِينَ	80	ثَمَانُونَ / ثَمَانِينَ
50	خَمْسُونَ / خَمْسِينَ	90	تِسْعُونَ / تِسْعِينَ

● 한편, 100단위의 경우 200은 مِئَة을 쌍수로 표현하여 만들고 300이상의 단위는 100단위에 해당하는 숫자를 ة 없이 쓴 뒤 مِئَة 이 연결형을 이루어 만들게 되는데, 관습적으로 이 둘은 아예 한 단어처럼 붙어서 사용된다.

100	مِئَةٌ[1]	600	سِتُّمِئَةٍ
200	مِئَتَانِ / مِئَتَيْنِ	700	سَبْعُمِئَةٍ
300	ثَلَاثُمِئَةٍ	800	ثَمَانِيمِئَةٍ
400	أَرْبَعُمِئَةٍ	900	تِسْعُمِئَةٍ
500	خَمْسُمِئَةٍ		

---

[1] 숫자 100은 مِئَةٌ 이라고도 쓰지만 مِائَةٌ 이라고 쓰기도 한다. 이 둘의 발음은 똑같다.

4장. 1000단위 이상의 배수

● 1,000단위부터는 أَلْفٌ 라는 '천'이라는 명사, مِلْيُونٌ 이라는 '백만'이라는 명사, مِلْيَارٌ 이라는 '10억'이라는 명사와 숫자가 결합이 되어 **명사의 셈법에 의해 숫자를 표시**하게 된다.

예컨대, 15,000 은 ألف 라는 명사가 15개 있는 것처럼 즉 "15개의 1000" 이라고 인식하면 된다.

그리고 숫자 15 뒤에 나오는 명사는 11-99 범위 숫자의 셈법에 따라 단수/목적격의 형태가 나오게 되어 خَمْسَةَ عَشَرَ أَلْفًا 이라는 형태가 되는 것이다. 나머지 숫자는 다음 과인 명사의 셈법을 학습한 뒤에 보면 자연스럽게 이해가 될 것이다.

1,000	أَلْفٌ (ج آلَافٌ)	30,000	ثَلَاثُونَ أَلْفًا / ثَلَاثِينَ أَلْفًا
2,000	أَلْفَانِ / أَلْفَيْنِ	50,000	خَمْسُونَ أَلْفًا / خَمْسِينَ أَلْفًا
3,000	ثَلَاثَةُ آلَافٍ	수만	عَشَرَاتُ آلَافٍ
4,000	أَرْبَعَةُ آلَافٍ	100,000	مِئَةُ أَلْفٍ
5,000	خَمْسَةُ آلَافٍ	수십만	مِئَاتُ آلَافٍ
6,000	سِتَّةُ آلَافٍ	백만	مِلْيُونٌ (ج مَلَايِينُ)
7,000	سَبْعَةُ آلَافٍ	2백만	مِلْيُونَانِ / مِلْيُونَيْنِ
8,000	ثَمَانِيَةُ آلَافٍ	5백만	خَمْسَةُ مَلَايِينَ
9,000	تِسْعَةُ آلَافٍ	수백만	مَلَايِينُ
수천	آلَافٌ أو أُلُوفٌ	천만	عَشَرَةُ مَلَايِينَ
10,000	عَشَرَةُ آلَافٍ	1억	مِئَةُ مِلْيُونٍ
15,000	خَمْسَةَ عَشَرَ أَلْفًا	10억	مِلْيَارٌ (ج مِلْيَارَاتٌ)
20,000	عِشْرُونَ أَلْفًا / عِشْرِينَ أَلْفًا	100억	عَشَرَةُ مِلْيَارَاتٍ

5장. 21~99범위의 숫자

● 이 범위의 숫자들도 1단위 수를 먼저 말하고 10단위 숫자를 말하는 건 11~19까지와 똑같지만, 각 단위 사이에 'وَ'를 써야 한다는 차이점이 있다.

아래 표의 남성/여성은 세어지는 명사의 성을 의미한다.

	남성	여성
21	أَحَدٌ وَعِشْرُونَ / وَاحِدٌ وِعِشْرُونَ	إِحْدَى وَعِشْرُونَ / وَاحِدَةٌ وَعِشْرُونَ
22	اِثْنَانِ وَعِشْرُونَ / اِثْنَيْنِ وَعِشْرِينَ	اِثْنَتَانِ وَعِشْرُونَ / اِثْنَتَيْنِ وَعِشْرِينَ
23	ثَلَاثَةٌ وَعِشْرُونَ	ثَلَاثٌ وَعِشْرُونَ
24	أَرْبَعَةٌ وَعِشْرُونَ	أَرْبَعٌ وَعِشْرُونَ
25	خَمْسَةٌ وَعِشْرُونَ	خَمْسٌ وَعِشْرُونَ
36	سِتَّةٌ وَثَلَاثُونَ	سِتٌّ وَثَلَاثُونَ
31	أَحَدٌ وَثَلَاثُونَ / وَاحِدٌ وَثَلَاثُونَ	إِحْدَى وَثَلَاثُونَ / وَاحِدَةٌ وَثَلَاثُونَ
47	سَبْعَةٌ وَأَرْبَعُونَ	سَبْعٌ وَأَرْبَعُونَ
53	ثَلَاثَةٌ وَخَمْسُونَ	ثَلَاثٌ وَخَمْسُونَ
57	سَبْعَةٌ وَخَمْسُونَ	سَبْعٌ وَخَمْسُونَ
68	ثَمَانِيَةٌ وَسِتُّونَ	ثَمَانٍ وَسِتُّونَ
74	أَرْبَعَةٌ وَسَبْعُونَ	أَرْبَعٌ وَسَبْعُونَ
83	ثَلَاثَةٌ وَثَمَانُونَ	ثَلَاثٌ وَثَمَانُونَ
85	خَمْسَةٌ وَثَمَانُونَ	خَمْسٌ وَثَمَانُونَ
92	اِثْنَانِ وَتِسْعُونَ	اِثْنَتَانِ وَتِسْعُونَ
98	ثَمَانِيَةٌ وَتِسْعُونَ	ثَمَانٍ وَتِسْعُونَ

6장. 101이상의 모든 숫자

● 아랍어 숫자는 3자리마다 숫자의 단위 (천 - ألْف / 백만 - مِلْيُون / 십억 - مِلْيَار) 로 끊기게 된다. 즉, 각각의 숫자 단위 사이에는 숫자 3개가 들어가게 되고 그 구분을 용이하게 해주는 것이 숫자와 함께 쓰이는 쉼표이다. 따라서 숫자를 읽을 때 쉼표를 항상 유의해서 봐야 한다.

예컨대, 아래 표의 맨 마지막 숫자인 75,612 가 어떻게 해서 위의 표처럼 읽는 것인지 이 숫자를 분해해서 보자.

숫자를 보면 쉼표가 하나만 나왔기 때문에 숫자의 단위명사 중 가장 작은 단위이 천(ألْف)이 나오게 되고 이 "1000"이라는 명사는 지금 75개가 있는 것이어서 خمسة وسبعون ألفا 의 형태가 된다. 그리고 나서 그 아래 숫자인 612를 써주면 위의 표에 있는 숫자가 나올 것이다. 본 단원 마지막에서 큰 단위 수를 좀 더 연습해보도록 하자.

	남성	여성
110	مِئَةٌ وَعَشَرَةٌ	مِئَةٌ وَعَشْرٌ
117	مِئَةٌ وَسَبْعَةَ عَشَرَ	مِئَةٌ وَسَبْعَ عَشْرَةَ
127	مِئَةٌ وَسَبْعَةٌ وَعِشْرُونَ	مِئَةٌ وَسَبْعٌ وَعِشْرُونَ
537	خَمْسُمِئَةٍ وَسَبْعَةٌ وَثَلَاثُونَ	خَمْسُمِئَةٍ وَسَبْعٌ وَثَلَاثُونَ
1,483	أَلْفٌ وَأَرْبَعُمِئَةٍ وَثَلَاثَةٌ وَثَمَانُونَ	أَلْفٌ وَأَرْبَعُمِئَةٍ وَثَلَاثٌ وَثَمَانُونَ
2,467	أَلْفَانِ وَأَرْبَعُمِئَةٍ وَسَبْعَةٌ وَسِتُّونَ	أَلْفَانِ وَأَرْبَعُمِئَةٍ وَسَبْعٌ وَسِتُّونَ
7,642	سَبْعَةُ آلَافٍ وَسِتُّمِئَةٍ وَاثْنَانِ وَأَرْبَعُونَ	سَبْعَةُ آلَافٍ وَسِتُّمِئَةٍ وَاثْنَتَانِ وَأَرْبَعُونَ
12,455	اِثْنَا عَشَرَ أَلْفًا وَأَرْبَعُمِئَةٍ وَخَمْسَةٌ وَخَمْسُونَ	اِثْنَا عَشَرَ أَلْفًا وَأَرْبَعُمِئَةٍ وَخَمْسٌ وَخَمْسُونَ
94,366	أَرْبَعَةٌ وَتِسْعُونَ أَلْفًا وَثَلَاثُمِئَةٍ وَسِتَّةٌ وَسِتُّونَ	أَرْبَعَةٌ وَتِسْعُونَ أَلْفًا وَثَلَاثُمِئَةٍ وَسِتٌّ وَسِتُّونَ
75,612	خَمْسَةٌ وَسَبْعُونَ أَلْفًا وَسِتُّمِئَةٍ وَاثْنَا عَشَرَ	خَمْسَةٌ وَسَبْعُونَ أَلْفًا وَسِتُّمِئَةٍ وَاثْنَتَا عَشْرَةَ

2과. 서수사

1장. 1 번째 ~ 10 번째

● 서수는 일반적인 형용사와 그 쓰임이 다르지 않아서 성에 대한 고민을 하지 않아도 되므로 상대적으로 기수보다 사용하기 수월한 편이다. 서수의 형태는 "첫 번째"를 제외하고는 원형의 능동분사 형태(فَاعِلٌ)를 취하게 된다.

한편, 6번째는 기수와 서수에서 사용되는 어근이 다르니 주의해야 한다.

	남성	여성
1 번째	أَوَّلُ	أُولَى
2 번째	ثَانٍ	ثَانِيَةٌ
3 번째	ثَالِثٌ	ثَالِثَةٌ
4 번째	رَابِعٌ	رَابِعَةٌ
5 번째	خَامِسٌ	خَامِسَةٌ
6 번째	سَادِسٌ	سَادِسَةٌ
7 번째	سَابِعٌ	سَابِعَةٌ
8 번째	ثَامِنٌ	ثَامِنَةٌ
9 번째	تَاسِعٌ	تَاسِعَةٌ
10 번째	عَاشِرٌ	عَاشِرَةٌ

---

(403) انتقد المحتشدون، من أحزاب المعارضة الإسلامية والعلمانية، مسعى الرئيس عبد العزيز بوتفليقة للفوز بفترة رابعة في منصبه.

http://www.bbc.com/arabic/middleeast/2014/03/140321_algeria_election_protest

이슬람 세속주의 야당들 시위자들은 압둘 아지즈 부테플리카 대통령의 4번째 임기에 승리하고자 하는 노력을 비난하였다.

---

(404) قالت وكالة الأرصاد الجوية في كوريا الجنوبية إن زلزالا بلغت قوته 5.6 درجات سجل في كوريا الشمالية قرب موقع بونجيى-رى المعروف للتجارب النووية هناك، وإنه أقوى بنحو عشر مرات من الهزة التي نجمت عن التجربة النووية الخامسة لكوريا الشمالية التي أجريت قبل عام.

http://www.aljazeera.net/news/international/2017/9/3/اليابان-كوريا-السمالية-أجرت-تجربة-نووية-سادسة

한국 기상청은 핵 실험장으로 알려진 북한 풍계리 인근에서 5.6 강도의 지진이 기록되었고, 이는 작년 실시된 북한의 5차 핵 실험으로 발생한 진동의 약 10배 정도 더 강하다고 밝혔다.

● 한편, 서수가 그 자체로 명사로 사용되어 후 연결어 명사를 가질 수 있다. 이 때 그 의미는 형용사로 쓰여서 수식해 줄 때와 다르지 않다.

이 때 후 연결어 명사는 비한정 단수 혹은 한정 복수로 나올 수도 있다. 비한정 단수가 나올 경우에는 서수가 남성형으로 고정이 되며, 한정 복수가 나올 경우에는 의미상 적절한 성/수 일치를 시켜주어야 한다.

---

(405) بدأ الرئيس الكوري الجنوبي مون جاي إن الأربعاء أول زيارة رسمية له إلى بكين، في محاولة لإصلاح العلاقات المتوترة بين الدولتين على خلفية نشر سول منظومة (ثاد) الصاروخية الأميركية.

رئيس-كوريا-الجنوبية-في-بكين-لإصلاح-العلاقات/http://www.aljazeera.net/news/international/2017/12/14

수요일 문재인 한국 대통령은 한국의 미국 미사일 방어 체계(싸드) 배치로 인한 한중 양국 간 긴장 관계를 개선하기 위한 시도로 첫 공식 방중을 시작하였다.

---

(406) أعلنت وزيرة الدولة لشؤون بريكست سويلا بريفرمان، الخميس استقالتها من الحكومة البريطانية لتصبح رابع وزير يستقيل من الحكومة، احتجاجا على مشروع اتفاق الانسحاب من الاتحاد الأوروبي.

استقالة-رابع-وزير-من-حكومة-البريطانيا-بسبب-مشروع-اتفاق-بؤكست/https://www.youm7.com/story/2018/11/15/4032716

목요일 수일라 브리프리만 브렉시트 담당 장관은 유럽연합 탈퇴 합의안에 항의하는 차원에서 영국 정부에서 사임하여 정부를 떠난 4번째 장관이 되었다고 발표했다.

---

(407) من غرفة المعيشة في منزلها، حملت الكويتية فاطمة المطر وابنتها ذات الثانية عشر عاما لافتات مكتوب عليها "لا للرقابة، لا لمنع الكتب"، ونشرت الصورة على تويتر في أولى خطواتها للاحتجاج ضد منع الكتب في الكويت.

http://www.bbc.com/arabic/middleeast-46065006

집안 거실에서 파티마 알 마따르 쿠웨이트 여성과 12살인 그녀의 딸은 "검열 반대, 도서 금지 반대"라고 적힌 팻말을 들었고 쿠웨이트의 도서 금지에 항의하기 위한 첫 번째 행보로 트위터에 사진을 게시했다.

---

(408) تسلسل زمني لأهم الأحداث
1918- انبثاق أولى المنظمات الوطنية الفلسطينية، ومنها المنتدى العربي والنادي العربي.

http://www.bbc.com/arabic/middleeast-46388277

가장 중요한 사건들 연대기
1918 – 아랍 포럼과 아랍 클럽을 포함하는 첫 번째 팔레스타인 민족 기구의 출현.

2장. 11 번째 ~19 번째

● 1단위는 앞 장에서와 같이 능동분사 형태를 취하지만 10단위는 기수랑 똑같은 형태를 가진다.
특히 이 범위에서는 관사를 붙이게 될 경우 관사는 1단위에만 붙게 된다

특히 11~19범위의 숫자는 서수에서도 목적격만을 취하게 된다.

비한정	남성	여성
11 번째	حَادِيَ عَشَرَ	حَادِيَةَ عَشْرَةَ
12 번째	ثَانِيَ عَشَرَ	ثَانِيَةَ عَشْرَةَ
13 번째	ثَالِثَ عَشَرَ	ثَالِثَةَ عَشْرَةَ
14 번째	رَابِعَ عَشَرَ	رَابِعَةَ عَشْرَةَ
15 번째	خَامِسَ عَشَرَ	خَامِسَةَ عَشْرَةَ
16 번째	سَادِسَ عَشَرَ	سَادِسَةَ عَشْرَةَ
17 번째	سَابِعَ عَشَرَ	سَابِعَةَ عَشْرَةَ
18 번째	ثَامِنَ عَشَرَ	ثَامِنَةَ عَشْرَةَ
19 번째	تَاسِعَ عَشَرَ	تَاسِعَةَ عَشْرَةَ

한정	남성	여성
11 번째	ٱلْحَادِيَ عَشَرَ	ٱلْحَادِيَةَ عَشْرَةَ
12 번째	ٱلثَّانِيَ عَشَرَ	ٱلثَّانِيَةَ عَشْرَةَ
13 번째	ٱلثَّالِثَ عَشَرَ	ٱلثَّالِثَةَ عَشْرَةَ
14 번째	ٱلرَّابِعَ عَشَرَ	ٱلرَّابِعَةَ عَشْرَةَ
15 번째	ٱلْخَامِسَ عَشَرَ	ٱلْخَامِسَةَ عَشْرَةَ
16 번째	ٱلسَّادِسَ عَشَرَ	ٱلسَّادِسَةَ عَشْرَةَ
17 번째	ٱلسَّابِعَ عَشَرَ	ٱلسَّابِعَةَ عَشْرَةَ
18 번째	ٱلثَّامِنَ عَشَرَ	ٱلثَّامِنَةَ عَشْرَةَ
19 번째	ٱلتَّاسِعَ عَشَرَ	ٱلتَّاسِعَةَ عَشْرَةَ

3장. 20 이상

● 20이상의 10의 배수는 기수에 관사를 붙여서 표현하며, 숫자 자체가 일반명사인 경우(مِئَة، ألف، مليون، مليار)도 마찬가지로 해당 명사에 관사를 붙여서 서수를 표현한다.

그리고 11~19번째 범위를 제외하고 모든 서수는 개별 단위마다 모두 관사를 표시한다.

	남성	여성
20 번째	اَلْعِشْرُونَ	
21 번째	اَلْحَادِيُ وَالْعِشْرُونَ	اَلْحَادِيَةُ وَالْعِشْرُونَ
35 번째	اَلْخَامِسُ وَالثَّلَاثُونَ	اَلْخَامِسَةُ وَالثَّلَاثُونَ
83 번째	اَلثَّالِثُ وَالثَّمَانُونَ	اَلثَّالِثَةُ وَالثَّمَانُونَ
100 번째	اَلْمِئَةُ	
300 번째	اَلثَّلَاثُمِئَةِ	
842 번째	اَلثَّمَانِيمِئَةِ وَالثَّانِي وَالْأَرْبَعُونَ	
천 번째	اَلْأَلْفُ	
2321 번째	اَلْأَلْفَانِ وَالثَّلَاثُمِئَةِ وَالْحَادِي وَالْعِشْرُونَ	
만 번째	عَشَرَةُ الآلَافِ	

(409) في خضم المخاوف من التأثير الذي قد يخلفه نقص التمويل الشديد على الضحايا "الأكثر ضعفا" في الصراع السوري، حذرت الأمم المتحدة من أن هجوما عسكريا "واسع النطاق" على إدلب يهدد بخلق أسوأ مأساة إنسانية في القرن الحادي والعشرين.

https://news.un.org/ar/audio/2018/09/1016562

시리아 분쟁에서 가장 취약한 희생자들에 대한 심각한 재정 부족이 야기할 수 있는 여파에 대한 우려가 있는 와중에, 유엔은 이들립 지역의 광범위한 군사적 공격은 21세기 최악의 인도적 재앙을 만들어낼 수 있다고 경고했다.

3과. 명사의 셈법

1장. 셈하는 명사가 비한정일 경우

● 우선 1개~2개를 보면 아랍어 단어의 단수 자체가 한 개를 의미하기 때문에 굳이 وَاحِدٌ을 쓰지 않으며, 마찬가지로 쌍수라는 개념이 존재하기 때문에 명사 자체를 쌍수로 표현하며 두 개를 의미하는 اِثْنَانِ 을 잘 쓰지 않는다.

3~10 범위는 복수 명사와 연결형을 이루며, 숫자가 전연결어, 명사가 후연결어인구조를 갖는다.

그리고 **숫자의 성은 "명사의 단수"에 따른다.** 예컨대, 5채의 집(خَمْسَةُ بُيُوتٍ)을 표현할 때 숫자 5 때문에 집을 بُيُوتٍ 이라고 표현한 것인데, 이를 보고 사물의 복수가 나왔으니 여성단수 취급을 해서 숫자를 남성형인 خَمْسُ로 쓰면 안 된다는 것이다.

즉, 단수인 بَيْتٌ를 보고 남성이니까 숫자는 여성형인 خَمْسَةُ를 써야 되는 것이다.

---

(410) إدلب هي آخر معقل للمتمردين في البلاد، وهي أيضا واحدة من أربع "مناطق تهدئة" في سوريا، متفق عليها بموجب اتفاق توصلت إليه إيران وروسيا وتركيا العام الماضي في أستانا. وقد تجمعت فيها كذلك المنظمات الإرهابية والمقاتلون الأجانب وجماعات المعارضة المسلحة.

https://news.un.org/ar/story/2018/09/1016331

이들립은 시리아에서 반군들의 마지막 거점이고, 이란, 러시아, 터키가 지난해 아스타나에서 도달한 합의점에 따라 합의된 시리아 내 4곳의 비무장지대 중 한 곳이다. 또한 아스타나에서 테러단체들과 외국인 전쟁당사자 그리고 무장 반군단체가 참여하였다.

---

(411) تحفل مسيرة الشاعرة والدبلوماسية، رئيسة وزراء الإكوادور، بالعديد من الإنجازات في مجالات الثقافة والتراث والتنمية وتغير المناخ والملكية الفكرية والسياسة الخارجية والدفاع والأمن، فضلا عن نشرها خمسة مجلدات شعرية وحصولها على جائزة الشعر الوطني الإكوادوري عام 1990.

https://news.un.org/ar/audio/2018/09/1016782

시인이자 외교관인 에콰도르 총리의 업적은 5권의 시집 발간과 1990년 에콰도르 국가시인상을 수상한 것 이외에 문화, 유물, 개발, 기후변화, 지적재산권, 대외정책, 국방, 안보 분야의 많은 성과들로 가득하다.

● 11~99 범위는 세어지는 명사들이 숫자 뒤에서 단수 명사가 목적격으로 나온다.

특히 11부터 19까지는 12를 제외하고 모든 숫자가 모두 목적격을 취한다.

---

(412) سبق لنيابة أمن الدولة العليا، أن قررت تجديد حبس وائل عباس، 15 يوما على ذمة التحقيقات في هذه الاتهامات. وأصدرت محكمة الجنايات التي انعقدت في معهد أمناء الشرطة بالقاهرة، حكمها باستبدال السجن الحالي للمدون والناشط بتدابير أمنية احترازية مرتين أسبوعيا، بمعنى الذهاب لقسم الشرطة التابع له مرتين أسبوعيا لتسجيل حضوره.

http://www.bbc.com/arabic/middleeast-46412930

국가고등안보검찰은 이 혐의들에 대한 조사를 위해 와일 압바스를 15일 간 재 구금하기로 결정한 바 있다. 카이로에 있는 경찰교육기관에서 열린 형사법원은 블로거들과 활동가들에 현재의 부과된 징역형을 주2회 예비 안보 교육으로 대체한다는 판결을 내렸다. 즉 1주일에 두 차례 경찰교육기관 산하 부서에 가서 그가 안보교육에 참석했다고 기록하면 된다는 것을 의미한다.

** معهد أمناء الشرطة 는 한국의 경찰대학교와 유사한 이집트 경찰 교육기관이다.

---

(413) في أكتوبر/تشرين الأول وصل عدد حالات الإصابة المحتملة بالكوليرا في اليمن إلى أكثر من 500 وأفادت التقارير بوفاة 13 شخصا بسبب أعراض الإسهال الحاد. وأعربت منظمة الصحة العالمية عن مخاوفها من تفشي وباء الكوليرا بسبب الظروف التي يشهدها اليمن، وهو أمر حدث بالفعل فيما بعد.

https://news.un.org/ar/story/2018/12/1023021

10월에 예멘에서 콜레라에 걸릴 가능성이 있는 사람들의 수가 500명 이상에 달했다. 보고서는 급성 설사증상으로 13명의 사망을 보도했다. 세계보건기구는 예멘이 목도하고 있는 처지로 인한 콜레라 확산에 대해 우려를 표명했고, 이후 실제로 그 일이 발생하였다.

---

(414) قال أحمد عمر للصحفيين الثلاثاء: "تلقيت مذكرة من 33 حزبا ممثلين بحوالي 294 نائبا لتعديل الدستور فيما يتعلق بعدد المرات المسموح فيها بترشيح الرئيس".

http://www.bbc.com/arabic/middleeast-46449787

아흐마드 오마르는 화요일 기자들에게 "나는 약 294명의 의원을 대표하는 33개 정당으로부터 대통령 입후보 가능 횟수와 관련된 헌법개정을 위한 서한을 받았다"고 말했다.

(415) في الأسبوع الأخير من شهر مارس 2015 قتل 62 طفلا على الأقل وأصيب 30 بجراح في اليمن. ووجهت اليونيسف نداء لحماية الأطفال من العنف المتصاعد.

https://news.un.org/ar/story/2018/12/1023021

2015년 3월 마지막 주에 예멘에서 적어도 62명의 아이가 사망하고 30명이 다쳤다. 유니세프는 아이들을 고조되는 폭력으로부터 지켜달라고 호소하였다.

● 100단위 및 단위수를 나타내는 숫자(ألف، مليون، مليار)의 개수를 셀 때는 그 뒤에 세어지는 명사가 단수 형태로 나와서 숫자와 연결형이 된다.

(416) قال خبراء في إدارة أخطار الكوارث إن الإعصار في منطقة الكاريبي تسبب حتى الآن في أضرار بلغت قيمتها 10 مليارات دولار.

http://www.bbc.com/arabic/business-41216697

재난위험관리 전문가들은 카리브 지역 태풍은 지금까지 100억달러의 피해를 초래하였다고 말했다.

(417) أضاف أن بعض التقديرات تشير إلى أن ما بين 40 و50 ألف شخص ما زالوا داخل البلدة وأن آلافا آخرين فروا على مدى الأيام القليلة الماضية.

http://www.bbc.com/arabic/middleeast/2014/02/140214_syria_un_humanitarian_crisis

그는 일부 산출 값은 4만~5만 명의 사람들은 여전히 지역 내에 있으며, 다른 수 천명은 지난 며칠 동안 도망쳤다고 지적한다고 덧붙였다.

● 100 이상의 큰 숫자가 나오고 여러 개의 숫자 단위가 나오면 **셈이 되는 명사의 상태는 가장 마지막에 사용된 و 를 기준으로 판단된다.**

즉 415권의 책이라고 했을 때 맨 마지막 발음이 عشر 라고 해서 숫자 범위 3~10라고 오해하여 뒤의 قلم 의 형태를 أقلام 이라고 해서는 안 된다.

(418) بموجب قانون الانتخابات الجديد، يتعين على المرشح الرئاسي أن يكون أقام في سوريا خلال الأعوام العشرة الماضية وأن يحظى بدعم 35 نائباً على الأقل من النواب الذين يضمهم مجلس الشعب، وعددهم 250 نائبا.

http://www.bbc.com/arabic/middleeast/2014/03/140314_syria_brahimi_election_criticism

새 선거법에 따라 대통령 입후보자는 지난 10년 동안 시리아에서 거주해왔어야 하고 국회의원 수 250명 중 적어도 35명 국회의원의 지지를 얻어야 한다.

(419) فرق الأمم المتحدة المتخصصة لإزالة الألغام، تمكنت من إزالة حوالي 38 ألف لغم أرضي، وأكثر من 941 ألفا من الذخائر غير المنفجرة في جميع أنحاء جنوب السودان حول المدارس والمستشفيات ونقاط المياه حتى الآن، كما وأضحت آلاف مدارس ونقاط تزويد المياه والعيادات الآمنة منذ عام 2004.

https://news.un.org/ar/story/2018/04/1005551

유엔 지뢰제거 전문팀은 지금까지 남수단 전역 학교와 병원 그리고 수원 주변에서 약 3만8천개의 지뢰와 94만 1천개 이상의 불발탄을 제거할 수 있었으며, 또한 2004년부터 수 천 개의 학교, 물 공급소, 안전한 진료소를 세웠다.

---

(420) أعرب المسؤول الأممي عن قلقه بشأن أوضاع 40 ألف شخص يعيشون في مخيمات النازحين بالقرب من الغوطة الشرقية، التي كانت تضم في وقت سابق 390 ألف شخص، مع انعدام حرية تنقل المدنيين، خاصة الرجال.

https://news.un.org/ar/audio/2018/05/1007572

유엔 책임자는 과거에 39만 명을 수용했던 동구타 인근 난민텐트에서 민간인 특히 남자들의 거주 이동의 자유가 없이 거주하는 4만명의 상황에 대한 우려를 표명했다.

● 한편, مِئَةٌ 의 복수형은 مِئَاتٌ 이고 이는 '수 백'을 쓸 경우에만 쓰이며 보통 "من + 복수 한정 명사"의 형태로 나오며, 간혹 مِئَاتٌ 이 복수 한정 명사를 후 연결어로 취하기도 한다.

마찬가지로 '수 천'을 표현할 때에는 أَلْفٌ 의 복수형이 사용되는데, 이 경우에는 آلَافٌ 를 사용할 수도 있지만 다른 복수형태인 أُلُوفٌ 도 사용될 수 있다.

하지만 ألوف 형태는 명사의 셈법에서는 사용되지 않는다.

---

(421) أطلق أنصار حقوق الحيوان في مصر حملة احتجاج على مواقع التواصل الاجتماعي وذلك بعد ورود تقارير تتحدث عن تصدير الآلاف من الكلاب والقطط المصرية للخارج. ويشتبه النشطاء في أن تلك الحيوانات قد تذهب إلى دول تتعرض فيها للتعذيب أو الذبح بغرض الأكل.

http://www.bbc.com/arabic/middleeast-46378513

수 천 마리의 이집트 개와 고양이를 외국으로 수출하겠다는 보고서가 발표된 이후 이집트 동물권 옹호자들은 sns상에서 항의 캠페인을 시작했다. 활동가들은 이 동물들이 고문이나 식용으로 도축될 수 있는 국가들로 갈 수 있다고 의심하고 있다.

(422) يدير عبد الرحمن وخطيبته إنجي طارق "الجمعية المصرية لإنقاذ الحيوان" وهي جمعية خيرية تعني بإنقاذ المئات من الكلاب التي تتعرض لسوء المعاملة في الشارع.

http://www.bbc.com/arabic/middleeast-46378513

압둘 라흐만과 그의 약혼자 인지 따리끄는 동물구호 이집트단체를 운영하고 있다. 이 단체는 길거리에서 학대에 노출된 수 백만 마리의 개를 구출하는 것과 관련된 자선단체이다.

(423) يجمع المؤتمر المصيري المقام لمدة أسبوعين في مدينة كاتوفيتسا الآلاف من صانعي القرار والمناصرين والناشطين في مجال العمل المناخي، بهدف اعتماد مبادئ توجيهية عالمية ملزمة للأطراف الـ 197 الموقعة على اتفاق باريس لعام 2015.

https://news.un.org/ar/story/2018/12/1023061

카투피트사에서 2주간 열리는 중대 회의는 2015년 파리기후협약에 서명한 197개 당사자들에게 구속력 있는 세계적 지침 원칙을 채택하기 위해 기후 분야의 수 천 명의 결정권자와 옹호자 그리고 활동가들을 모이게 했다.

(424) لكن الأمين العام وجه تحذيرا أمام المئات من الحضور مشددا على أن "النمو في السيارات الكهربائية سيكون له تأثير كبير على الطلب على الكهرباء – وهو أمر يجب وضعه في الاعتبار." وأوضح الأمين العام أنه ما لم تتم إدارة الطاقة الكهربائية بعناية، فإن "الطلب الإضافي سيخلق تحديات كبيرة في جميع أقسام نظم الطاقة الأخرى، خاصة في أوقات الذروة.

https://news.un.org/ar/story/2018/12/1023061

하지만 사무총장은 수 백 명의 참석자들 앞에서 전기 자동차의 성장은 전기 수요에 큰 영향이 있을 것이고 이는 반드시 고려사항에 놓여있어야 한다고 강조하면서 경고했다. 사무총장은 전기 에너지가 주의 깊게 관리되지 않는 한 추가적인 수요는 특히 피크 시간대에 다른 모든 에너지 시스템 부서에서 큰 도전과제를 만들 것이라고 밝혔다.

2장. 셈하는 명사가 한정일 경우

● 기본적으로 한정 명사의 숫자를 세는 방법은 두 가지가 있다.[1]

첫 번째 방법으로는, 비한정 명사의 수를 셀 때와 똑같이 쓴 뒤 숫자에만 관사를 넣는 방법이다. 즉 명사에는 관사가 붙지 않는다.

두 번째 방법으로는, 명사에 관사를 넣어 한정을 만든 뒤 그 뒤에 기수 자체에 관사를 붙여서 형용사처럼 뒤에서 명사를 수식할 수 있다. 이 경우 명사는 복수가 와야 한다. 이 방법을 쓰면 숫자의 성을 결정하는 방식을 비한정일 경우와 똑같이 적용해도 되지만, 숫자를 일반 형용사처럼 인식해서 명사와 성을 완전히 일치시킬 수도 있다.

다만, 숫자 1과 2는 한정이 되더라도 비한정일 때와 마찬가지로 일반적인 형용사를 사용하는 방법과 똑같이 사용하면 되고 위에 적시된 방식은 숫자 3부터 적용된다.

---

(425) حسب الهيئة الحكومية الدولية المعنية بتغير المناخ فإن وسائل النقل مسئولة عالميا عن ربع إجمالي الانبعاثات البالغة 8 "غيغا-طن" في السنة الواحدة، وهو ما يفوق مسئوليتها قبل 30 عاما، بنسبة زيادة بلغت 70 في المائة. وتشير التقديرات إلى أن هناك أكثر من مليار سيارة ركاب في شوارع وطرق العالم اليوم؛ وما لم تتخذ إجراءات عاجلة، قد يتضاعف الرقم بحلول عام 2040.

https://news.un.org/ar/story/2018/12/1023061

기후변화관련 정부간국제기구에 따르면 운송수단은 세계적으로 연간 8기가톤 배출총량 중 4분의 1에 책임이 있다. 이는 30년 전 책임보다 70% 정도 증가한 것이다. 산출값은 오늘날 세계 길거리와 도로에서 십억 대 이상의 차량이 존재하며 긴급 조치가 취해지지 않는 한 2040년경 수치는 배가 될 수 있다고 지적한다.

---

(426) الانتباه لوضعية الجسم : أبق وزن الجسم متوازناً على قدميك عند الوقوف. لا ترخي جسمك. لتعزيز الوضعية السليمة للجسم عند الجلوس، اختر مقعدا يسمح لك بإراحة قدميك الاثنتين على الأرض على نحو مستوٍ وفي الوقت ذاته يبقي ركبتيك في نفس مستوى فخذيك.

https://www.albayan.ae/health/smart-health/2018-11-25-1.3417615

몸 자세 주의: 서있을 때 몸무게를 양 발에 균형적이게 유지하시오. 몸의 긴장을 풀지 마시오. 앉을 때 몸의 올바른 자세를 강화하기 위해 양 발을 땅에 수평으로 나란히 놓을 수 있고 동시에 무릎을 넓적다리와 수평으로 유지시키는 의자를 고르시오.

** لا ترخي 는 의미상 부정 명령이다. 그래서 ترخي 는 단축법이 되어야하기 때문에 لا ترخ 가 문법적으로 옳은 표현이다.

---

[1] 첫 번째 방법은 사실 표준 문법은 아니지만 사용법이 편해서 사용이 많이 되는 방법이다.

● 이제 3부터 10까지의 숫자를 보면서 두 가지 방식이 적용된 예시를 확인해보자.

우선 첫 번째 방식에 따라, 숫자에만 관사를 넣고 뒤의 명사는 비한정일 때와 마찬가지로 비한정/복수/소유격이 나오게 된다.

그리고 두 번째 방식에 따라, 한정 복수 명사가 먼저 나오고 그 뒤에 관사가 붙은 숫자가 나오게 된다.

---

(427) يأتي اجتماع مجلس الأمن، في الوقت الذي اجتمع فيه زعماء الدول الثلاث الضامنة، إيران وروسيا وتركيا، في طهران اليوم. ومن المقرر أن يجري السيد دي مستورا محادثات مع القادة الثلاثة في جنيف يوم الاثنين من أجل إيجاد حل للأزمة والعمل على منع وقوع مأساة في إدلب.

https://news.un.org/ar/story/2018/09/1016331

이란, 러시아, 터키 3국 지도자가 오늘 테헤란에 모였을 때 안보리 회의가 진행된다. 드 미스투라는 사태 해법 강구와 이들립에서 비극이 발생하는 것을 막기 위해 3국 지도자들과 월요일에 제네바에서 회담을 진행할 예정이다.

---

(428) قد انخرطت المشاركات في الأقاليم الخمسة في نقاشات حول تمكين المرأة والاستراتيجيات، التي من شأنها تعزيز مشاركتها في جهود السلام والأمن والمصالحة. كما ناقشن سبل المساعدة في منع التطرف العنيف ومكافحته، من أجل استكمال الجهود الحكومية الرامية إلى إنقاذ الشباب من براثن التطرف العنيف.

https://news.un.org/ar/story/2018/08/1014212

5개 지역 여성 참가자들은 여성 능력제고 및 전략에 대한 토론회에 참석하였다. 이 토론회는 평화와 안보 및 화해를 위한 노력에 대한 참여 강화를 목표로 한다. 또한, 그녀들은 폭력적인 극단주의의 발톱으로부터 청년들을 구출하고자 하는 정부의 노력을 끝맺음 하기 위해 폭력적인 극단주의를 막고 이에 대응하는데 도움을 줄 방법을 논의하였다.

---

(429) الحكومة السورية استعادت السيطرة على الغالبية العظمى من محافظات درعا، والقنيطرة والسويداء. وقد حدثت عودة واسعة النطاق للنازحين داخليا، فيما يقدر عدد الأشخاص الذين ما زالوا نازحين في هذه المحافظات الثلاث بأقل من 60 ألف شخص.

https://news.un.org/ar/story/2018/08/1015582

시리아 정부는 다르아 주와 쿠네이트라 주, 수와이다 주의 거의 대부분 지배권을 되찾았다. 국내적으로 피난민들의 광범위한 귀향이 일어났다. 한편, 여전히 이 3개 주에서 피난중인 사람들의 수는 6만명 미만이라고 추산된다.

(430) أعلنت تركيا أن سفينتها "عروج ريس" ستجري، برفقة سفينتين أخريين، مسحا زلزاليا شرق البحر المتوسط قرب الجزر اليونانية، خلال العشرة أيام المقبلة.

خطوة-قد-تزيد-التوتر-تركيا-تعيد-سفينتها/http:// www.aljazeera.net/news/politics/2020/10/12

터키는 자국 선적인 '오르츠 레이스'가 다른 두 대를 대동하여 향 후 10일간 그리스 섬들 주변 동부 지중해에서 지진 탐사를 실시할 것이라고 알렸다.

● 이번에는 11에서 19를 살펴보자.

우선 첫 번째 방식에 따라, 숫자에만 관사를 넣고 뒤의 명사는 비한정일 때와 마찬가지로 비한정/단수/목적격이 나오게 된다. 여기서 주의해야할 부분이 **숫자에 붙는 관사는 1 단위에만 적용되며 10 단위에는 관사가 붙지 않는 다**는 점이다.

그리고 두 번째 방식에 따라, 한정 복수 명사가 먼저 나오고 그 뒤에 마찬가지로 1단위 숫자에만 관사가 붙어서 나오게 된다.

---

(431) لنعد بالتاريخ إلى الخلف مرة أخرى، بداية القرن الثامن عشر كان عدد المستوطنين الأوروبيين في أمريكا الشمالية 250 ألفاً، تضاعفوا بصورة مهولة في الخمس وسبعين عاماً التالية ليصبحوا 2.5 مليون شخص في عام 1775م، وهي النقطة التي عندها قررت الولايات المتحدة حديثة التشكل السعي للثورة على التاج البريطاني، وهو الأمر الذي تكلَّل في الثالث من سبتمبر/ أيلول عام 1783م بإعلان استقلال الثلاث عشرة ولاية عن الحكم البريطاني في لندن، لتظهر إلى الوجود دولة الولايات المتحدة الأمريكية لأول مرة في حدودها الأولى.

http://www.aljazeera.net/news/arabic/2018/11/29/الحرب-في-اليمن-البيت-الأبيض-الكونغرس-ترامب-ماتيس-بومبيو

다시 역사의 뒷편으로 돌아갑시다. 18세기 초에 북미에 정착한 유럽인의 수는 25만명이었으나, 75년만에 급속히 증가하여 1775년에는 250만명이 되었다. 그리고 이때가 새로운 형태의 연방주들이 영국 왕실에게 혁명을 하기로 결정한 지점이며, 1783년 9월 3일 13개주가 런던에 있는 영국 정권에서 독립을 선언하면서 이 일이 마무리되어, 미합중국이라는 국가가 자신들의 첫 번째 국경에 처음으로 실제로 존재하게 되었다.

** الأعوام الخمس(ة) والسبعين 으로 써야 الخمسة والسبعين عاما 으로 쓰거나 الخمس وسبعين عاما 는 옳은 문장이다.

** الولايات المتحدة الحديثة التشكل 는 الولايات المتحدة حديثة التشكل 으로 써야 옳은 문장이다.

---

(432) تعد الشراكة الاقتصادية الإقليمية الشاملة أكبر منطقة تجارة حرة في العالم عبر مجموعة واسعة من المؤشرات، ويعيش 2.27 مليار شخص في الدول الأعضاء الخمسة عشر، ويبلغ مجموع الناتج المحلي الإجمالي 26 تريليون دولار، كما يبلغ إجمالي الصادرات 5.2 تريليون دولار.

http://gate.ahram.org.eg/News/2693838.aspx

포괄적 역내 경제 파트너십은 일련의 광범위한 지표들에 걸쳐 세계 최대의 자유 무역 지대로 여겨지는데, 15개 회원국에 22억7천만 명이 살고 있으며, 총 GDP는 26조 달러에 이르고, 총 수출액은 5조2천억 달러에 달한다.

● 다음으로 20에서 99의 수를 보자.

우선 첫 번째 방식에 따라, 숫자에만 관사를 넣고 뒤의 명사는 비한정일 때와 마찬가지로 비한정 /단수/목적격이 나오게 되는데, 이 때 **و 로 구분되는 모든 숫자 요소에 관사를 삽입**하게 된다는 점에서 11~19범위의 숫자와 차이가 난다.

그리고 두 번째 방식에 따라, 한정 복수 명사가 먼저 나오고 그 뒤에 마찬가지로 모든 숫자 요소에 관사가 붙어서 나오게 된다.

اَلسَّبْعَةُ وَالْعِشْرُونَ طَالِبًا = اَلطُّلَّابُ السَّبْعَةُ وَالْعِشْرُونَ	그 27명의 학생
اَلسِّتُّ وَالْأَرْبَعُونَ سَيَّارَةً = اَلسَّيَّارَاتُ السِّتُّ وَالْأَرْبَعُونَ	그 46대의 자동차

● 이제 100단위와 그 이상의 숫자들을 보자.

우선 첫 번째 방식에 따라, 숫자에만 관사를 넣고 뒤의 명사는 비한정일 때와 마찬가지로 비한정 /단수/소유격이 나오게 된다. 여기서 주의할 부분은, **200의 경우 쌍수의 ن 이 탈락한다**는 점이다.

그리고 두 번째 방식에 따라, 한정 복수 명사가 먼저 나오고 그 뒤에 마찬가지로 숫자에도 관사가 붙어서 나오게 되는데, مِئَة 이나 أَلْف 와 같이 명사 자체가 숫자인 경우는 성 변화를 하지 않는다.

اَلْمِئَةُ طَالِبٍ = اَلطُّلَّابُ الْمِئَةُ	그 100명의 학생
اَلْمِئَتَا حَادِثٍ = اَلْحَوَادِثُ الْمِئَتَانِ	그 200건의 사고는 (주격)
اَلْمِئَتَيْ حَادِثٍ = اَلْحَوَادِثُ الْمِئَتَيْنِ	그 200건의 사고의/를 (소유/목적격)
اَلْأَلْفُ سَفِينَةٍ = اَلسُّفُنُ الْأَلْفُ	그 1000척의 배

● 마지막으로 100의 배수가 아닌 100이상의 숫자들을 보자.

우선 첫 번째 방식에 따라, 숫자에만 관사를 넣고 **뒤의 명사는 비한정일 때와 마찬가지로 가장 마지막 숫자의 범위에 따라 결정된다.**

그리고 두 번째 방식에 따라, 한정 복수 명사가 먼저 나오고 그 뒤에 마찬가지로 و 로 구분된 모든 숫자에 관사가 붙어서 나오게 된다.

اَلْمِئَةُ وَالسَّبْعَةُ وَالْعِشْرُونَ طَالِبًا = اَلطُّلَّابُ الْمِئَةُ وَالسَّبْعَةُ وَالْعِشْرُونَ	그 137명의 학생
اَلثَّلَاثُمِئَةِ وَالْخَمْسُ وَالْأَرْبَعُونَ سَيَّارَةً = اَلسَّيَّارَاتُ الثَّلَاثُمِئَةِ وَالْخَمْسُ وَالْأَرْبَعُونَ	그 345대의 자동차

4 과. 날짜 표현

1 장. 연도 표현

● 연도를 읽는 방법은 크게 سَنَةٌ과 عَامٌ 을 사용해서 표현하며, 두 단어 모두 전치사 فِي와 함께 쓰이거나 목적격으로 놓아 부사로 쓸 수 있다.

연도표현은 "연"에 해당하는 명사가 연결형의 1 요소로 나오고 그 뒤에 연도에 해당하는 숫자가 후 연결어로 나오는 형태를 가진다.

하지만 일반적인 연결형이 개별 요소끼리 성 일치를 시키지 않는다는 것과 달리 연도를 표시할 때에는 성 일치를 시켜서 سَنَةٌ을 쓸 경우는 세어지는 명사가 여성이라고 인식하고, عَامٌ 을 쓸 경우는 세어지는 명사가 남성이라고 인식된다.

2015 년에	فِي سَنَةِ أَلْفَيْنِ وَخَمْسَ عَشْرَةَ
	فِي عَامِ أَلْفَيْنِ وَخَمْسَةَ عَشَرَ

---

(433) برغم ذلك، فقد شهدت الأشهر الأخيرة زيادة مخيفة في عدد اللاجئين والمهاجرين الذي تم اعتراضهم في البحر وإعادتهم إلى ليبيا، حيث تضاعف الرقم من 5,500 إلى 9,300 بين عامي 2017 و2018. فيما لا تتوفر لدينا أي إحصائيات رسمية بشأن أعداد المهاجرين المعتقلين في مراكز الاحتجاز غير الرسمية التي تديرها المليشيات والمهربون.

https://news.un.org/ar/story/2018/08/1014782

그럼에도 불구하고, 최근 수 개월은 바다에서 거부당하고 리비아로 돌아간 난민과 이주민의 숫자의 엄청난 증가를 목격하였다. 그 수는 2017년과 2018년 사이에 5500명에서 9300명으로 두 배가 되었다. 한편, 민병대와 밀수업자가 관리하는 비공식 구금소에 억류되어있는 피난민의 수에 대한 어떠한 공식 통계도 우리에게 보고되지 않고 있다.

---

(434) جاء الهجوم على منشأة نطنز النووية في أصفهان بعد يوم واحد فقط من تشغيل أجهزة متطورة جديدة للطرد المركزي لتخصيب اليورانيوم بنسبة أعلى مما يسمح به الاتفاق النووي الموقع بين إيران والقوى الكبرى عام 2015.

www.aljazeera.net/news/politics/2021/4/13/ظريف-بحث-مع-وزير-الخارجية-الروسي

이스파한에 있는 나탄즈 핵 시설에 대한 공격은 2015년 이란과 강대국들 사이에 서명된 핵합의가 허용하는 것 이상으로 우라늄을 농축하기위해 새롭게 업그레이드된 원심분리기 장비를 가동한지 딱 하루가 지나고 발생했다.

● '몇 십 년대'의 표현은 10 배수 숫자를 여성 규칙복수 형태로 만들어서 표현하는 것이 가장 보편적인 방법이다.

보통 "세기"를 뜻하는 قَرْنٌ 단어와 연결형을 이루어 사용되거나 둘 사이에 전치사 مِنْ 을 사용한다.

---

(435) أثناء التواجد البريطاني في مصر، اعتاد الإنجليز تسلق الهرم، ونشرت "الديلي ميل" البريطانية، مؤخرا، 100 صورة تؤرخ لرحلات تلك الفترة في الهرم.

وترصد سلسلة الصور الفوتوغرافية النادرة التي يعود تاريخها للفترة ما بين تسعينات القرن الـ19، وثلاثينيات القرن العشرين (1890 و1930).

https://www.elwatannews.com/news/details/3849042

이집트에 영국인들이 머물 동안(영국이 이집트를 보호령으로 관리하던 시기), 영국인들은 피라미드를 오르는 게 익숙했다.

영국의 '데일리 메일'은 최근 그 당시 피라미드 여행을 기록한 100장의 사진을 게재하였다. 이는 1890년대와 1930년대로 거슬러 올라가는 일련의 보기 힘든 사진들을 보여준다.

---

(436) بالمقابل تدافع منابر إثيوبية عن ظاهرة آبي أحمد؛ إذ تعتبره الأقل شعبوية بين الزعماء الذين حكموا البلاد منذ عقود.

تنقل مجلة الفورين بوليسي عن ماكونين آيلانو، وهو متخصص في القانون في جامعة هارفرد، أن الزعيم الجديد نقيض كامل لأسلافه، ميليس زيناوي الذي قاد البلاد من عام 1991 إلى عام 2012، ومنغيستو هيلا ميريام الذي حكم البلاد في سبعينات وثمانينات القرن الماضي.

ويسجل لآبي أحمد أنه أخرج إثيوبيا من عاديات انقسامها الاثني باتجاه ما هو وطني جامع.

https://alarab.co.uk/الإثيوبية-الديمقراطية-أم-عراب-شعبوي-أحمد-آبي-ظاهرة-يرافق-جدل

반면, 에티오피아 지도층은 아비 아흐마드를 수 십 년 전부터 국가를 통치했던 지도자들 중에서 가장 덜 포퓰리스트라고 간주하기 때문에 아비 아흐마드(가 인기를 얻는) 현상을 변호한다.

푸린 불리시 잡지는 하버드 대학교 법 전문가 마쿠닌 아일라누를 인용하여 신임 지도자는 그의 조상인 1991년부터 2012년까지 에티오피아를 이끈 멜레스 제나위, 지난 세기 70년대와 80년대를 통치한 멩기스투 하일레 마리암과 완전히 정 반대라고 밝혔다.

아비 아흐마드는 에티오피아를 민족적 분열이 일상화된 것에서 포괄적이고 국가적인 것으로 탈출시켰다고 기록된다.

**منابر 는 보통 강연이나 연설을 하는 사람들이 사용하는 단 같은 것을 의미한다. 하지만 본문의 문맥 상 이런 단 앞에서 연설 등을 할 수 있는 사람 즉 지도층이라고 보는 것이 적당하다.

2장. 월 표현

● 한국에 양력과 음력이 있듯이, 아랍어에도 이슬람력과 양력이 따로 있다. 또한, 양력은 두 가지 종류로 사용되어 총 3 종류의 월 표현이 있다.

한편, 양력을 말할 때, 두 종류 중 하나만 쓸 때도 있지만, 보통의 경우 두 종류를 모두 표기하는 경향이 있다.

월	양력		이슬람력
1월	كَانُونُ الثَّانِي	يَنَايِرُ	مُحَرَّمٌ
2월	شُبَاطُ	فِبْرَايِرُ	صَفَرٌ
3월	آذَارُ	مَارِسُ	رَبِيعُ الْأَوَّلُ
4월	نَيْسَانُ	أَبْرِيلُ	رَبِيعُ الثَّانِي
5월	أَيَّارُ	مَايُو	جُمَادَى الْأُولَى
6월	حَزِيرَانُ	يُوْنْيُو	جُمَادَى الثَّانِيَةُ
7월	تَمُّوزُ	يُولْيُو	رَجَبٌ
8월	آبُ	أُغُسْطُسُ	شَعْبَانُ
9월	أَيْلُولُ	سِبْتَمْبِرُ	رَمَضَانُ
10월	تِشْرِينُ الْأَوَّلُ	أُكْتُوبَرُ	شَوَّالٌ
11월	تِشْرِينُ الثَّانِي	نُوفَمْبِرُ	ذُو الْقِعْدَةِ
12월	كَانُونُ الْأَوَّلُ	دِيسَمْبِرُ	ذُو الْحِجَّةِ

● 마지막으로 '연도'와 '월' 그리고 '일'을 한 번에 표시하는 방법을 보면, **한국말은 [연도, 월, 일] 순서**로 말하지만 **아랍어는 [일, 월, 연도] 순서**로 표현한다.

특히, **'일'을 말할 때는 서수**로 말하며 보통 "일"에 해당하는 단어인 اليوم 는 생략되고 숫자만 사용된다. **월을 말할 때는 월 이름 앞에 전치사 مِنْ 을 쓴다**

---

(437) أما في مدينة عفرين في شمال البلاد، فقد أدى القتال والعمليات العسكرية منذ العشرين من يناير/كانون الثاني، إلى فرار حوالي 126 ألف رجل وامرأة وطفل إلى تل رفعت ونابول والزهراء ومناطق أخرى.

https://news.un.org/ar/audio/2018/05/1007572

국가 북부의 아프린 주에 대해 말하자면, 1월 20일부터 전투와 군사작전은 약 12만6천 명의 남녀 및 아이들이 탈 루프아와 나불 그리고 자흐라 및 다른 지역으로 도망가는 것을 초래했다.

---

(438) في الثاني من يوليه/تموز دخلت آخر قافلة إنسانية مشتركة إلى الغوطة الشرقية، إذ تواجه وكالات الإغاثة صعوبات مستمرة في الوصول إلى المنطقة.

https://news.un.org/ar/story/2018/08/1014682

7월 2일 마지막 합동 인도적 (물자)행렬이 동구타로 들어갔으며, 구호 기구는 동구타에 도착하는 데 지속적인 어려움에 직면하고 있다.

---

(439) أعلن المبعوث الدولي لليمن مارتن غريفيث أن العملية السياسية ستستأنف بين الأطراف يوم الخميس، 6 ديسمبر في السويد، أملا في وضع حد لصراع عنيف دفع المدنيون ثمنا باهظا له منذ أكثر من ثلاث سنوات.

https://news.un.org/ar/story/2018/12/1023021

마틴 그리피츠 유엔 예멘 특사는 3년 전부터 민간인들이 막대하게 값을 치른 잔혹한 분쟁의 종식을 희망하면서 정치적 작업은 12월 6일 목요일 스웨덴에서 당사자 간 재개될 것이라고 발표했다.

** ديسمبر 6 를 발음할 때 날짜는 서수로 발음 하고, 월 이름 앞에는 من 을 발음 해줘야 한다.

5과. 기타 숫자 표현

1장. 배수 표현

● 아랍어에서 배수를 표현할 때는 ضِعْفٌ ج أَضْعَافٌ 가 가장 흔하게 사용되며, مَرَّةٌ ج مَرَّاتٌ 는 비교적 덜 사용된다. 그리고 مِثْلٌ ج أَمْثَالٌ 도 배수를 표현할 때 아주 가끔 사용된다.

그리고 이 명사들은 숫자와 결합되어 셈법의 지배를 받는다.

또한, '두 배'를 쓸 경우 ضِعف 의 쌍수를 써도 되지만 그냥 단수로 써도 된다. 한국말에서도 그냥 '배'라고만 해도 두 배인 것을 암시하는 것과 같은 맥락이다.

---

(440) إدلب بالتأكيد هي مصدر قلقنا الرئيسي، ولسبب وجيه، فهي مكتظة بالمدنيين الضعفاء. ويمكن النظر إليها على أنها تزيد على الوضع في الغوطة الشرقية بست مرات. هناك ستة أضعاف المدنيين في إدلب وهم أكثر عرضة للخطر.

https://news.un.org/ar/audio/2018/05/1007572

이들립은 분명히 우리의 주요 우려 사항이다. 그도 그럴 것이 이들립은 취약한 민간인들로 가득차 있다. 우리는 이곳이 동구타 상황보다 6배 정도 더 많다고 본다. 이들립에는 위험에 더 노출되어 있는 6배의 민간인이 있다.

---

(441) في أغسطس، عززت كوريا الجنوبية مشترياتها من النفط من الولايات المتحدة وأستراليا لتحل محل النفط الإيراني. زادت واردات الخام الأمريكي خمسة أمثال إلى 887 ألفا و559طنا على أساس سنوي، بينما ارتفعت الواردات من أستراليا إلى أربعة أمثال مسجلة 305 آلاف و347 طنا.

http://alwatannews.net/article/792616/Business/85-تهبط-الإيراني-النفط-من-الجنوبية-كوريا-واردات

8월, 한국은 이란산 석유를 대체하기 위해 미국과 호주산 석유 구매를 강화하였다. 연간 미 원유 수입은 887,559톤으로 5배 증가한 반면, 호주로부터의 수입은 305,347톤을 기록하며 4배 증가하였다.

2장. 분수표현

● 아랍어 분수는 크게 분모가 2~10 이면서 분자가 1인 경우 그리고 분모가 2~10이면서 분자가 1이 아닌 경우, 그리고 분모가 11 이상인 경우로 구분할 수 있다. 실제 기사 예문은 분수 전체를 설명하고 모아서 배치하도록 하겠다.

우선, 분모가 2~10 이면서 분자가 1인 경우를 보면, 2인 경우는 نِصْفٌ 라는 독립적인 어휘를 사용하지만, 3~10인 경우는 기존 숫자 어근을 فُعْلٌ 형태로 변형하여 표현한다. 그리고 فُعْلٌ 형태 숫자의 복수형은 أَفْعَالٌ 이다.

12	نِصْفٌ	15	خُمْسٌ	$\frac{1}{8}$	ثُمْنٌ
13	ثُلْثٌ	16	سُدْسٌ	$\frac{1}{9}$	تُسْعٌ
14	رُبْعٌ	17	سُبْعٌ	$\frac{1}{10}$	عُشْرٌ

● 그리고 분모가 2~10 이 오면서 분자가 1이 아닌 경우를 보면, 명사의 셈법 규칙이 그대로 적용된다. 예컨대, 3/5은 1/5이 3개 있는 것이기 때문에 ثَلَاثَةُ أَخْمَاسٍ 이 된다. 또한, 2/5는 1/5이 2개 있는 것이기 때문에 쌍수 변화형태가 적용된다.

$\frac{2}{5}$	خُمْسَانِ	$\frac{3}{5}$	ثَلَاثَةُ أَخْمَاسٍ	$\frac{8}{9}$	ثَمَانِيَةُ أَتْسَاعٍ
$\frac{2}{3}$	ثُلْثَانِ	$\frac{4}{6}$	أَرْبَعَةُ أَسْدَاسٍ	$\frac{3}{9}$	ثَلَاثَةُ أَتْسَاعٍ
$\frac{4}{5}$	أَرْبَعَةُ أَخْمَاسٍ	$\frac{6}{7}$	سِتَّةُ أَسْبَاعٍ	$\frac{7}{10}$	سَبْعَةُ أَعْشَارٍ

● 마지막으로, 분모가 11 이상인 경우 분자는 남성 기수로 표현한 뒤 전치사 عَلَى를 쓰고 나서 분모를 남성 기수로 표현한다.

$\frac{5}{12}$	خَمْسَةٌ عَلَى اثْنَيْ عَشَرَ	$\frac{3}{25}$	ثَلَاثَةٌ عَلَى خَمْسَةٍ وَعِشْرِينَ
$\frac{13}{15}$	ثَلَاثَةَ عَشَرَ عَلَى خَمْسَةَ عَشَر	$\frac{5}{36}$	خَمْسَةٌ عَلَى سِتَّةٍ وَثَلَاثِينَ
$\frac{8}{19}$	ثَمَانِيَةٌ عَلَى تِسْعَةَ عَشَر	$\frac{15}{54}$	خَمْسَةَ عَشَرَ عَلَى أَرْبَعَةٍ وَخَمْسِينَ

(442) تقدمت السعودية بطلب للوكالة الدولية للطاقة الذرية لإجراء مراجعة للبنية التحتية النووية للبلاد في الربع الثاني من العام المقبل قبل توليد الطاقة النووية للأغراض السلمية.

https://alarab.co.uk/ https://alarab.co.uk/السعودية-تبدأ-رحلة-توليد-الكهرباء-من-الطاقة-النووية/

사우디는 평화적 목적으로 핵 에너지를 사용하기 전에 국제원자력기구에 내년 2/4분기에 사우디 핵 기반설비를 검토해 달라는 요청서를 제출하였다.

---

(443) في أكتوبر من العام 2017، انخفضت أعداد المهاجرين في مراكز الاعتقال الرسمية إلى الخمس بفضل جهود المنظمة الدولية للهجرة للإسراع في إعادة المهاجرين وإغلاق تلك المراكز.

https://news.un.org/ar/story/2018/08/1014782

2017년 10월에, 국제이주기구가 서둘러 이주자들을 돌려보내고 구금소를 폐쇄하려고 노력한 덕분에 공식 구금소 내 이주자의 수가 1/5로 감소하였다.

---

(444) الوضع يتجه إلى الوصول إلى نقطة الغليان. أكثر من 7 آلاف من طالبي اللجوء والمهاجرين مكتظون في ملاجئ بنيت لاستيعاب ألفي شخص فقط. ربع هؤلاء من الأطفال.

https://news.un.org/ar/audio/2018/08/1015782

상황은 끓는 점을 향해 가고 있다. 7천 명 이상의 난민 신청자와 이주민들은 애초에 2천명 수용을 위해 지어진 피난시설에 가득 차 있고, 이들 중 1/4은 아이들이다.

---

(445) أضافت باشيليت أن التقديرات المتحفظة تشير إلى عشرة آلاف قتيل، هذا بالإضافة إلى عدد لا يحصى من الثكالى والمشوهين والمغتصبين والمصابين بصدمات نفسية جراء ما شهدوه. وأكثر من ذلك، أجبرت الحملة حوالي ثلاثة أرباع مليون شخص على الفرار إلى بنغلاديش.

https://news.un.org/ar/audio/2018/09/1016742

바실렛이 덧붙여 말하길, 신중하게 진행된 평가는 셀 수 없이 많은 유족, 기형아, 강간피해자, 목격한 것에 의해 정신적 충격을 입은 사람 이외에 수만 명이 사망하였음을 지적한다고 덧붙였다. 이에 더해, 그 공격(=집단학살)은 약 백 만 명의 3/4 (=75만명)으로 하여금 방글라데시로 도망갈 수밖에 없게 만들었다.

(446) استند التقرير إلى أكثر من 850 مقابلة معمقة أجريت على مدى 18 شهرا، حيث يسرد تفاصيل الهجمات المروعة التي شنها جيش ميانمار في 25 آب / أغسطس 2017 ضد الروهينجا في ولاية راخين. وتسببت هذه الهجمات في مقتل ما لا يقل عن عشرة آلاف شخص، وتدمير أكثر من 37 ألف منزل للروهينجا، ونزوح جماعي لثلاثة أربع مليون شخص إلى بنغلاديش المجاورة.

https://news.un.org/ar/audio/2018/09/1017052

보고서는 18개월 동안 진행된 850건 이상의 심층 면접에 기반을 두었다. 보고서에서 미얀마 군부가 2017년 8월 25일 라킨 주 내 로힝야들에게 퍼부은 끔찍한 공격의 세부내용을 다루고 있다. 이 공격은 수만 명 이상의 사망자, 3만7천 채의 로힝야 집의 파괴, 75만명의 인근 방글라데시로의 집단 이주를 초래하였다.

3장. 소수점 표현

● 아랍어로 소수점은 두 가지 방법으로 표현할 수 있다.[1]

첫 번째 방법은 분수를 활용한 방법이다. 즉 8.9 를 읽을 때 "8 그리고 9/10" 라고 읽는 방법이다. 다만, 이 경우에는 전치사 عَلى 가 아닌 مِنْ 을 쓴다.

두 번째 방법은 소수점을 그대로 "점"이라고 읽고 순서대로 숫자를 읽어내는 방법이며 이 점은 فَاصِل 로 발음한다. 그리고 소수점 뒤의 숫자들은 한국어 방식과 마찬가지로 한 단위 숫자별로 읽는다.[2]

ثَمَانِيَة فَاصِل تِسعَة	8.9
= ثَمَانِيَةٌ وَتِسعَةٌ مِنْ عَشَرَةٍ	
أَربَعَة فَاصِل وَاحِد وَخَمسَة	4.15
= أَربَعَةٌ وَخَمسَةَ عَشَرَ مِنْ مِائَةٍ	
سَبْعَة وَخَمسُون فَاصِل أَربَعَة سِتَّة ثَلَاثَة	57.463
= سَبْعَةٌ وَخَمسُونَ وَأَربَعُمِائَةٍ وَثَلَاثَةٌ وَسِتُّونَ مِنْ أَلْفٍ	

---

[1] 두 가지 방법을 읽어보면 느껴지겠지만 두 번째 방법이 훨씬 간단하다. 실제로 아랍인들도 첫 번째 방법보다 두 번째 방법을 더 사용하는 경향이 있다.

[2] 이 방법은 사실 정석 방법이 아닌 편하게 말하기 위해 편법적으로 사용되는 방법이라서 정형화된 문법이 존재하지 않는다. 따라서 읽을 때 마지막 모음을 묵음으로 처리해서 발음하면 된다. 정석 방법이 아니긴 하지만 워낙 편하기 때문에 미디어 등 공식 매체에서도 많이 사용된다.

● 보통 소수점이나 숫자를 표현할 때 % 와 관련된 것을 붙이는 경우가 많은데 %만 나오면 بِالْمِئَةِ 혹은 فِي الْمِئَةِ 로 읽는다.

그리고 %p 는 نُقْطَةٌ مِئَوِيَّةٌ 로 읽는다. 그리고 경제 전문기사의 경우 نُقْطَةُ أَسَاسٍ 라고 쓰인 것도 볼 수 있는데 이는 bp라고 하며, 1bp는 0.01%p를 의미한다.

예컨대, 25 نُقْطَةَ أَسَاسٍ 즉 25bp라고 하면 0.25%p를 의미하는 것이다.

이 두 경우는 셈법의 지배를 받는다. 즉 만약 3%p 는 ثَلَاثُ نِقَاطٍ مِئَوِيَّةٍ 라고 표현되고 3bp는 ثَلَاثُ نِقَاطِ أَسَاسٍ 가 된다.

سَبْعَةٌ وَثَلَاثُونَ بِالْمِئَةِ / فِي الْمِئَةِ	37%
سَبْعَةُ وَثَلَاثُونَ نُقْطَةٍ مِئَوِيَّةٍ	37%p
ثَلَاثُ فَاصِل سَبْعَة نِقَاطٍ مِئَوِيَّةٍ	3.7 %p
مِئَةٌ وَخَمْسَةٌ وَعِشْرُونَ نُقْطَةَ أَسَاسٍ	125bp

---

(447) يتم إعلان حدوث المجاعة في منطقة ما إذا توفرت ثلاثة معايير، هي: الانعدام شبه التام لاستهلاك الغذاء لدى عشرين في المئة على الأقل من الناس، وإصابة ما لا يقل عن 30% من الأطفال تحت سن الخامسة بسوء التغذية الحاد، وبلوغ معدل الوفيات أكثر من حالتي وفاة لكل 10 آلاف شخص.

https://news.un.org/ar/story/2018/12/1023071

어떠한 지역에서 3가지의 기준이 충족된다면 기근 발생이 선언된다 : 적어도 인구의 20%에게 식량 소비가 거의 완전히 없는 경우, 5세 미만 아이들의 30%이상이 심각한 영양실조에 걸려있을 경우, 평균 사망률이 만 명당 2건 이상에 달할 경우.

---

(448) الوحدة الجديدة تعد خطوة أساسية لضمان استدامة التقدم الذى أحرزته وزارة المالية خلال الخمسة أعوام السابقة، وصعود مؤشر الشفافية المالية لمصر عالميا بنحو 25 نقطة مئوية، بعد تراجع دام 6 سنوات، والعمل على استكمال مسيرة الإصلاح ورفع المؤشر فى السنوات المقبلة، ورفع درجات الشفافية من 60 إلى أعلى.

http://www.ahram.org.eg/News/202846/5/683409/نقطة--بنحو-عالميا-لمصر-المالية-الشفافية-مؤشر-صعود-اقتصاد-.aspx

새로운 부서는 재무부가 지난 5년 동안 달성한 진전을 지속되는 것을 보장하고, 6년 동안 지속된 퇴보 이후 이집트의 세계 재정 투명성 지수의 25%p 상승이 유지되는 것을 보장하고, 개혁 행보 완수 노력과 향후 수년간 지수 증가를 보장하고, 투명성 단계를 60에서 더 높게 올리는 것을 보장하기 위한 기초적인 행보로 간주된다.

** وحدة 는 개별 단위 한 개를 의미하며, 문맥에 따라 다양하게 해석이 가능하다. 본문의 경우 재무부 내 새로운 단위(وحدة جديد بوزارة المالية)라고 나오므로 부서라고 해석하였다.

(449) بحسب تقديرات وكالة بلومبرج للأنباء، فقد وصلت قيمة محفظة البنك المركزي الأوروبي من سندات الشركات الأوروبية إلى أكثر من 176 مليار يورو (200 مليون دولار) خلال نحو عامين ونصف. وأدت توقعات خروج البنك المركزي من هذه السوق إلى ارتفاع العائد على هذه السندات بمقدار 150 نقطة أساس يوم الثلاثاء الماضي.

http://www.aleqt.com/2018/12/06/article_1502596.html

블룸버그 통신의 평가에 의하면, 유럽중앙은행의 유럽 회사채 포트폴리오의 가치는 약 2년 반 동안 1760억 유로(2000억 달러) 이상에 달했다. 중앙은행이 이 시장에서 나갈 것이라는 기대는 지난 화요일 이 회사채의 수익의 150bp 정도 상승을 유발했다.

4장. 구성요소의 개수 표현

● 아랍어 형용사 단어 형태 중 فُعَالِيٌّ 의 형태는 숫자 어근이 자리를 차지해서 구성 요소의 개수를 의미하게 된다. 예컨대 ثُنَائِيٌّ 은 '두 개로 구성된'의 의미를 가지며, سُدَاسِيٌّ 은 '6 개로 구성된'을 의미한다.

(450) قال وزير الخارجية الأمريكي إن بلاده "قلقة للغاية، إزاء القتال الدائر بالقرب من طرابلس"، مؤكدا على ضرورة إجراء محادثات سلام. وأضاف البيان: "هذه الحملة العسكرية أحادية الجانب ضد طرابلس تعرض المدنيين للخطر، وتقوض آفاق مستقبل أفضل لجميع الليبيين".

http://www.bbc.com/arabic/middleeast-47842890

미 국무부 장관은 평화 회담의 필요성을 강조하면서 트리폴리스 인근에서 벌어지는 전투에 대해 미국이 극도로 걱정하고 있다고 말했다. 성명서는 트리폴리스를 향한 이 일방적인 군사 작전은 민간인들을 위험에 노출시키고, 모든 레바논인들의 더 나은 미래 전망을 해치고 있다고 덧붙였다.

** أحادية الجانب 는 الأحادية الجانب 으로 써야 옳은 문장이다.

(451) تأمل طفلتان تبلغان من العمر 10 سنوات من ولاية ماساتشوستس الأمريكية، في إنقاذ أرواح المارة من خلال ممر مشاة ثلاثي الأبعاد يجبر سائقي السيارات على تخفيف سرعتهم. وقالت "إيسا" وهي طالبة في الصف الرابع في مدرسة بروكس الابتدائية، إنها وصديقتها إريك توصلتا إلى فكرة الممر ثلاثي الأبعاد أثناء رحلة في السيارة برفقة شقيق إريك الأكبر.

http://www.khaberni.com/news/281996-الأبعاد-ثلاثي-مشاة-ممر-تصممان-طفلتان

미국 매사추세츠주의 10살인 두 소녀는 운전자들로 하여금 감속하게 만드는 3차원 횡단보도를 통해 보행자의 생명을 구하기를 희망하고 있다. 브룩스 초등학교 4학년에 재학중인 학생인 '이사'는 본인과 친구 에릭은 에릭의 큰형과 자동차를 타고 다니던 중 3차원 횡단보도에 대한 생각에 도달했다고 말했다.

** الممر الثلاثي الأبعاد 는 الممر ثلاثي الأبعاد 으로 써야 옳은 문장이다.

(452) بحث رئيس الحكومة التونسية يوسف الشاهد مع نائب رئيس الوزراء الروسي فيتالي

موتكو التعاون الثنائي بين البلدين، وذلك في إطار زيارته لتونس للمشاركة في فعاليات الدورة

السابعة للجنة المشتركة التونسية الروسية.

http://www.alderaah-news.net/arab/4691861/تونس-وروسيا-تبحثان-سبل-تعزيز-التعاون-الثنائي-بينهما

유세프 샤히드 튀니지 총리는 비탈리 뭇코 러시아 부총리와 양국간 양자협력을 논의했다. 이는
비탈리 뭇코가 제 7차 튀니지-러시아 합동위원회 행사에 참석하기 위해 튀니지를 방문한 가운데
진행되었다.

[+α] 큰 숫자 단위 연습

● 시험 종류를 불문하고 숫자는 가장 대표적인 채점 요소이다. 특히 듣기나 구술 시험일 경우에
그 감점의 정도는 두드러지게 나타나게 된다. 따라서 숫자를 정확하게 듣고 읽는 것은 넘기 힘든
산이지만 반드시 넘어야 한다.

우선, 앞에서 연습한바와 같이 아랍어 숫자는 3자리 숫자마다 끊어서 읽는다.

따라서 앞으로 숫자를 읽을 때, 무조건 3자리 마다 구분점을 표시하고 해당 구분점이 어떤 숫자
단위에 해당하는지 빠르게 표시하자.

예컨대 312,457,652,453 라는 숫자를 읽어야 할 때, 각각의 쉼표별로 빠르게 숫자 단위를 의미하
는 자신만의 기호를 표기한다.[1]

3 1 2 , 4 5 7 , 6 5 2 , 4 5 3

b   **m**   **a**

مليار   مليون   ألف

그 다음 높은 단위부터 숫자를 읽어주면 된다.

즉 위 숫자는 312개의 مليار 그리고 457개의 مليون 그리고 652개의 ألف 그리고 453 이 순서로
읽으면 되고 다음과 같이 발음하면 된다.

ثلاثمئة واثنا عشر مليارًا وأربعمئة وسبعة وخمسون مليونًا وستمئة واثنان وخمسون ألفا وأربعمئة وثلاثة وخمسون

---

[1] 필자의 경우 ألف 는 a, مليون 는 m, مليار 는 b로 표시하는데 이는 본인이 하고싶은 것을 아무거나 결정
하면 되고 본인만 알아보면 문제되지 않는다.

● 한편, 큰 단위의 숫자(적어도 مليون 이상)를 발음할 때 소수점 표현인 فاصل 가 흔하게 활용된다. 예컨대, 458,610,000 이라는 숫자를 읽을 때, 458개의 مليون 그리고 610개의 ألف 이라고 읽을 수 도 있고, 458.61개의 مليون 이라고 읽을 수도 있다.

4	5	8	,	6	1	0	,	0	0	0
		m				**a**				

مليون

ألف

정석으로 읽을 경우 : أَرْبَعُمِئَةٍ وَثَمَانِيَةٌ وَخَمْسُونَ مِلْيُونًا وَسِتُّمِئَةٍ وَعَشَرَةُ آلَافٍ

소수점으로 읽을 경우 : أَرْبَعُمِئَةٍ وَثَمَانِيَةٌ وَخَمْسُونَ فَاصِل سِتَّة وَاحِد مِلْيُون

그러면 이제 아래 숫자들을 발음해보자.

146,876,481,145

مِئَةٌ وَسِتَّةٌ وَأَرْبَعُونَ مِلْيَارًا وَثَمَانِيمِئَةٍ وَسِتَّةٌ وَسَبْعُونَ مِلْيُونًا وَأَرْبَعُمِئَةٍ وَوَاحِدٌ وَثَمَانُونَ أَلْفًا وَمِئَةٌ وَخَمْسَةٌ وَأَرْبَعُونَ

36,476,101,534

سِتَّةٌ وَثَلَاثُونَ مِلْيَارًا وَأَرْبَعُمِئَةٍ وَسِتَّةٌ وَسَبْعُونَ مِلْيُونًا وَمِئَةُ أَلْفٍ وَأَلْفٌ وَخَمْسُمِئَةٍ وَأَرْبَعَةٌ وَثَلَاثُونَ

300,314,000

ثَلَاثُمِئَةِ مِلْيُونٍ وَثَلَاثُمِئَةٍ وَأَرْبَعَةَ عَشَرَ أَلْفًا

83,400,000,000

ثَلَاثَةٌ وَثَمَانُونَ مِلْيَارًا وَأَرْبَعُمِئَةِ مِلْيُونٍ

ثَلَاثَةٌ وَثَمَانُونَ فَاصِل أَرْبَعَة مِلْيَار

(453) بالنظر إلى العام الماضي، كان هناك 4.6 ملايين شخص يعيشون في أماكن يصعب الوصول إليها، و625 ألفا في مناطق محاصرة.

https://news.un.org/ar/audio/2018/05/1007572

지난해를 보면, 접근하기 힘든 지역에 살고 있는 460만 명이 있었고, 갇혀 있는 지역에 62만5천 명이 있었다.

---

(454) عدد السكان في إدلب 2.9 مليون شخص، لذا لا يمكن تبرير عدم تجنب استخدام الأسلحة الثقيلة في المناطق المكتظة بالسكان، بهدف محاربة الإرهابيين وهو أمر يتوجب حدوثه.

https://news.un.org/ar/story/2018/08/1015702

이들립 주민 수는 290만 명이다. 테러리스트들에 대응해야만 한다는 이유로 주민들이 밀집해 있는 지역에 대형무기 사용을 피하지 않았다는것은 정당화될 수 없다.

---

(455) تركز استجابتنا الإنسانية في الوقت الراهن على دعم 2.1 مليون شخص محتاج، فإننا نشعر بالقلق إزاء حماية وسلامة جميع المدنيين الذين يعيشون في المنطقة في حالة تكثيف الأعمال العدائية.

https://news.un.org/ar/story/2018/09/1016331

현재 우리의 인도주의적 대응은 도움을 필요로 하는 사람 210만 명을 지원하는 것에 집중한다. 우리는 적대 행위가 심해지는 상태에서 그 지역에 살고 있는 모든 민간인들의 보호와 안전에 대해 우려를 느끼고 있다.

---

(456) قد تلقت خطة الاستجابة الإنسانية لليمن في العام الحالي 2.3 مليار دولار أي 80% من قيمة التمويل المطلوب. وأعرب لوكوك عن سعادته لتأكيد السلطات الفعلية في صنعاء ومسؤولي الحكومة المعترف بها دوليا في عدن، نيتهم في السفر إلى السويد للمشاركة في المحادثات التي يعقدها المبعوث الدولي لليمن مارتن غريفيش.

https://news.un.org/ar/story/2018/12/1022651

올해 예멘의 인도주의적 대응 계획은 230만 달러 즉 필요한 자금조달 중 80%를 받았다. 루쿠크는 사나의 실질적 정권과 국제적 인정을 받은 아덴 정부의 책임자들이 마틴 그리피치 유엔 예멘 특사가 개최하는 회담에 참여하기 위해 스웨덴에 간다는 의지를 확인한다는 것에 대해 기쁨을 표했다.

14 단원. 기타 문법사항

1과. 함자 받침 결정

● 함자의 받침은 모음의 강세와 함자가 놓이는 위치에 따라서 결정된다. 우선 모음의 강세는 스쿤, 파트하, 담마, 카스라 순서로 발음의 강세가 강해진다.

● 함자가 **맨 앞**에 위치하면, 그 자체의 모음에 따라 ُ 나 َ 면 أ 가 되고 ِ 면 إ 가 된다.

أَرِيدُ	أُسْتَاذٌ	أَعْلَنَ	إِعْلَانٌ	أَخَذَ

● 함자가 **중간**에 위치할 경우, 함자 자체의 모음과 함자 바로 앞의 모음의 강세를 비교해서 더 강한 모음의 받침을 가진다.

بِئْسٌ	فِئَةٌ	تَأْيِيسٌ	رُؤَسَاءُ	رَأْسٌ
ْ < ِ	َ < ِ	ْ < َ	َ < ُ	ْ < َ

한편, 함자 앞에 장음이 나올 경우 장음은 무시하고 그 앞의 모음과 비교한다.

تَشَاؤُمٌ	تَفَاؤُمٌ	مَائِلٌ	بِيئَةٌ	طَائِرَةٌ
ُ > َ	ُ > َ	ِ > َ	َ < ِ	ِ > َ

다만, 함자의 모음이 َ 이면서 앞에 장음의 종류가 ا 나 و 가 나오면 이 함자는 받침을 가지지 못 한다.

إِجْرَاءَاتٌ	نُبُوءَةٌ	كَفَاءَةٌ	تَسَاءَلَ	مُرُوءَةٌ

● 함자가 **맨 끝**에 위치할 경우, 함자 바로 앞의 모음에 따라 함자의 받침이 결정된다. 한편, 함자 앞에 장음이 나올 경우 이 장음은 ْ 으로 간주된다.

خَطَأ	عِبْءٌ	نَشَأ	أَصْدِقَاءُ	مُبْتَدِئٌ
يَجْرُؤُ	فَاجَأ	فُوجِئَ	سَيِّئٌ	شَيْءٌ

2 과. 명령법

1장. 명령법 형태

● 명령법의 형태는 미완료 단축법에서 어근에 접두된 주어표지어를 제거한 형태이다. 단, 주어
표지어가 제거된 형태가 쓰쿤으로 시작하면 어두에 alif를 추가해준다.

이 때 추가되는 alif 의 모음은 중간 어근의 모음을 따라간다. 하지만 중간 어근의 모음이 ﹻ 인
경우 alif 의 모음은 ﹻ 가 된다. 단, 4형동사만 예외적으로 أ 와 ﹻ 모음을 갖는 것을 유의해야
한다.

동사 종류	기본형	단축법 (2인칭 남성 단수)	표지어제거	Alif 추가
1형(원형)	كَتَبَ	تَكْتُبْ	كْتُبْ	اُكْتُبْ
1형(원형)	جَلَسَ	تَجْلِسْ	جْلِسْ	اِجْلِسْ
1형(원형)	ذَهَبَ	تَذْهَبْ	ذْهَبْ	اِذْهَبْ
2형	كَسَّرَ	تُكَسِّرْ	كَسِّرْ	
3형	حَاوَلَ	تُحَاوِلْ	حَاوِلْ	
4형	أَخْرَجَ	تُخْرِجْ	خْرِجْ	أَخْرِجْ
5형	تَكَلَّمَ	تَتَكَلَّمْ	تَكَلَّمْ	
6형	تَعَاوَنَ	تَتَعَاوَنْ	تَعَاوَنْ	
7형	اِنْتَقَلَ	تَنْتَقِلْ	نْتَقِلْ	اِنْتَقِلْ
8형	اِجْتَمَعَ	تَجْتَمِعْ	جْتَمِعْ	اِجْتَمِعْ
9형	اِحْمَرَّ	تَحْمَرِرْ	حْمَرِرْ	اِحْمَرِرْ
10형	اِسْتَقْبَلَ	تَسْتَقْبِلْ	سْتَقْبِلْ	اِسْتَقْبِلْ

● 한편, 첫 번째 어근이 함자인 1형 동사의 경우, 주어표지어 ت 와 함자가 함께 탈락한다.

أَخَذَ	تَأْخُذْ	خُذْ
أَكَلَ	تَأْكُلْ	كُلْ

2장. 간접 명령

● 단축법을 명령법 형태로 변형시키지 않고 단축법 형태에 لِ 혹은 فَلْ 을 접두시켜도 똑같이 명령의 의미를 표현할 수 있다. 명령법 형태는 2인칭에게 직접 명령을 하는 것만 표현이 가능한 반면, 이 방식으로는 2인칭을 포함한 3인칭과 1인칭에게도 명령을 할 수 있다.[1]

단축법 단수		단축법 쌍수		단축법 복수	
3 / 남성	يَفْعَلْ	3 / 남성	يَفْعَلَا	3 / 남성	يَفْعَلُوا
3 / 여성	تَفْعَلْ	3 / 여성	تَفْعَلَا	3 / 여성	يَفْعَلْنَ
2 / 남성	تَفْعَلْ	2 / 남성	تَفْعَلَا	2 / 남성	تَفْعَلُوا
2 / 여성	تَفْعَلِي	2 / 여성	تَفْعَلَا	2 / 여성	تَفْعَلْنَ
1	أَفْعَلْ	1	نَفْعَلَا	1	نَفْعَلْ

동사 종류	기본형	단축법 (2인칭 남성 단수)	لِ 혹은 فَلْ 접두
1형(원형)	كَتَبَ	تَكْتُبْ	فَلْتَكْتُبْ / لِتَكْتُبْ
1형(원형)	جَلَسَ	تَجْلِسْ	فَلْتَجْلِسْ / لِتَجْلِسْ
1형(원형)	ذَهَبَ	تَذْهَبْ	فَلْتَذْهَبْ / لِتَذْهَبْ
2형	كَسَّرَ	تُكَسِّرْ	فَلْتُكَسِّرْ / لِتُكَسِّرْ
3형	حَاوَلَ	تُحَاوِلْ	فَلْتُحَاوِلْ / لِتُحَاوِلْ
4형	أَخْرَجَ	تُخْرِجْ	فَلْتُخْرِجْ / لِتُخْرِجْ
5형	تَكَلَّمَ	تَتَكَلَّمْ	فَلْتَتَكَلَّمْ / لِتَتَكَلَّمْ
6형	تَعَاوَنَ	تَتَعَاوَنْ	فَلْتَتَعَاوَنْ / لِتَتَعَاوَنْ
7형	اِنْتَقَلَ	تَنْتَقِلْ	فَلْتَنْتَقِلْ / لِتَنْتَقِلْ
8형	اِجْتَمَعَ	تَجْتَمِعْ	فَلْتَجْتَمِعْ / لِتَجْتَمِعْ
9형	اِحْمَرَّ	تَحْمَرِرْ	فَلْتَحْمَرِرْ / لِتَحْمَرِرْ
10형	اِسْتَقْبَلَ	تَسْتَقْبِلْ	فَلْتَسْتَقْبِلْ / لِتَسْتَقْبِلْ

---

[1] 간접 명령에 2인칭이 나오면 직접 명령과 의미가 다르지 않으니 예문을 생략하고 3인칭과 1인칭의 예문만 보도록 하겠다.

● 3인칭 미완료 단축법과 함께 쓰이면 바로 앞에있는 사람에게 직접 명령하는 것이 아니라 다른 사람을 통해서 명령을 하는 의미가 되며, **간접 명령을 행하는 사람을 주격으로** 놓는다.

لِيُكْمِلْ أَخُوكَ وَاجِبَهُ كُلَّهُ الْيَوْمَ.	네 형한테 과제 오늘 다 끝내라고 해라.
أَنَا عَلَى وَشْكِ إِنْهَاءِ الْوَاجِبِ فَلْيَنْتَظِرِ الْأَصْدِقَاءُ فِي الصَّالَةِ قَلِيلًا.	나 과제 거의 다 끝나가니까 친구들한테 거실에서 조금만 기다리라고 하세요.

● 1인칭 명령은 일반적으로 쌍수나 복수의 1인칭, 즉 우리를 의미한다. 그래서 '~하자'와 같은 청유를 의미한다.

لِنَضَعْ حَدًّا لِهَذِهِ الْحَرْبِ الْأَهْلِيَّةِ الَّتِي لَمْ تَتْرُكْ خَلْفَنَا سِوَى الْخَسَائِرِ وَالنُّدُوبِ.	우리에게 손해와 상처만 남긴 이 내전을 끝냅시다.
يُقَالُ إِنَّ أَسْعَارَ الْعَقَارَاتِ سَوْفَ تَقْفِزُ بِشَكْلٍ جُنُونِيٍّ فَلْنَشْتَرِ بَيْتًا فِي سيول بِسُرْعَةٍ.	부동산 가격이 미친듯이 오를 꺼라고 하니까 빨리 서울에 집을 사자.

● 영어에서 let 동사를 활용한 명령을 자주 사용하는 것처럼 아랍어에는 وَدَعَ 동사가 이와 비슷한 기능을 한다.

이 동사의 명령형은 دَعْ 이며, **목적어에 간접 명령을 행하는 주체**를 놓은 뒤 그 명령의 내용을 단축법 동사를 써서 표현한다. 이 때 단축법 동사는 간접 명령을 행하는 주체와 성/수를 일치시켜야 하는 것을 유의해야 한다.

دَعْنِي أَعْرِفِ اسْمَ الْمَرَضِ الَّذِي أُصِبْتُ بِهِ بِالضَّبْطِ.	(당신은) 내가 걸린 병의 이름을 내가 정확하게 알게 해주세요. (=알려주세요)
دَعِي ابْنَكِ يَدْرُسْ بِنَفْسِهِ.	당신(f.)의 아들이 스스로 공부하게 해주세요.

3장. 부정 명령

● 부정 명령은 2인칭 미완료 단축법을 그대로 두고 그 앞에 لَا 를 넣으면 끝난다.

لَا تَتَكَلَّمُوا اللُّغَةَ الْكُورِيَّةَ فِي مُحَاضَرَةِ مُحَادَثَةِ الْعَرَبِيَّةِ.	(여러분들은) 아랍어 회화 시간에 한국어로 말하지 마세요.
لَا تَتَحَرَّكِي أَثْنَاءَ الْفَحْصِ وَإِلَّا فَسَيَنْبَغِي عَلَيْكِ إِعَادَتُهُ مِنَ الْبِدَايَةِ فِي كُلِّ مَرَّةٍ تَتَحَرَّكِينَ فِيهَا.	(당신(f.)은) 검사중에 움직이지 마세요. 그렇지 않으면 움직일 때마다 처음부터 다시 해야됩니다.

3과. ذُو 의 활용

● ذُو 는 뒤에 후 연결어 명사가 나와야 하며 성, 수, 격에 따라 ذُو 자체의 형태가 아래 표와같이 변하게 된다. 뜻은 후 연결어 명사를 포함하여 두 단어가 마치 하나의 형용사 혹은 명사인 것처럼 "~를 가진" 혹은 "~를 가진 사람"으로 해석된다.

ذُو 는 항상 후 연결어가 필요하며, 후 연결어의 관사 여부에 따라 한정/비한정이 결정된다.

단수	주격	목적격	소유격
남	ذُو	ذَا	ذِي
여	ذَاتُ	ذَاتَ	ذَاتِ

쌍수	주격	목적격	소유격
남	ذَوَا	ذَوَيْ	
여	ذَوَاتَا	ذَوَاتَيْ	

복수	주격	목적격	소유격
남	ذَوُو	ذَوِي	
여	ذَوَاتُ	ذَوَاتِ	

(457) كشف المسح عن أن نحو 28 في المئة من أطفال الأمهات البدينات كانوا أيضاً بدناء مقارنة مع نسبة 8 في المئة فقط من أطفال الأمهات ذوات الأوزان الصحية.

http://www.bbc.com/arabic/science-and-tech-46457014

조사는 정상체중을 가진 엄마의 아이들 중 단 8%만이 비만인 것과 비교해서 비만인 엄마의 아이들 중 약 28%가 마찬가지로 비만이 되었다고 밝혔다.

(458) حسب وكالة (يونهاب) الكورية الجنوبية للأنباء، سيجري مون جاي إن الخميس محادثات مع نظيره الصيني شي جين بينغ تتناول عددا من القضايا ذات الاهتمام المشترك، وفي مقدمتها القضية الكورية الشمالية.

http://www.aljazeera.net/news/international/2017/12/14/العلاقات-لإصلاح-بكين-في-الجنوبية-كوريا-رئيس

한국 연합 통신에 의하면, 문재인 대통령은 목요일에 시진핑 주석과 북한 사안을 필두로 하는 공동 관심사안에 대해 회담을 가질 것이다.

(459) يأتي ذلك بعد ساعات من إعلان بيونغ يانغ أنها نجحت في صنع قنبلة هيدروجينية يمكن تحميلها على صاروخ بالستي عابر للقارات، وأن القنبلة ذات قوة تدميرية كبيرة ويمكن تفجيرها على ارتفاعات عالية، مؤكدة أن مكوناتها محلية، مما يتيح تطويرها بشكل مستمر.

http://www.aljazeera.net/news/international/2017/9/3/اليابان-كوريا-الشمالية-أجرت-تجربة-نووية-سادسة

이는 북한이 대륙간탄도미사일에 탑재할 수 있는 수소폭탄 생산에 성공했고 그 폭탄은 큰 파괴력을 가지며 고고도에서 폭파할 수 있다고 알린 지 수 시간이 지난 뒤에 나온 것이다. 북한은 폭탄 부품은 국산품이고 이는 폭탄을 지속적으로 개발할 수 있게 해준다고 강조하였다.

---

(460) أفادت تقارير صحفية أمريكية، أن تيفاني ابنة الرئيس الأمريكي الحالي دونالد ترامب، تواعد شابًا أمريكيًا ذا أصول لبنانية يُدعى مايكل بولس.

https://www.gulf365.co/world-news/1610248/ابنة-الرئيس-الأمريكي-ترامب-تواعد-هذا-الشاب-ذو-الأصول-العربية.html

미 언론 보도는 도널드 트럼프 현 미국 대통령의 딸 티파니가 마이클 블루스 레바논 계 미국인과 교제 중이라고 보도했다.

---

(461) المواطن السعودي هو المحرك الرئيس للتنمية وأداتها الفاعلة، وشباب وشابات هذه البلاد هم عماد الإنجاز وأمل المستقبل، والمرأة السعودية شريك ذو حقوق كاملة وفق شريعتنا السمحاء.

http://aletihadpress.com/2018/11/19/الملك-سلمان-المرأة-السعودية-شريك-ذو-حق/

사우디 국민은 개발과 이의 효율적인 수단의 주 동력원이고 사우디의 청년들은 성공을 위한 주축이며 국가의 미래이다. 그리고 사우디 여성은 우리의 관용적인 샤리아에 의하면 완전한 권리를 지닌 파트너이다.

---

(462) يقدم التقرير أيضا صورة شاملة عن المناطق والأقاليم التي يعمل فيها المهاجرون، ومجموعات الدخل التي يتقسمون بينها. إذ يعيش حوالي 111 مليون مهاجر (67.9%) في البلدان ذات الدخل المرتفع، وأكثر من 30 مليونا منهم (18.6%) في الدول ذات الدخل المتوسط الأعلى، وأقل من 17 مليونا منهم (10.1%) في البلدان ذات الدخل المتوسط المنخفض، بينما يعيش أقل من 6 ملايين (3.4 %) في البلدان المنخفضة الدخل.

https://news.un.org/ar/story/2018/12/1023001

보고서는 이민자들이 근무하는 지역과 장소, 그리고 이민자들끼리 구분되는 소득 그룹에 대한 전반적인 이미지를 제시하고 있다. 즉 약 1억1100만 명의 이민자가 고소득 국가에 있고, 3천만 명 이상이 중상 수입 국가에 있고, 1700만 미만이 중하 수입 국가에 있으며, 6백만 미만이 저 수입 국가에 거주하고 있다.

4과. شِبْهُ 의 활용

● شِبْهُ 를 의 뜻은 "거의 ~인"의 뜻으로 사용되며, 뒤에 형용사나 명사를 모두 취할 수 있다.

형용사를 취할 경우 شِبْهُ 가 격을 결정하고 나머지 성/수/한정여부는 모두 뒤에 나오는 형용사가 하게된다.

그리고 명사를 뒤에 취하게 되면 명사 연결형이 되고 "반~"의 뜻이 된다.

---

(463) حقق نظام القيادة شبه الذاتية التابع لشركة تيسلا إنجازًا كبيرًا مؤخرًا. وأكدت شركة تيسلا أن ملاك سياراتها الكهربائية قاموا بقيادة سياراتهم باستخدام نظام القيادة شبه المستقلة لنحو مليار ميل.

http://www.akhbarak.net/news/2018/12/01/18776731/articles/35272150/كهربائية-قطعت-أكثر-من-مليار-ميل-تيسلا-سيارات

테슬라의 반자율주행시스템은 최근 커다란 성과를 얻었다. 테슬라는 전기자동차 소유자들은 반자율주행시스템을 사용해서 약 10억 마일 정도 자동차를 운전했다고 강조했다.

---

(464) أكد لافروف للصحفيين عقب المحادثات أن بلاده لن تحتل جنوب شرق أوكرانيا أنها سوف تحترم إرادة شعب شبه جزيرة القرم أيا كانت.

http://www.bbc.com/arabic/worldnews/2014/03/140314_russia_us_london_talks

라프루프는 회담 직후 기자들에게 러시아는 우크라이나 남동부를 차지하지 않을 것이고 러시아는 크림반도 주민들의 의견이 무엇이든지 존중할 것이라고 강조하였다.

---

(465) في 2017 تم وضع رأس خنزير ملوث بالدماء على باب الكلية الإسلامية التي يترأسها قدري، مما أثار فزع عائلات الطلاب. وتعرض قدري نفسه لهجوم عنصري قبل أسابيع عندما كان يلعب مع ابنة أخيه في المتنزه. وزعم أن رجلا شبه عار بدأ بتوجيه العبارات العنصرية إليه ووصفه بـ "العبد الهندي" ورمى كأسا من الخمر عليه وابنة أخيه.

www.alquds.co.uk/من-خائفون-أستراليا-في-المسلمون-بي-سي-إي/

2017년에 까드리가 운영하는 이슬람 단과대 문에 피로 얼룩진 돼지 머리가 놓여 있었고 이는 학생 가족들의 공포를 유발하였다. 그리고 까드리 자신은 수 주 전 조카와 공원에서 놀고 있을 때 인종차별적 공격에 노출되었다. 그는 반쯤 벗은 한 남성이 자신에게 인종차별적 표현을 내뱉기 시작했으며, 자신을 인도 노예라 묘사하고 그와 그의 조카에게 술잔을 던졌다고 주장했다.

5과. قَبْلَ 와 بَعْدَ 의 용법

1장. 종속절의 시상

● قَبْلَ와بَعْدَ는 바로 뒤에 동사를 쓰기 위해 أَنْ 이나 مَا 를 붙일 경우, 해당 종속절(أن 이나 مَا 뒤의 문장)의 시상을 조심해서 써야 한다.

우선 قَبْلَ أَنْ/مَا의 경우, 주절에는 어떤 시상이 오던지 상관없지만 **종속절은 미완료 시상이 와야 한다.**

반면, بَعْدَ أَنْ/مَا 는 만약 **주절의 시상이 완료형이라면 종속절의 시상도 완료가 와야 한다.** 심지어 بعد 뒤에 أَنْ이 올 지라도 미완료 접속법이 아닌 완료형 동사를 써야 한다.

한편, بعد 와 비슷한 의미인 مُنْذُ 도 동일한 규칙이 적용된다.

종속절	قَبْلَ أَنْ/مَا	주절
미완료 만 가능		완료/미완료

종속절	بَعْدَ أَنْ/مَا	주절
완료만 가능		완료
완료/미완료		미완료

---

(466) يقول بايفيلد: "منذ أن قررت أن أتبع حدسي، واجهت الكثير من الأمور التي لم تكن في الحسبان". وبعد أن عانى من عدم الاستقرار المادي لنحو عامين، أصبح لبايفيلد جمهور عريض يتابع نصائحه عن السفر والتنقل من بلد لآخر.

http://www.bbc.com/arabic/vert-cap-45973597

바이필란드는 "나는 내 직감을 따르기로 결정한 이후 고려되지 않았던 많은 일들을 직면했다"고 말한다. 그리고 그가 약 2년 정도 물질적인 불안정을 겪은 이후, 바이필란드에게는 여행과 다른 나라로 옮기는 것에 대한 그의 조언을 따르는 폭넓은 사람들이 있게 되었다.

---

(467) منذ أن التحقت ماريا ريز، (فضلت عدم الإفصاح عن اسمها الحقيقي)، مديرة مشتريات في منتصف العشرينيات، بسلسلة متاجر للبيع بالتجزئة في كولومبيا، شعرت أن الثقافة التنظيمية للمؤسسة تخالف توقعاتها وتتعارض مع القيم والمبادئ التي تؤمن بها.

http://www.bbc.com/arabic/vert-cap-45973597

실명을 밝히지 않는 것을 원한 마리야 리브스 20대 중반 상품 관리자는 콜롬비아에서 여러 소매 판매점에 취직한 이후 기업의 조직문화는 그녀의 기대와 상반되고 그녀가 믿는 가치와 원칙과 모순된다고 느꼈다.

(468) قال أقارب أبو القاسم لبي بي سي إنه <mark>اعتقل</mark> عند وصوله من ليبيا <mark>بعد أن عثرت السلطات</mark> على صورة طائرة عسكرية في جهاز هاتفه النقال.

http://www.bbc.com/arabic/middleeast-46394949

아부 까씸의 친척이 비비씨에 당국이 아부 까씸의 휴대폰에서 군용비행기 사진을 발견한 이후 리비아에서 도착했을 때 체포되었다고 말했다.

---

(469) أشارت الوكالة الإيطالية إلى أن مصادرها أكدت بعد انتهاء الاجتماع العاشر مع المحققين المصريين أن قرار الاتهام <mark>سيضم ضباطًا من الشرطة ومن الاستخبارات المصرية، بعد أن تمكنت الشرطة الإيطالية من تحديدهم.</mark>

http://www.bbc.com/arabic/middleeast-46390863

이탈리아 기관은 이집트 조사관과의 열 번째 회의가 끝난 이후에 기관 소식통은 이탈리아 경찰이 기소 대상을 특정하는 것이 가능한 이후 기소 결정이 경찰관과 이집트 정보원을 포함할 것이라고 강조했다고 지적했다.

2장. ~한 지 ~후에/전에

● 'A한지 B기간 후에/전에' 라는 표현을 할 때는 아래의 표와 같이 표현할 수 있다.

행위	مِنْ أَوْ عَلَى	기간	قَبْلَ أَوْ بَعْدَ
دُخُولِ الْجَامِعَةِ	مِنْ أَوْ عَلَى	3 سَنَوَاتٍ	قَبْلَ أَوْ بَعْدَ

기간	بِ	행위	قَبْلَ أَوْ بَعْدَ
3 سَنَوَاتٍ	بِ	دُخُولِ الْجَامِعَةِ	قَبْلَ أَوْ بَعْدَ

---

(470) يقول محللون إن هذا يجعل من الصعب على معارضي الخارج والداخل خوض الانتخابات. وجاء التصويت <mark>قبل</mark> أربعة أشهر فقط <mark>من</mark> انتهاء مدة الأسد الرئاسية التي استمرت سبع سنوات.

http://www.bbc.com/arabic/middleeast/2014/03/140314_syria_brahimi_election_criticism

분석가들은 이것(=새로운 선거법)이 국내외 야권인사들로 하여금 선거에 참여하기 어렵게 만든다고 말한다. 7년간 계속되었던 아사드의 대통령 임기가 끝나기 단 4개월을 앞두고 투표가 진행되었다.

(471) بعد مرور سبعين عاما على اعتماد اتفاقية منع جريمة الإبادة الجماعية والمعاقبة عليها،

"لا تزال آفة الإبادة الجماعية البغيضة تشكل تهديدا وواقعا في القرن الحادي والعشرين،" وفقا

للمفوضة السامية لحقوق الإنسان ميشيل باشيليت.

https://news.un.org/ar/audio/2018/09/1016742

미셸 바칠렛 유엔인권고등판무관에 의하면, 집단학살 죄의 방지와 처벌에 관한 협약을 채택한 지 70년이 지난 이후, "참혹한 집단살해의 피해는 21세기에 여전히 위협이고 현실이다."

---

(472) خلال حوار مع أخبار الأمم المتحدة، قبل أيام من تسلمها منصبها رسميا، خلفا

لميروسلاف لايتشاك رئيس الدورة الثانية والسبعين، أعربت إسبينوزا عن فخرها بتقلدها أرفع

منصب في الأمم المتحدة.

https://news.un.org/ar/audio/2018/09/1016782

에스피노자가 72회 의장인 미로슬라프 라이챠크의 뒤를 이어 공식적으로 지위를 받기 며칠 전 유엔 뉴스와의 인터뷰 동안, 그녀는 유엔에서 가장 높은 지위를 이어받은 것에 대한 자부심을 표현하였다.

---

(473) صوتت الأمم المتحدة على إعلان دولة إسرائيل بعد ستة أشهر من تبني القرار في مايو/أيار

1948. وكانت تلك بداية دولة إسرائيل، التي شهدت بعدها موجة نزوح كبيرة لليهود من جميع

أنحاء العالم إليها.

http://www.bbc.com/arabic/middleeast-46388277

유엔은 1948년 5월 결의안을 채택한지 6개월 이후 이스라엘 국가 선포에 투표하였다. 이는 이스라엘 국가의 시작이었고 이스라엘은 그 이후 전 세계에서 이스라엘로 몰려드는 유대인들의 대규모 이주를 목격하였다.

---

(474) بعد أكثر من ست سنوات من الحرب، بدأت بلدة دوما في الغوطة الشرقية السورية، والتي

كانت محاصرة بسبب القتال، تشهد ببطء عملية إعادة الإعمار وعودة النازحين، برغم صعوبة

المهمة الهائلة التي تنتظر أهالي المدينة.

https://news.un.org/ar/story/2018/08/1015812

6년 넘게 진행된 전쟁 이후, 도시 주민을 기다리는 엄청난 일의 어려움에도 불구하고, 전투로 인해 고립되었던 시리아 동구타의 도마 지역은 천천히 진행되는 재건 작업과 피난민이 돌아오는 것을 목격하기 시작하였다.

** 이 문장은 بعد 뒤에 전치사 من 을 보고 해석 방향을 착각하면 안 된다. 앞의 설명을 자세히 읽어보면, 전치사 من 혹은 على 뒤에는 행위 즉 동명사가 나와야 한다. 즉 여기서의 من 은 '~로 구성이 된'의 의미를 지닌 전치사이며 بعد 에 묶이는 من 이 아니다.

6과. مَا 용법 정리

● 독해를 하다보면 정말 자주 접하는 단어가 مَا 인데, 문제는 이 مَا 가 두 세 가지의 뜻으로 사용되는 것이 아니라는 점이다. 따라서 독해의 정확도를 높이는 차원에서 더 나아가 아랍어를 표현할 때 좀 더 수준 높은 표현을 구사할 수 있게 이 مَا 를 정리할 필요가 있다.

본 교재에서 다뤘던 ما 에는 선행사를 포함하는 관계사(81page)와 완료동사 부정(88page) 그리고 조건사 إِذْ 뒤에 의미 없이 첨가되는 ما (121page)였다. 그 외 활용은 아래를 통해 보자.

1장. 부사 뒤에 동사문을 이끄는 مَا

● 부사는 문장 중간이나 끝에 위치하는 경우가 일반적이다. 하지만 문장을 쓰다보면 **부사를 강조하고 싶을 때**도 있는데, 이때 **ما 의 도움을 받아서 부사가 동사 바로 앞으로 이동**하게 된다.

---

(475) أما مارسيلا كاردونا، (لم ترغب في الإفصاح عن اسمها الحقيقي)، من مواليد جيل الألفية أيضا، فقد عملت في مجال الصناعات الدوائية في بداية حياتها المهنية على أمل أن تساعد الناس من خلال عملها، ولكنها سرعان ما واجهت الكثير من المعضلات الأخلاقية.

http://www.bbc.com/arabic/vert-cap-45973597

실명 밝히기를 원치 않는 밀레니엄 세대 중 한 명인 마르실라 카르두나에 대해 말하자면, 그녀의 일을 통해 사람들을 돕기를 희망하면서 제약업계에서 직장생활을 시작했다. 하지만 곧 많은 윤리적 딜레마에 직면하였다.

---

(476) الفيروسات الغدانية هي مجموعة من الفيروسات التي تسبب عادة أمراض الجهاز التنفسي، مثل نزلات البرد ، عدوى العين، والتهاب القصبة الهوائية، و الالتهاب الرئوي. وفي الأطفال، عادة ما تسبب الفيروسات الغدانية عدوى في الجهاز التنفسي والمسالك المعوية.

http://www.bbc.com/arabic/science-and-tech-45965615

아데노 바이러스는 감기, 눈 감염, 기관지염, 폐렴과 같은 호흡기 질환을 주로 일으키는 바이러스 그룹이다. 아데노 바이러스는 주로 소아의 호흡기와 위장관 안에서 감염을 유발한다.

---

(477) في مارس/آذار عام 2016، أعلنت سلطات الأمن المصرية عن مقتل خمسة أشخاص اتهمتهم باختطاف ريجيني وقتله، كما أعلنت العثور على جواز سفره ووثائق تخصه في منزل أحدهم. لكن سرعان ما تواترت الإشارات حول عدم تورط هذه المجموعة في الحادث.

http://www.bbc.com/arabic/middleeast-46390863

2016년 3월에 이집트 안보청은 레지니를 납치하고 죽인 혐의로 기소한 5이 사망하였다고 알렸다. 또한 이들 중 한 명의 집에서 레지니의 여권과 그와 관련 서류들이 발견되었다고 밝혔다. 하지만 금방 이 무리가 그 사건에 연루되지 않았다는 증거가 나왔다.

2장. 앞문장을 받는 مَا

● 앞 문장에 대한 추가 서술을 이어갈 때 مَا 가 사용될 수 있다. 이 경우 مَا 혼자 단독으로 쓰이면 "이는" 이라고 해석하고, بِمَا 혹은 مِمَّا 로 사용되면 "이로 인해"로 해석된다.

---

(478) قال جيانفرانكو إن الأطفال لا يزالون عرضة للخطر ويتأثرون من تفشي فيروس الإيبولا المستمر في المنطقة مَا يجعل من الضروري إعطاء الأولوية للصحة والرفاهية في الاستجابة.

https://news.un.org/ar/audio/2018/05/1009381

지얀 프란코는 아이들이 그 지역에서 여전히 위험에 노출되어 있고 지속적인 에볼라 바이러스 전염에 영향받고 있으며, 이는 (전염의) 대응 차원에서 건강과 복지를 우선시 하는것이 필수적이게 만들었다고 말했다.

---

(479) أضاف غينغ أن ذلك الوضع أسفر عن مقتل وإصابة مدنيين، وإلحاق أضرار وتدمير للبنية التحتية المدنية بما في ذلك المدارس والمستشفيات، مِمَّا يزيد من الضغوط على المسعفين والمجتمعات المستضيفة الضعيفة.

https://news.un.org/ar/story/2018/08/1015582

깅은 그 상황이 민간인 사상자와 손해 그리고 학교와 병원 등 도시 인프라 파괴를 초래했으며, 이는 구급대원들과 (그 피해를 고스란히) 떠 안은 취약한 사회에게 압박을 증가시킨다고 덧붙였다.

---

(480) على الصعيد الإنساني، أشار مكتب تنسيق الشؤون الإنسانية إلى تلقيه تقارير من مصادر مختلفة تفيد بأن غارات جوية متعددة ضربت عددا من المناطق في ريف إدلب الغربي وشمال ريف حماة، مِمَّا أدى إلى مقتل وجرح العديد من الأشخاص وإلحاق أضرار بالبنية التحتية المدنية، بما في ذلك المدارس والأسواق.

https://news.un.org/ar/story/2018/09/1015982

인도주의적 차원에서, 인도적 사안 조정 사무실은 여러 소식통으로부터 다수의 공습이 이들립의 서부 마을과 하마의 북부 마을 다수를 공격했다고 언급하는 보고서를 받았으며, 이는 많은 사람들의 사상자와 학교와 시장 등 도시 인프라의 손해를 초래하였다고 밝혔다.

---

(481) يعني الفشل في العمل المناخي مزيدا من الكوارث وحالات الطوارئ وتلوث الهواء، بحسب غوتيريش، بِمَا يمكن أن يكلف الاقتصاد العالمي ما يصل إلى 21 تريليون دولار بحلول عام 2050. ومن ناحية أخرى، لن يؤدي العمل المناخي الطموح إلى إبطاء ارتفاع درجات الحرارة فحسب، بل سيكون مفيدا للاقتصادات والبيئة والصحة العامة، كما أشار.

https://news.un.org/ar/story/2018/11/1022391

구테흐스에 의하면, 기후 작업(=기후변화억제작업)의 실패는 더 많은 재난과 긴급 사태 그리고 대기 오염을 의미하며, 이는 2050년까지 세계 경제에 약 21조 달러에 손해를 입힌다. 다른 한편, 그가 지적한 바로는 야심 찬 기후작업은 기온 상승을 늦출 뿐 아니라 경제와 환경 그리고 공공보건에도 유익할 것이다.

3장. 불특정을 강조하는 مَا

● 불특정을 의미한다는 것은 말 그대로 **해당 명사가 아무것도 특정되지 않았음을 암시**하는 것이고, 보통 "어떠한~", "어느 한~" 로 해석된다.

---

(482) أطفال الشوارع في جنوب السودان هم مستقبل هذه الأمة. إنهم حقا كذلك. لقد توسلت إلى مجموعات من رجال الدين الذين التقيتهم أمس بإظهار العطف والرحمة والكرامة لهؤلاء الأطفال المشردين. لأن جزءا من عملية تكوين أو إعادة تكوين **مجتمع ما** هو إعادة القيمة الإنسانية لذلك المجتمع.

https://news.un.org/ar/story/2018/09/1016301

남수단 거리의 아이들은 국가의 미래이다. 그들은 실제로 그렇다. 나는 어제 만난 종교 지도자들에게 이 길거리의 아이들에게 연민과 관용을 보여달라고 간청하였다. 왜냐하면 어떠한 사회의 형성 및 재 형성 작업의 한 부분은 그 사회의 인도주의적 가치를 회복하는 것이기 때문이다.

---

(483) الإبادة الجماعية دائما صادمة. لكنها لا ترتكب أبدا دون علامات تحذير واضحة ومتعددة، تتمثل في نمط من الانتهاكات ضد **جماعة ما**، ونية للضرر، وسلسلة من الأوامر القيادية، وأخيرا نتيجة وحشية ومرعبة. في حالة الروهينجا، كثرت العلامات التحذيرية.

https://news.un.org/ar/audio/2018/09/1016742

집단 학살은 항상 충격적이다. 하지만 이는 분명하고 다양한 경고 징조 없이 자행되지 않는다. 이 징조는 어떠한 단체에 대한 침해의 형태, 해를 입히고자 하는 의도, 지도부의 일련의 명령, 끝으로 잔인하고 끔찍한 결과로 대표된다. 로힝야 경우에, 경고 징조들이 많았다.

---

(484) يتيح برنامج التجسس للمهاجمين إجراء اتصال بـ**شخص ما** باستخدام واتساب، وتثبيت برمجيات خبيثة على هاتفه، حتى وإن لم يرد على المكالمة. وتسمح تلك البرمجيات بالتجسس على الشخص المستهدف، باستخدام سماعة هاتفه ومايكروفونه.

http://www.bbc.com/arabic/science-and-tech-48262698

해킹 프로그램은 해커들에게 와츠앱을 이용하여 누군가에게 연락하고 그 연락에 대답을 하지 않았더라도 그 사람의 휴대폰에 악성 프로그램을 설치할 기회를 제공한다. 그리고 그 프로그램은 휴대폰의 스피커와 마이크를 사용해서 목표대상을 해킹할 수 있다.

---

(485) تظهر الصفحة الرئيسية لموقع إخباري ليبيري مقطع فيديو لمجموعة من المتخصصين يحاولون التصدي للثعابين عقب ظهورها في بهو المبنى. وقال توبي "لم تُقتل الثعابين. يوجد **ثقب ما** تتسلل منه إلى المبنى".

http://www.bbc.com/arabic/world-47990938

라이베리아의 뉴스 사이트의 주요 페이지는 뱀이 건물 로비에 등장한 이후 이를 처리하고자 하는 전문가 무리에 대한 비디오 클립을 보여주고 있다. 그리고 토비는 "그 뱀들은 죽지 않았으며, 뱀이 건물로 들어온 어떠한 구멍이 있다."라고 말했다.

4장. 가주어 مَا

● 주어가 너무 길 때 그 주어를 대신해주는 مَا 를 써준다. 그리고 서술어를 써준 뒤 진짜 주어인 أَنَّ 가 나오는 구조를 갖는다.

مَا يَجْعَلُنِي أَشْعُرُ بِالضُّغُوطِ النَّفْسِيَّةِ أَنَّ كُورِيَا الشَّمَالِيَّةِ تُفِيدُ بِأَنَّهَا أَطْلَقَتْ صَارُوخًا جَدِيدًا.

북한이 새 미사일을 발사했다고 보도하는 것은 나를 정신적 압박을 느끼게 만든다.

مَا يَزِيدُ مِنْ سَعَادَتِنَا أَنَّنَا نَعْرِفُ أَنَّ الْحَرْبَ الْأَهْلِيَّةَ لَنْ تَنْدَلِعَ عَلَى الْإِطْلَاقِ فِي هَذِهِ الْأَرْضِ.

내전이 이 땅에서 결코 발생하지 않을 것이라고 우리가 알고 있는 것은 우리의 기쁨을 높여준다.

---

(486) ما يزيد من شكوك المواطنين في معادلة تسعير المحروقات أن نسبة سعر لتر النفط من ثمن لتر بنزين اوكتان 90 انخفضت بنحو الثلث خلال السنوات السبعة الماضية، حسب ما تظهره الأرقام.

http://assabeel.net/news/2015/09/06/أرخص-النفط-يكون-عندما-أغلى-الأردن-في-البنزين

데이터가 보여주는 바에 따라 옥탄90가솔린 리터 가격 대비 석유의 리터 가격이 지난 7년동안 1/3정도 하락한 것은 국민들의 연료 가격 책정의 공정성에 대한 의심을 높인다.

---

(487) ما زيد المتربصين بالقناة حنقا وحسرة أنهم يعلمون ويخفون في الآن نفسه أن "بي إن" تمتلك حقوق البث الحصري للدوري الإسباني والألماني والفرنسي حتى 2022، إضافة لحقوق بث تصفيات أوروبا المؤهلة لبطولة يورو 2020 وتصفيات أوروبا المؤهلة لكأس العالم 2022 في قطر.

http://www.ursports24.com/3128

'비엔'이 유로2020 챔피언십 유럽 예선경기와 2022카타르 월드컵 유럽 예선경기뿐만 아니라 스페인, 독일, 프랑스 리그 독점 중계권을 2022년까지 소유하고 있다는 것을 알면서 동시에 숨긴다는 것이 비엔 채널을 숨죽여 지켜보고 있는 사람들로 하여금 울분과 슬픔을 높인다.

---

(488) ما يجعلنا نصدق كلام السلطنة عن الهدف من وراء اللقاء بين السلطان ورئيس الوزراء الإسرائيلي أن الرئيس الفلسطيني محمود عباس كان في العاصمة العُمانية مسقط قبل هذا اللقاء بيومين، وأن مبعوثين اثنين من قابوس طارا إلى رام الله للقاء مع عباس، بعد اللقاء ذاته بيومين أيضا!

https://www.almasryalyoum.com/news/details/1340638

오만 국왕과 이스라엘 총리 간 회동 이틀 전에 마흐무드 압바스 팔레스타인 수반이 오만의 수도 무스카트에 있었다는 것, 그리고 카부스(=오만 국왕)의 특사 두 명이 그 동일한 회담 이틀 후 압바스를 만나기 위해 라말라로 갔다는 것이 우리로 하여금 오만 국왕과 이스라엘 총리 간 회동 이면의 목표에 대한 당국의 말을 믿게 만든다.

7과. لِ 용법 정리

● 앞에서 학습한 مَا 와 더불어 독해하는 데 큰 어려움을 느끼는 단어가 لِ 이다. 기본적으로 لِ 은 경우에 따라 لِ 일 수도 있고 لَ 일 수도 있다. 우선 لِ 의 경우 가장 일반적인 뜻이 '~을 위해서' 혹은 '~에게'이다. 이 경우 لِ 뒤에는 일반명사, 동명사, 접속법 미완료 동사가 올 수도 있다. 이 내용은 너무 쉽기 때문에 따로 다루지 않아도 충분할 것이다.

그리고 본 교재에서 لِ 에 대해 다룬 것 중에는 연결형을 분리할 때 사용되는 경우(35page), 타동사 동명사의 목적어를 표현할 때 사용되는 경우(38page), 명령할 때 사용되는 경우(172page)가 있었다. 한 편, لَ 의 경우 본 교재에서 다룬 것 중에는 لَو 의 조건 결과절의 시작을 암시할 경우(125page)가 있었다.

● 이번 과에서는 주절이 나오고 나서 لِ 뒤에 미완료 접속법 동사가 와서 결과절을 이끄는 경우를 학습할 것이다. 이 경우, فَعَلَ لِيَفْعَلَ 의 구조를 가지며,' A(주절)해서 B(결과절)하다'로 해석하면 된다.

---

(489) يقول رئيس تحرير صحيفة التيار عثمان ميرغني لموقع سكاي نيوز عربية إن السودان ظل تحت حكم انفرادي محتكر من الحركة الإسلامية، لـيشهد على مدار 30 عاما كل ألوان الفشل حتى وصل إلى فقدان خمس مساحته في الجنوب وثلث عدد سكانه بعد انفصال جنوب السودان، بالإضافة إلى مناطق في الشمال والشرق نتيجة الحروب.

http://www.skynewsarabia.com/middle-east/1247768-؟السودان-سقط-مشروع-الإخوان-خيم-الاعتصام

타이야르지 편집장 오스만 미르가니는 스카이뉴스아랍과의 인터뷰에서 수단은 계속해서 이슬람 운동에 근간을 둔 고립적이고 독재적인 통치하에 있었기에 30년동안 모든 색깔(=종류)의 실패를 목도하고 말았으며, 심지어 전쟁으로 인해 북쪽과 동쪽지역들과는 별개로 남수단 분리 이후 수단 영토 남부의 1/5과 전체 인구의 1/3을 잃었다.

---

(490) قد وافق مجلس النواب المصري بأغلبية ثلثي أعضائه على زيادة مدة الرئاسة من 4 إلى 6 سنوات، وإضافة مادة تسمح للسيسي بتمديد مدته الرئاسية الحالية سنتين لـتنتهي عام 2024 بدلا من 2022، على أن يكون له بعد ذلك الحق في الترشح لفترة رئاسية (ثالثة) مدتها 6 سنوات.

http://www.bbc.com/arabic/middleeast-47946885

이집트 국회는 의원 과반 2/3의 찬성으로 대통령 임기를 4년에서 6년으로 늘리고, 시시 대통령에게 현재 대통령직 임기를 2년 연장하는 것을 가능케 하는 조항을 추가하는 데 합의하여 그의 임기는 2022년이 아닌 2024년에 끝날 것이다. 그리고 이 합의는 2024년 이후 그에게 6년의 임기를 가진 세 번째 대통령 임기를 위한 입후보를 할 권리가 있다는 전제하에 이루어졌다.

● 이번에는 ﻟ 가 문장 앞에 사용되어 해당 문장을 강조하는 경우를 보도록 하자. 이 경우는 그 사용되는 형태가 제한적이니 사용되는 몇 가지 형태만 눈에 익혀놓으면 어렵지 않을 것이다.

---

(491) أردف: "يجب أن نتكلم عن كل ذلك علنا وأن نرفع الصوت. علينا أن نوضح أنه من غير المقبول أن تتعرض مجتمعاتنا المسيحية لهجومات مستمرة في كل أنحاء العالم. ولهذا السبب أعتقد أنه ﻟـمن المهم أن نحتفل اليوم بترميم الكنائس وإعادة بنائها بدلا من الحديث عن تدميرها".

https://www.imlebanon.org/2019/05/09/gebran-bassil-church/

그는 "우리는 그것과 관련하여 공개적으로 논의해야 하며, 목소리를 높여야 한다. 그리고 우리는 우리들의 기독교 사회가 전 세계에서 지속적인 공격에 노출되는 것은 말도 안 되는 일임을 분명히 해야 한다. 이러한 이유로 나는 오늘 교회들의 파괴에 대해 이야기하는 것이 아닌 복구와 재건을 축하하는 것은 중요한 것이라고 생각한다"고 덧붙였다.

---

(492) انتقدت ساندرز - في البيان - رئيس لجنة العدل في مجلس النواب جيرولد نادلر، قائلة إنه ﻟـمن المؤسف أن يهتم الأخير بإرضاء الصحافة والاتجاه اليساري الراديكالي، مشيرة إلى أن "الشعب الأمريكي يستحق كونجرس يهتم بحل المشكلات الحقيقية كالأزمة على الحدود، ارتفاع أسعار الأدوية، وبنيتنا التحتية المتهالكة، وغير ذلك الكثير".

https://www.youm7.com/story/2019/5/8/4234878/ترامب-لن-أسمح-بالنشر-الكامل-لتقرير-روبرت-مولر

사라 샌더스는 성명에서 제럴드 내들러 하원 법사위원장이 급진 좌파와 언론을 만족시키는 데 관심이 있다는 것은 유감이라고 말하면서 그를 비난하였고, 미 국민은 국경 문제나 약값 상승, 부실한 사회 인프라 등 실질적 문제들을 해결하는 데 관심 있는 국회를 가질 자격이 있다고 지적했다.

** أخير 는 사전적으로 후자를 의미하기도 한다. 원문에서 샌더슨, 제럴드 내들러 순서로 나열되었으므로 문맥상 후자는 제럴드 내들러를 의미한다.

---

(493) ﻟـقد قام السيد أردوغان بسجن الصحفيين وخصومه المعزولين، وقام بعمليات تطهير جماعي للشرطة والجيش والمحاكم. ﻟـقد عزز سلطاته بموجب الدستور.

https://sabq.org/d7Lpq8

에르도안 대통령은 언론인들과 파면된 정적들을 감옥에 가두었고, 경찰과 군대 그리고 법원의 대대적인 물갈이를 시행하였다. 헌법에 의거하여 그의 권력을 강화한 것이다.

8과. 시차 구문

1장. ~ حَتَّى ... لَمْ يَمْضِ 구문

● '~하는 데 ...밖에 걸리지 않는다' 를 의미하는 구문이다. 이 때 '~를 하고서' 를 의미하는 표현을 추가하려면 전치사 عَلَى 를 사용하거나 مُنْذُ 등을 사용할 수 있다.

~하는데 ...밖에 걸리지 않았다	완료형 (~)	حَتَّى	시간명사 (...)	لَمْ يَمْضِ
~하는데 ...밖에 걸리지 않는다	접속법 (~)	حَتَّى	시간명사 (...)	لَا يَمْضِي
~하는데 ...밖에 걸리지 않을 것이다	접속법 (~)	حَتَّى	시간명사 (...)	لَنْ يَمْضِيَ

---

(494) لم يمض أسبوع منذ أن طرحت ديزني خدمتها لبث الفيديو "ديزني بلس" حتى أصبحت آلاف الحسابات مخترقة وعرضة للبيع في أسواق المجرمين الإلكترونية، وأبلغ العديد من المستخدمين عن سرقة حساباتهم في ديزني بلس على مواقع التواصل، وفقا لموقع زد نت المعني بشؤون التقنية.

www.aljazeera.net/news/scienceandtechnology/2019/11/19/بعد-مخترقة-باتت-بلس-ديزني-حسابات-آلاف

테크 전문지 ZNET에 따르면 디즈니는 자사 비디오 송출 서비스 '디즈니 플렉스'를 출시한 지 1주일이 지나지 않아서 수 천개의 계정이 해킹되어 전자 범죄 시장에서 판매에 노출되었으며, 다수의 사용자들이 자신의 디즈니 플렉스 계정이 도둑맞았다고 SNS 에 올렸다.

---

(495) قال القائد الإيراني إن حركة حماس لم تستهدف المنشآت الحيوية، خلال الحرب التي استمرت 11 يوما مع إسرائيل في وقت سابق من الشهر الجاري، لأنه "لن يمضي وقت طويل حتى يصبحوا هم من يستخدمونها".

www.bbc.com/arabic/middleeast-57293565

이란 사령관은 하마스는 이번 달에 11일간 계속된 이스라엘과의 전쟁 동안 주요 시설들은 겨냥하지 않았는데, 이는 "그들이 이것들을 사용하는 사람이 되는데 오랜 시간이 걸리지 않을 것이기 때문"이라고 말했다.

2장. ... حَتَّى ~ مَا كَادَ 구문

● '~하자마자 ...하다'를 의미하는 구문이다. لَنْ يَكَدُ 형태는 쓰이지 않는다.

~하자마자 ...했다	완료형 (...)	حَتَّى	직설법 (~)	مَا كَادَ
~하자마자 ...했다	완료형 (...)	حَتَّى	직설법 (~)	لَمْ يَكَدْ
~하자마자 ...한다	접속법 (...)	حَتَّى	직설법 (~)	لَا يَكَادُ

---

(496) أثارت تصريحات السيسي آنذاك جدلا في أوساط رواد مواقع التواصل. فمنهم من رحب بها لِمَا رأى فيها "دعوة لإعمال العقل والتجديد" ومنهم من انتقدها واعتبرها "محاولة لتغيير الثوابت". وما كاد النقاش حول تصريحات السيسي ينتهي، حتى تجدد خلال الساعات الماضية عقب تعليق علاء مبارك على تغريدات فاطمة ناعوت.

www.bbc.com/arabic/trending-58456426

알시시(=이집트 대통령)의 발언은 당시 소셜 미디어 인플루언서들 사이에서 논란을 일으켰다. 그 중엔 이를 이성과 쇄신을 위한 외침으로 봐서 환영하는 사람도 있고, 이를 비난하고 대원칙을 바꾸려하는 시도라고 표현하는 사람들도 있다. 그리고 알시시의 발언에 대한 논쟁이 끝나자마자 알라 무바락이 파티마 나우트 트윗을 언급한 뒤 수 시간 동안 논쟁이 반복되었다.

---

(497) لم يكد الرئيس الجزائري عبد المجيد تبون يُنهي عامه الأول في قصر المرادية حتى اضطر إلى إعلان تشكيل حكومي ثالث مسّ مجددا قطاعات حيوية ذات صلة بالخدمات اليومية للمواطن، وحقائب أخرى اقتصادية إستراتيجية.

www.aljazeera.net/news/2021/2/22/ثالث-حكومة-في-عام-واحد-ما-دلالات

압둘마지드 테분 알제리 대통령은 알무라디야 궁(=대통령궁)에서 첫 해를 끝내자마자 국민들의 일상생활 서비스와 관련된 필수 기관들과 기타 전략적 경제 업무를 새롭게 손봤던 3차 정부 구성 발표를 해야만 했다.

● 단, كَدَ 부정문이 حَتَّى 절 없이 단문으로 쓰이면 '거의~아니다' (hardly)의 의미로 쓰인다.

---

(498) السرعة غير المتوقعة التي استعادت بها طالبان سيطرتها على البلاد لم يستطع أحد التنبؤ بها، كذلك الإستراتيجية والتكتيك الذي اتبعته ميدانيا لبسط سيطرتها في زمن قياسي، وعدد ضحايا لا يكاد يذكر مقارنة بأنهار الدماء التي أريقت طيلة 40 عاما في محطات سابقة من الصراع على أشلاء الدولة.

www.aljazeera.net/news/politics/2021/9/9/أفغانستان-وحسابات-الجيران

탈레반이 국가 지배권을 되찾은 예상치 못한 속도는 아무도 예측할 수 없었고, 기록적인 시간 안에 지배력을 확장하기 위해 현장에서 취한 전략과 전술 또한 마찬가지였다. 그리고 사상자의 수는 국가의 파편위에서 지난 40년간 흘렸던 피의 강과 비교하면 언급할 것도 없다.

3장. 구문 مَا لَبِثَ حَتَّى/أَنْ ~

● '얼마 지나지 않아 ~하다'를 의미한다.

얼마 지나지 않아 ~했다	완료형 (~)	مَا لَبِثَ حَتَّى / أَنْ
얼마 지나지 않아 ~했다	완료형 (~)	لَمْ يَلْبَثْ حَتَّى / أَنْ
얼마 지나지 않아 ~한다	접속법 (~)	لَا يَلْبَثُ حَتَّى / أَنْ
얼마 지나지 않아 ~할 것이다	접속법 (~)	لَنْ يَلْبَثَ حَتَّى / أَنْ

---

(499) قرابة منتصف ليل الخميس-الجمعة سُمع دوي انفجار ثالث قوي في كابول مما أثار مخاوف من أن يكون هجوم آخر قد وقع، لكن نظام طالبان ما لبث أن قال إن الدويّ ليس ناجما عن هجوم بل عن تدمير القوات الأمريكية عتادا عسكريا في مطار كابول.

www.france24.com/ar/كابول-مطار-قرب-المزدوج-الانتحاري-الهجوم-في-والعسكريين-المدنيين-عشرات-سقوط-أفغانستان/20210827/آسيا

목요일에서 금요일로 넘어가는 자정 무렵 세 번째 큰 폭발음이 들리면서 추가 공격이 발생했다는 우려를 일으켰으나 탈레반은 곧장 그 폭발음은 공격에 의한 것이 아니라 미군이 카불 공항에서 군사 장비를 파괴하면서 발생한 것이라고 발표했다.

---

(500) وقع حادث الغرق الأول في شاطئ "هيلتون" في تل أبيب بعد منتصف ليل الإثنين-الثلاثاء، حينما تعرض شخص للغرق وأحيل إلى مستشفى "إيخيلوف" بحالة حرجة ما لبث حتى توفي هناك بعد فشل محاولات إنقاذ حياته.

www.arab48.com/البلاد-وسط-غرق-حادثي-في-آخر-وإنعاش-شخص-مصرع/09/07/2021/عاجلة-أخبار/الأخبار

첫 번째 익사 사고는 월요일에서 화요일로 넘어가는 밤 자정 이후 텔아비브에 있는 힐튼 해변에서 발생했으며, 당시 어떤 한 사람이 물에 빠져서 인켈리프 병원으로 위독한 상태로 이송되었으나 얼마 지나지 않아 생명을 구하고자 한 시도가 실패하고 병원에서 숨을 거두었다.

---

(501) أضاف البيان، إن "الوضع المعيشي بات لا يحتمل ولا طاقة لأي شعب على التعايش مع أوزاره، بعدما جاءت خطوة رفع أسعار المحروقات دون أي خطوة عملية تدعم اللبنانيين، سوى فتات بدل نقل وشهر إضافي سيلهب الأسعار ولن يلبث أن يلتهمه التضخم ويتسبب بإقفال المصالح التي ما زالت تجاهد للاستمرار لتبقى دوامة القهر والجوع".

www.lebanondebate.com/news/536083

성명은 "레바논 국민들을 지원하는 어떠한 조치도 없이 연료비를 인상한 뒤, 생활 환경은 버틸 수 없게 되었고 아무에게도 그 부담을 지고 살아갈 아무런 힘도 남아있지 않게 되었으며, 그들에겐 고작 교통지원비 푼돈과 한 달치 추가 월급만 지원되었다. 이 금전적 보상이 물가(상승)에 불을 지필 것이고 머지 않아 인플레이션이 그것을(=금전적 보상) 집어삼킬 것이다. 그리고 인플레이션으로 인해 (물가)유지를 위해 여전히 노력중인 단체들이 문을 닫게되고, 결국 억압과 굶주림의 소용돌이만 남게 될 것이다"라고 덧붙여 말했다.

9과. 선택 구문

1장. إِمَّا ~ وَإِمَّا ... 구문

● '~ 던지 아니면 ... 던지(either ~ or ...)'를 의미하여 선택지들 중 하나를 선택할 때 사용된다.

(502) قال الرئيس البرازيلي جايير بولسونارو، اليوم (السبت)، إنه يتوقع ثلاثة بدائل لمستقبله وهي إما الفوز في الانتخابات الرئاسية التي تجري في 2022، وإما الموت وإما السجن، وفقاً لوكالة «رويترز» للأنباء.

وأضاف بولسونارو في تصريحات أمام اجتماع لزعماء إنجيليين «أمامي ثلاثة اختيارات لمستقبلي وهي أن يتم اعتقالي أو قتلي أو النصر»، وقال في وقت لاحق إن الخيار الأول غير وارد، «لن يهددني أي شخص على وجه الأرض».

وجاءت تصريحات بولسونارو بعد أن شكك في نظام التصويت الإلكتروني في البرازيل وهدد بعدم قبول نتائج الانتخابات الرئاسية المقررة العام المقبل

aawsat.com/home/article/3157996/رئيس-البرازيل-أمامي-3-خيارات-إما-الفوز-بالانتخابات-وإما-الموت-وإما-السجن

로이터 통산에 의하면 토요일인 오늘 자이르 보우소나루 브라질 대통령이 본인은 자신의 미래에 대한 3가지 대안을 예상하는데, 그것은 2022년 대선에서 승리하던지 아니면 죽던지 아니면 투옥되는 것이라고 말했다.

그리고 보우소나루 대통령은 복음주의 지도자들 모임에서 발표한 성명에서 "내 앞에는 내 미래에 대한 3가지 선택지가 있으며, 수감되거나 살해되거나 승리하는 것이다"라고 덧붙여 말했고, 나중엔 첫 번째 선택(=수감되는것)은 불가능한 것이며, 지구상 그 누구도 나를 위협하지 않을 것이라고 말했다.

보우소나루 대통령의 발언은 그가 브라질 전자 투표 시스템에 의문을 제기하고 내년에 치러질 대선 결과에 불복하겠다고 협박한 이후에 나왔다.

(503) هذه هي الديمقراطية التونسية اليوم بعد عشر سنوات على الثورة. وضعها شبيه بوضع المصاب بفيروس كورونا، الذي يقف في مفترق طرق في يومه العاشر: فإما أن تصمد أعضاؤه الداخلية في وجه الفيروس ويتماثل للشفاء وإما أن تنهار وتستسلم ويقضى عليها.

www.bbc.com/arabic/interactivity-58323568

이것은 혁명 이후 10년이 지난 오늘날 튀니지의 민주주의이다. 이것의 상황은 열흘째 기로에 서 있는 코로나 바이러스 감염자의 상황, 즉 내장들이 바이러스를 극복하고 완치될 지 아니면 무너져 항복하고 완전히 제거되는 감염자의 상황과 비슷하다.

2장. سَوَاءٌ ~ أَمْ(أَوْ) ... 구문

● '~ 던지 ... 던지 간에 (whether ~ or ...)'를 의미하여 둘 중 무엇이 되든 상관이 없거나 혹은 문맥상 전부 다를 의미할때도 사용된다. 그리고 سَوَاءٌ 는 주격으로 쓰이지만, كَانَ 가 뒤에 나오면 سَوَاءٌ 도 되고 سَوَاءٌ كَانَ 도 가능하다. 이 때 كَانَ 의 여부는 해석에 영향을 미치지 않는다.

---

(504) قال الرئيس الأميركي إن أي اتفاق سلام في المستقبل يجب أن يحفظ "حق إسرائيل في الدفاع عن نفسها من أي تهديدات"، سواء من سوريا أو إيران، وأضاف أن التحالف بين واشنطن وتل أبيب "غير قابل للتفكيك، ولم يكن قط أقوى مما هو عليه الآن".

من جانبه، أشاد نتنياهو كثيرا بخطوة ترامب، وقال إن الأخير "نفذ كل تعهداته، سواء بالانسحاب من الاتفاق النووي الإيراني، أو بفرض عقوبات صارمة على طهران، أو بالاعتراف بالقدس عاصمة لإسرائيل، والآن بسيادة إسرائيل على الجولان".

أميركا-دونالد-ترامب-إسرائيل-هضبة/www.aljazeera.net/news/politics/2019/3/25

미국 대통령은 미래의 모든 평화 협정은 이스라엘이 시리아나 이란의 위협들로부터 자신을 방어할 권리를 지켜야 한다고 말했으며, 미국과 이스라엘의 동맹은 불가분하며 지금보다 더 강했던 적은 결코 없다고 덧붙였다.

한 편, 네타야후 총리는 트럼프 대통령의 행보를 높이 평가했으며, 후자(=트럼프)는 이란 핵협정 탈퇴던 강력한 대이란 제재던 예루살렘을 이스라엘의 수도로 인정하여 지금 이스라엘이 골란에 대한 주권을 쥐고 있는 것 등 그가 한 모든 약속들을 이행했다고 말했다.

---

(505) أوضح حمدوك أن إلقاء القبض على مدبري المحاولة الانقلابية جاء أثناء تنفيذهم للانقلاب، وأنه تم قطع الطريق على خطواتهم العملية لإجهاض الحكومة المدنية، ما يستدعي كشف الحقائق كاملة للشعب السوداني والعالم بأسره.

كما تعهد بمحاسبة كل الضالعين، سواء كانوا عسكريين أو مدنيين، بشفافية ووفق القانون، وبأن تعمل الحكومة والأجهزة المختصة، بما فيها لجنة تفكيك نظام الثلاثين من يونيو (حزيران)، على اتخاذ إجراءات فورية من أجل تحصين الانتقال، ومواصلة تفكيك نظام الثلاثين من يونيو، الذي لا يزال يشكل خطراً على الانتقال، حسب تعبيره.

www.aljadeed.tv/arabic/news/arab-world/22092021

함독(=수단 총리)은 쿠데타 시도 주동자들을 체포한 것은 그들이 쿠데타를 시행하는 과정에서 이뤄졌고, 문민 정부를 전복시키기 위한 실질적인 행보는 끊겼으며, 이는 수단 국민과 전 세계에게 모든 사실들을 밝혀낼 필요가 있게끔 만들었다고 밝혔다.

또한, 그는 군인이든 민간인이든 모든 공모자들에게 투명하고 법에 따라 조사를 할 것이며, 정부와 6/30 체제 해체 위원회를 비롯한 전문 기관들은 (민주주의로의)전환을 강화하고 그(=함독)가 표현한 바에 따라, 여전히 민주화로 전환하는 데 위험요소를 구성하는 6/30 체제의 해체를 계속하기 위해 즉각적인 조치를 취하기 위해 노력할 것이라고 약속했다.

△ NOTE ▽